给年轻父母的一百个建议

赵忠心谈婴幼儿家庭教育

赵忠心◎著

學苑出版社

图书在版编目(CIP)数据

给年轻父母的一百个建议：赵忠心谈婴幼儿家庭教育／赵忠心著．
— 北京：学苑出版社，2011.10（2013 年 10 月重印）
ISBN 978 - 7 - 5077 - 3875 - 9

Ⅰ. ①给… Ⅱ. ①赵… Ⅲ. ①婴幼儿 - 家庭教育
Ⅳ. ①G78

中国版本图书馆 CIP 数据核字（2011）第 213682 号

责任编辑： 任彦霞
封面设计： 海马书装
出版发行： 学苑出版社
社　　址： 北京市丰台区南方庄 2 号院 1 号楼 100079
网　　址： www. book001. com
电子信箱： xueyuan@ public. bta. net. cn；xueyuanyg@ sina. com
销售电话： 010 - 67675512、67678944、67601101（邮购）
印 刷 厂： 保定市彩虹艺雅印刷有限公司
开本尺寸： 710 × 1000 1/16
印　　张： 18. 5
字　　数： 289 千字
版　　次： 2011 年 10 月第 1 版
印　　次： 2013 年 10 月第 2 次印刷
定　　价： 36. 00 元

序言

孩子出生后，首先投入父母的怀抱。是父母教孩子学会第一句话，迈出人生旅途的第一步。父母是孩子的首任教师，是孩子认识客观世界的导师。

孩子的认知有个重要特点，就是“先入为主”。所谓“先入为主”，就是以先看到、听到的为主，其他的难以认可、接受。在孩子心目中，先看到、听到的是标准答案，后来再看到、听到不同的，便予以排斥。所以，“人之初”的教育是教育的起点、根基，称之为“基础教育”。

古人说：“少成若天性，习惯如自然。”孩子小时候养成的行为习惯，就像天生的一样牢固。父母的教育和影响就像是打“底色”，任何微小的偏差都有可能导致孩子未来的发展出现方向性的偏差。正所谓“失之毫厘，谬以千里”。因此，中国古人主张“慎始”，无论做什么事情，开头都要特别谨慎。

年轻父母责任重大，所从事的孩子早期教育是教育的根基，要慎而又慎，不允许有闪失。

现在的年轻父母，身上有两个标签：基本上是“80 后”，基本上是“独一代”。这些年轻的家长出生在特殊的年代，生活在特殊的环境，有特殊的生活经历，身上无不带有深刻的时代印记。这一代人现在做了父母，这“独一代”如何培养他们的“独二代”？引人关注。

“独一代”从总体上来说，发展的主流是好的。这一代人从小就充分享受到父母之爱，身心发展状况良好；接受过良好的教育，文化程度比较高；思想不僵化，善于接受新思想、新观念和新事物。但由于是在被呵护中长大，身上也难免有一些天然的弱点，诸如自我中心意识比较强，社会责任意识和独立生活的能力差一些，等等。

面对孩子的早期抚养、教育，由于是“初为人父母”，一方面是缺乏最基本的育儿知识，有点儿手忙脚乱、疲于应付；另一方面就是心态不大端正，普遍比较浮躁，遇事不爱动脑筋思考。突出的表现就是急功近利，在培养、教育中，只顾孩子的眼前利益而忽视，甚至牺牲长远利益。

具体地说，就是好攀比，急于求成，操之过急，不顾及和尊重孩子的年龄特征和个性特征，大搞超前教育和训练，什么都是追求“捷足先登”；抚养和教育都缺乏分寸感，过分关注、担心、保护、照顾，过高期望，过度教育，给孩子施加过大压力；过早地培养、训练孩子的技能、技巧，忽视孩子的基本素质的培养和塑造；不肯切实下工夫，指望有什么教育的“绝招”，人为地把早期教育简单化；教育内容片面，“偷工减料”，只进行“一半的教育”，造成孩子畸形发展；恨铁不成钢，教育方法简单粗暴，伤害孩子的身心健康，等等。

小孩子身心稚嫩，经不起折腾，一旦身心上受到伤害，“伤疤”很难抹平。小孩子极为敏感，可塑性很强，感受影响和接受教育的能力大大超过成年人；一旦受到不良的影响，接受了不科学的教育，会造成不可弥补的损失。

一直以来，我非常关注婴幼儿的家庭教育。为了帮助年轻父母承担起抚养和教育孩子的重任，我用了十多年时间，认真观察，深入思索，特地写了这本《给年轻父母的一百个建议》，供大家学习、参考。

我的这本书同以往的早期家庭教育读物有所不同。主要不是罗列具体的抚养和教育的方式方法，而主要是跟年轻父母谈抚养和教育的思想观念问题。

说到“思想观念”，大家不要害怕。不要以为会很抽象、晦涩。不是的。任何的思想观念，都会在父母的抚养和教育的行为上表现出来。从来没有不是在思想观念指导和支配下表现出来的抚养和教育行为。也就是说，任何的抚养和教育行为，背后都有抚养和教育思想观念做支撑。思想观念是深刻的，但我的论述却是浅显的，这就是“深入”而“浅出”。

当前，婴幼儿家庭教育中存在的偏差和问题，表现在抚养和教育的方式方法上，但根源却是在抚养教育的思想观念上。思想观念不清楚，就是教给年轻父母一些具体的方式方法，也不会正确使用。科学的抚养和教育方式方法不同于“绝招”，不能“生搬硬套”。任何科学的抚养和教育方式方法，如果不结合实际情况灵活运用，效果都会大打折扣。只有先解决了抚养教育的思想观念问题，才有可能正确地选择、灵活地运用适当的方式方法，达到预期的目的。

要抚养好和教育好孩子，需要年轻父母克服心浮气躁的情绪。同样，阅读我这本书，也不要急于求成，千万不要把我这本书看成是“婴幼儿家庭教育方式方法的大全”。在我的这本书，对具体的方式方法，并不是避而不谈，而是不孤立地只谈抚养和教育的方式方法。我是在解决年轻父母的思想认识问题之后，再自然而然地引出具体的方式方法来，就是“水到渠成”。

因此，要静下心来，心平气和，从头读到尾，仔细地阅读，耐心地品味，看我是如何论述孩子的抚养和教育问题的，以学习和掌握分析、综合、判断、推理的能力，学会用教育的头脑思考孩子的教育问题。如果能在这个问题上有所收获，就会提高自己的教育素养和能力。抚养和教育的思路清晰了，孩子的具体教育问题才可以迎刃而解。

赵忠心

2011 年 8 月 24 日于京师园

目录 CONTENTS

可别“扎堆儿”生孩子

1. 先“磨合”后“载重”

“新婚夫妇什么时候要孩子好?”

经常有人询问这样的问题。我说：“不急，最好是晚几年再要。”为什么?

结婚之后，是可以“名正言顺”地怀孕生孩子，既“合理”又“合法”。但对女性来说，最好还是在身体完全成熟稳定，特别是高级神经系统和骨骼系统的成熟和发育完善以后再怀孕、生育。

我国《婚姻法》明文规定，男22周岁，女20周岁，始可结婚。可20岁的女性身体尚处发育时期，尤其是性腺和生殖器官尚未完全成熟，激素分泌还不平衡，太年轻就怀孕，畸形儿和妊娠中毒发病率比较高。有的妇女骨盆钙化要到二十四五岁才能完成。假如20周岁一结婚，紧接着就妊娠分娩，而妇女怀孕、分娩需要消耗大量的体力和营养。十月怀胎到一朝分娩，从一个针尖大的受精卵发育到三公斤多重的胎儿，所需要的一切营养都是由母亲提供。如果妇女尚未发育成熟，就要与胎儿平分某些营养物质，这样不但影响孕妇的自身健康，还会影响下一代的生长发育。

特别是面对年轻夫妇婚姻越来越不稳定、离婚率居高不下的严峻现实，怀孕生孩子的事，不得不取慎重态度。据统计，2010年天津市结婚86744对，离异24147对，平均每四对中就有一对离婚。回避这种严峻的现实，很可能要付出沉重代价。没有孩子，小夫妻的日子实在过不下去了，分道扬镳，“净身出户”，不拖泥带水，倒也干净利索，再婚也比较容易，对以后的生活不会有多大的妨碍。

有孩子后再离异就没那么简单、利索了。“城门失火，殃及池鱼。”夫妻离异势必会伤及孩子。孩子年龄尚小，对父母、家庭依赖性很大，心理承受能力也很差。父母是孩子的保护伞，家庭是“安全岛”、“避风港”。父母一旦分手，家庭立刻解体，对孩子来说就像是“天塌地陷”，十分恐怖。有人说，父母离异对孩子打击和伤害的严重程度，“仅次于亲人死亡”。这话不是危言耸听。

有的孩子因父母离异受刺激太大，自觉“低人一等”，自卑畏缩，心理变态，性格扭曲，精神颓废，一蹶不振；也有的觉得社会对他不公平，敌视周围所有的人，滋长不满社会的情绪，甚至走上犯罪的道路。据了解，在违法犯罪青少年中，有半数以上是出自父母离异家庭。父母离异，殃及孩子，成为目前人们关注的一个严重社会问题。

年轻夫妇刚刚“喜结良缘”，就大谈“夫妻离异”的话题，让人觉得不大“吉利”。可没办法，面对“80后”一些夫妇儿戏般的“闪恋闪婚闪离”现象越来越多、离婚率与日俱增的残酷现实，不得不提醒年轻人正视现实。

那么，如何减少夫妻离异对无辜孩子的伤害呢？最根本的当然是从“源头”做起，首先要慎重选择配偶，婚前深入了解；婚后，慎重处理、精心调适夫妻关系，建立牢固的婚姻基础。

除此以外，还有一个行之有效的措施，那就是婚后晚几年生孩子。那么，女性的最佳生育年龄是多大呢？国内外医学家和优生学家认为，妇女的最佳生育年龄为24—29岁。这是从女性的生理特点、母婴健康、优生优育等多方面因素来考虑的。这个时期女性的软产道伸展性好，子宫收缩力强，难产机会少，故危险性也小。女子的生殖器官、骨骼及高级神经系统已完全发育成熟，生殖功能处于最旺盛时期，卵子的质量较高，怀孕后胎儿的生长发育良好，流产、早产、畸形儿和痴呆儿的发生率都比较低，生下的孩子大多聪明健康。

遗憾的是，有不少的青年男女还没有登记结婚就“捷足先登”，未婚同居的比比皆是，“奉子成婚”的屡见不鲜。婚姻基础牢靠不牢靠，还没有经过考验就贸然怀孕，这不能不说是一种冒险或赌博。

说孩子是夫妻爱情的结晶，也是连接夫妻感情的“纽带”，这话有一定道理。然而，如果夫妻关系要是压根儿就不牢固，孩子这根“纽带”的连结力量也有限。那一双稚嫩的小手臂，恐怕不大可能阻止父母执意要分道扬镳。

孩子还没有长大，夫妻关系难以为继，会陷入“进退两难”的境地。分手吧，孩子还那么小，那稚嫩的心灵就要受到失去一个亲人的打击，实在不忍心；凑合着过吧，可又实在过不下去，积怨深重，根本无法化解。不仅夫妻二人遭受煎熬，孩子也在“水深火热”之中“苟且偷生”，够可怜的。

之所以主张新婚夫妇单独生活一段时间，是因为恋爱阶段，男女双方都处于火烧火燎的激情状态，很难冷静思考、全面了解、清醒认识、客观评价对方。婚前，双方是远距离观察对方，只能了解个“大概其”；而婚后是“零距离”接触，一切都感受得十分真切。到这时候，“木已成舟”，才发现“选错了人”、“进错了门”，就悔之晚矣。

我想，这就好比是刚买来新汽车，得先有一个“磨合”的过程，经过机件接触、摩擦、咬合，机件质量没问题，部件组装严丝合缝，然后再载物拉客比较稳妥、安全。这就可以避免因机件质量或部件组装问题而导致车毁人亡的惨剧。

新婚夫妇也要先“磨合”，不急于生育子女，有诸多的好处。除了使夫妇进一步相互熟悉、适应，减少或避免离异对孩子的伤害之外，还有利于年轻夫妇的工作、学习和进步，积累家庭生活经验，调适夫妻关系，密切夫妻感情，创造一定的经济基础，进一步稳固婚姻、家庭，这些都有利于对孩子的培养教育和健康成长。

根据抽样调查显示，我国人多数离婚夫妇的“婚姻寿命”，或称“婚姻年龄”，简称“婚龄”，为六至七年。就是说，婚龄六至七年离婚率最高。这恰恰印证了好莱坞明星玛丽莲·梦露主演的电影“七年之痒”的说法。避开婚姻动荡的“危险期”后再生孩子，不仅是有益的，也是可行的。

还是先“磨合”，后“载重”好。

2. 可别扎堆儿生孩子

“从众”是一种比较普遍的社会心理和行为现象。所谓“从众”，指的是个人受到外界人群行为的影响，而在自己的知觉、判断、认识上表现出符合于公众舆论或多数人的行为方式。

通常情况下，多数人的意见往往是对的。服从多数，一般是不会错的。但遇事不作独立思考，缺乏分析、判断，没有主见，人云亦云，不顾是非曲直地一概服从多数，随大流儿，这是消极的“盲目从众心理”，则是不可取的。

比如“扎堆儿”生孩子，就是典型的“盲目从众心理”的表现。

2004 年是个农历“猴年”。据北京晚报报道，“猴年”一开始，北京市各家医院的妇产科便“顾客迎门”、“生意兴隆”。仅北京妇产医院一家，春节后七天内，就出生“猴娃”160 名，平均每天出生 23 名，差不多每小时就有一名“猴娃”呱呱坠地。

面对这一现象，不禁使人想起 2000 年扎堆出生的那些“世纪婴儿”，在 2003 年入幼儿园时所遭遇的“入园难”的种种情景。据报道，杭州市的“闻裕顺”是一所甲级幼儿园，2002 年报名的是 180 名；但到 2003 年，一下子就增长到 270 多人，一个幼儿园就足足多了近 100 人！那年，许多“世纪婴儿”父母为孩子入园，起早贪黑，东奔西忙，心急火燎地跑了很多有名的幼儿园，都因爆满而被婉言拒之门外。突如其来的入园高峰，迫使不少幼儿园不得不违反常规，采取一些非常的措施，被迫超额录取。入园以后，家长心目中的那些“小皇帝”、“小公主”们，只能大受委屈，两个孩子挤在一张小床上睡觉，让家长心疼不已。

2000 年，适逢新千年和新世纪之始，“千载难逢”；同时，又是农历“龙年”，不少人怀孕都是“后推”或“提前”。那些曾一度暗自庆幸生了个“世纪婴儿”、“龙子龙女”的年轻父母，可怎么会料到，三年之后，就连上幼儿园、在幼儿园睡觉都成了难题！

其实，孩子出生在什么“年头”，与孩子成才、成功，没有任何的关系。选择所谓的“良辰吉日”，与今天倡导的“优生”根本不搭界。出生在“新千年和新世纪”之始，并不意味着一定人人都能成为“头名状元”；“龙年”生子生女，不见得个个都能“成龙成凤”；猴年出生的“猴娃”，也不见得个个“猴精猴精的”。

“扎堆儿出生”的孩子遭遇上幼儿园难，这还仅仅是个开头儿。可以肯定地说，每个突如其来的生育高峰，将来还会在入小学、上中学、考大学，以至就业等问题上，面临着更多更大的麻烦。届时，各种竞争残酷的程度，恐怕都会是空前的，难以预测。对此，家长们还真得有个充分的思想准备。

2003年是农历“羊年”。受广泛流传的陈旧观念的影响，社会上形成了一种世俗的看法，认为孩子在“羊年”出生，不大“吉利”。因此，许多人不是故意“提前”就是“拖后”让孩子出生，千方百计地要“躲”开那个“倒霉”的“羊年”。

据天津医科大学总医院妇产科统计显示，2003年在这个医院出生的婴儿约有280个，比2002年出生婴儿690个减少了近六成。为了躲避这个“羊年”，一些人宁可“以身试刀”，义无反顾地实施剖腹产或人工流产。

说“羊年”出生不大吉利，这只是个别地区、个别人、在个别时间的一种说法，并不是中国传统的民俗。羊是六畜之一，在古人眼里，羊和很多美好的事情有联系，如“祥”、“美”、“善”等。它作为属相的一个标识，与人的命运没有必然联系。仅就最近100多年的历史里，就有许许多多“属羊”的成功人士，仅1895年这个“羊年”出生的就有蔡和森、徐悲鸿、张恨水、叶圣陶、邹韬奋、钱穆、傅作义等名人。“羊年”出生的还有赵朴初、吴冷西、秦牧、三毛、莫言等等。比比皆是，不一而足。其中也不乏长寿者，如叶圣陶、钱穆、赵朴初等人都是90多岁高龄，有什么不“吉利”？

中国本来就是“人口众多”，人口基数太大，若再人为地制造生育高峰，肯定要给社会和个人带来许许多多意想不到的麻烦事。当然，也有“不信邪”的，顺其自然，“羊年”照生不误。我敢肯定，在“羊年”出生的孩子，肯定在入园、入学，以至将来的升学、就业等方面，都有许多的优势和便利，有充分选择的余地。

所谓“十二生肖”，本来是中国古时候的术数家拿12种动物来配“十二地支”：“子为鼠，丑为牛，寅为虎，卯为兔，辰为龙，巳为蛇，午为马，未为羊，申为猴，酉为鸡，戌为狗，亥为猪”。所谓“地支”，是古时候用来表示年、月、日和时的次序，终而复始，循环使用。后来，人们误以为人生在某年就“肖”某物。这显然是一种迷信。

在科学技术和文化高度发展的今天，出现这种盲目“扎堆儿生育”的现象，让人觉得不可思议。其实，它反映在当今日趋复杂的社会生活中，影响每个人成长、发展的“变数”越来越多，家长们思想上过度紧张，心中无底，觉得无法预测和控制诸多“变数”的影响，才出现了这种昔日迷信思想的复活。这是典型的“宿命论”。

“宿命论”认为，人的命运是由一种不可避免的力量所决定的，是成功是失败，是富贵是贫贱，人们只能服从命运的支配。相信“宿命论”，必然会否定或不相信人的能动创造作用，以致使人不作任何改变现实的积极努力。这对家长培养教育的主动性和孩子刻苦努力、奋发进取的精神，都是有消极影响的。

选择“良辰吉日”生育，自认为会给孩子带来“福气”，这仅仅是一种良好的主观愿望而已，没有任何科学的依据，还是要随遇而安，根据自己的思想、经济、能力和身心状况决定何时怀孕生孩子。要使孩子成才，还是应该在优生、优育和优教上下些切实的工夫。

3. 音乐胎教并非那么“神”

生一个聪明健康的宝宝，是普天下准爸爸和准妈妈们最大的心愿。当妻子怀孕以后，年轻夫妇就很容易想到“胎教”。

“胎教”一词源于我国古代。所谓“胎教”，实际上是指为了促进胎儿生理上和心理上的健康发育成长，同时确保孕产妇能够顺利地渡过孕产期所采取的精神、饮食、环境、劳逸等各方面的保健措施。

近些年来，有人陆续提出“音乐胎教”、“语言胎教”、“抚摩胎教”、

“光照胎教”、“运动胎教”、“心理胎教”等不下十种胎教法。这五花八门、种类繁多的胎教法，究竟有多少科学性？真实的效果到底如何？这都有待于实践的检验。是不是真的像“商业广告”中所说的那么神奇？恐怕未必，不可轻信。

在众多的胎教法中，最有影响，也是最值得关注的是“音乐胎教”。

所谓“音乐胎教”，其实就是收集一些现成的古今中外轻音乐乐曲，制作成录音磁带，让孕妇收听，以愉悦孕妇的情绪。仅此而已。

然而，在商业广告中，却大肆鼓吹“胎教音乐”的神奇，说进行音乐胎教，在未出生之前就能增加孩子的音乐“细胞”，养成音乐的天赋，没准儿将来能成为音乐家。许多孕妇闻风而动，争先恐后地追赶这个“时髦”。

要是让懂音乐的或文化素养比较高的孕妇听一听“胎教音乐”，还是可以获得一个好心情的。孕妇心情好，对胎儿的生长发育有很大好处。

然而，让人没有想到的是，有的孕妇在“急功近利”思想的驱使下，不是自己听音乐，而是把录音机的“传声器”放置在自己隆起的腹部，乐声长驱直入腹内，让胎儿近距离地直接收听“胎教音乐”。最终，有的造成了非常严重的后果。

前些年，据报道，青岛市某中学教师薛老师，看了报纸上的胎教音乐广告，觉得很神奇，便立即购买了几种不同的胎教音乐磁带。从怀孕三个月开始，就把录音机的耳机直接放在自己腹部，让胎儿每天近距离收听一个小时的胎教音乐。但她万万没想到，孩子出生后不久，就发现了耳聋现象。经几家大医院反复检查证实，孩子的耳蜗和听觉神经已经遭到严重破坏。大夫们都遗憾地表示无能为力，没有治好的可能，造成终生耳聋，孩子这一辈子将陷入“无声世界”。家长不得不痛苦地接受这个极为残酷的现实。薛老师悔恨不已，痛苦万分。

据了解，各地大医院都接诊过此类程度不同的患儿多名，悲剧在许多家庭陆续发生。

据有关专家介绍，市场上出售的胎教音带，大都附有一个传声器，放在孕妇腹壁上播放，会使声波直接进入体内。要知道，声音要是在空气中传播，声音中的高频部分，会有比较大的自然损耗，音量渐渐变小。孕妇本人听听音乐，还不会对胎儿产生太大的不良影响。若是把传声器直接放在孕妇的腹部，使声波直接进入体内传给胎儿，高频声音对胎儿内耳基底膜上面的短纤维刺激非常强烈，耳蜗底部最容易遭到破坏，会导致听觉能力受到损害，甚至会造成终生耳聋。

据权威部门调查，目前我国市场上销售的“胎教音乐”磁带，劣质品较多，绝大多数的音乐节奏与胎儿的心率不和谐；而且，磁带的音量难以掌控，极容易超量。据专家说，胎儿能听的音量是很小很小的，是成年人听不到的，就是儿科医生也难以掌控音量的标准，更何况普通孕妇。然而，市场上销售的大多数“胎教音乐”磁带，说明书上明明标示音频范围是500至2000赫兹，但检测的结果竟然达到5000，甚至8000赫兹以上，实际超过了十多倍，而且声能很大，暗藏着很大的隐患。

另外，目前市场上的胎教音乐附带的传声器多数是磁性的；而胎儿在母体内是处于失重状态的，外加的磁场对于胎儿是否有不良影响，至今还是个未知数。

至于说让胎儿听听音乐，可以培养胎儿的音乐素养，那纯粹是一种“神话”。过去是有报道说，苏联钢琴家列昂尼德·科根，有一次决定在一个音乐会上演奏苏联一个作曲家的新乐曲，他在妻子的伴奏下曾经短期练习过那首乐曲。当时，正值他的妻子将近产期。不久，妻子生了一个儿子，儿子长到四岁时便学会了拉提琴。有一天，儿子突然奏出了一首从来没有人教过他的乐曲旋律，那正是那次音乐会上科根演奏的乐曲。这首乐曲仅在那次音乐会演奏过一次，后来再未演奏过，也没有灌制唱片。他的儿子出生以来，也没有听过那首乐曲。

这个传说即或是真的，从外国到中国，几十年来用以“印证”这种说法的“实例”，也仅仅就这一例，并没有新发现有第二个“实例”。这足以说明，让胎儿听胎教音乐“有助于培养音乐素养”是纯属偶然，是偶尔的“巧合”，或者说只是个“传说”而已。

世界各国的生理学家研究发现，情绪波动能引起人体内化学物质（如各种激素等）的变化。目前，已经有实验证明，良好的情绪作用于孕妇机体，机体可以产生有益于胎儿生长发育的生理、生物化学变化；而不良的情绪，也可以通过孕妇机体产生不正常的心理、生物化学变化，干扰胎儿的正常发育。因此，中外专家都把调理孕妇情绪，作为进行胎教的主要内容和措施。

听音乐是能使孕妇获得好心情，但不是唯一的方法，也不见得适用于所有孕妇。要根据孕妇的实际情况、需要和爱好来选定。有人说，当胎儿听到音乐时，非常兴奋，还一个劲儿地手舞足蹈呢！

我不禁要问：你怎么知道那“手舞足蹈”是高兴，还是烦躁、愤怒，痛苦挣扎呢！成年人听到不喜欢听的音乐，可以堵住耳朵，或是逃之夭夭；而那可怜的胎儿却身不由己，既不能躲，也不能藏。你说，那胎儿会有多么难受！

孕妇们听我一句忠告：可别赶那个时髦，做那种蠢事。

其实，给胎儿提供最安静舒适的生长环境，让胎儿摄取到丰富的营养，就是最好的胎教！

4. 传统胎教措施仍可沿用

“胎教”这个概念是中国人最早提出来的，大约在公元前 11 世纪就有文字记载，比欧洲文明的始祖古希腊还要早 700 多年。可以说，中国是世界上“胎教”文化的发祥地。

“胎教”一词最早出现在汉朝《大戴礼记·保傅》中：“古者胎教，王后腹（孕）之七月，而就宴室（休息的侧房）。”又说：“周后妃（即邑姜）任（孕）成王于身，立而不跂（踮脚尖），坐而不差（身子歪斜），独处而不倨（傲慢），虽怒而不詈（骂），胎教之谓也。”西汉时期的政论家贾谊的《新书》和经学家刘向的《列女传》也都有记载。《列女传》中记载的太任怀周文工时胎教的事例，一直被奉为胎教典范。那时候，胎教的基本含义是孕期妇女必须遵守的行为和道德规范。

中国古人不仅主张实施胎教，甚至还主张在结婚前要注意择偶。比如，战国时期的《左传》中说“男女同姓（族），其生不蕃（繁衍）”；《国语》中说：“同姓不婚，惧不殖（繁殖）也。”明确表示，反对近亲结婚。

西汉贾谊在《新书·胎教》篇中说，古人为子孙选择配偶时，非常重视妻子的人品德行。认为妻子人品、德行好，就能生出“凤凰”那样华贵的孩子；若人品、德行不好，就会生出“虎狼”一般的孩子。这种说法虽然只不过是凭臆测的断定，但却是朴素“优生”思想的萌芽。在“天命观”盛行的古代社会，就提出谨慎择偶的主张，实为难能可贵。

随着医学科学的发展，我国古代一些著名的医学家，根据妇科、儿科长期研究的实践经验和理论，提出了一套较为系统的胎教方法。

大致可归纳为六个方面：

第一，调情志。

妊娠是女性生理的一个特殊过程。孕妇不仅生理上发生一系列变化，心理上也会发生相应的反应。古代医学认为，胎儿借母气以生，呼吸相通，喜怒相应。孕妇的喜、怒、哀、思，皆可使气血失和而影响胎儿。若情志失调，喜怒无常，必然影响孕妇和胎儿的健康。故应调情志，安心神。对于情志不佳者，中医自有健脾理气的治疗方法。但这毕竟是靠药物解决问题。“一副好心情，胜过十剂良药。”孕妇如能自我调节，使得气息平和，那当然很好；而家庭和睦，夫妻相敬如宾，婆媳关系和谐，又是孕妇情志舒畅的重要环境因素。

第二，忌房事。

房事，指夫妻的性生活。刚刚怀孕的妇女，身体还没有适应妊娠引起的生理变化，会出现各种不舒服的感觉，如恶心、厌食、嗜睡、容易疲劳等等，这就是“妊娠反应”。7个月后，孕妇腹大身重，行动不便，而且胎儿即将入盆，房事会刺激宫颈而引起宫缩，导致早产。加之在房事中，难免会将细菌带入孕妇阴道内，严重者会造成胎儿感染。因此，古人特别强调应禁忌或减少房事。否则，分其养孕之力，扰其固孕之权，形体劳乏，甚至可能导致流产、早产，或生子多病。

第三，节饮食。

胎儿虽然已长出脾胃，但在子宫内这些器官还未启用。胎儿的营养完全来源于母体的气血。因而，孕妇饮食对胎儿的发育有着直接的影响。明朝万全撰写的《万氏女科》一书中指出：“妇人受胎之后，最宜忌饮食，淡滋味。避寒暑，常得清纯和平之气以养其胎，则胎元完固，生子无疾。”

孕妇的饮食，以清淡为宜。大鱼大肉可以吃，但应有所节制。不要饥一顿、饱一顿，更不要暴饮暴食。假如孕妇饮食失节，饥饱无度，嗜食厚味，都会使脾胃运化失常，导致胎儿营养供给失调。

第四，适劳逸。

人禀气血以生，胎赖气血以养。因而，妊娠后起居劳逸应该适量，既不可贪图安逸，又不可过于劳累。古代医学认为，孕妇太逸，则气滞；太劳，则气衰。若劳逸失宜，举止无常，攀高负重，其胎必坠，甚或导致难产。所以，妇女受胎之后，当宜行动往来，使血气通流，百脉和畅，自少难产；若好逸恶劳，贪卧养血，使气停血滞，临产多难。正确的做法，大致为怀孕 5 个月以前宜稍逸，5 个月以后宜小劳。

第五，慎寒暑。

这里的"寒暑"是指外感风寒六淫之侵。什么是"六淫"呢？古代医学认为，"风"、"寒"、"暑"、"湿"、"燥"、"火"六气太过，就成为致病的"邪气"，"六淫"就是"邪气"的总称。怀孕以后，孕妇由于生理上发生变化，很容易受到"六淫"之侵，感染疾病，甚至危及胎儿。"胎前感冒外邪，或染伤寒时证，往往小产坠胎，攸关性命。"故而注重胎前摄养、慎起居、适寒暑，甚为重要。

第六，戒生冷。

妇女怀孕以后，常常喜欢吃一些生冷之物。古代医学认为，这是由于孕后阴血下注以养胎儿，以致阴血偏虚，阳气偏旺。因此，孕妇大多喜欢食生冷。殊不知，生冷之物并不能退血热，吃多了反而会使脾胃受伤，呕吐、泄泻、痢疾诸疾会乘虚而入，既损孕妇，又伤胎儿，不可不慎。

此外，孕妇衣着还须宽大合体，腰带不宜束紧，以免气血周流不畅而影响胎儿。

用今天的眼光看，上述古代胎教之法中绝大部分属于孕期保健的内容，一般都符合现代医学原理。今天的孕期保健，许多方面都是依照或参考上述妊娠调理、胎前摄养的方法实施的。这充分表明，我国传统的胎教理论已经奠定了现代胎教理论的基础，今天仍可继续沿用。

胎教虽然有了几千年的历史，然而，至今仍属于还在探索中的问题，还没有像幼儿园或中小学那样有成熟的教材和教育方法。所谓"胎教"，不在于直接教给胎儿具体的"能耐"、"本领"；而是在于胎儿大脑发育的关键期，受到良好的刺激，使大脑发育得更健全、更完善，以使先天素质或者说潜在意识发育得更好。

5. 丈夫如何进行胎教

"胎儿"，即母体内的幼体。人类的胎儿明明是在孕妇腹内，孕妇是胎儿的"载体"，实施胎教自然是孕妇的事。胎教与丈夫何干？这是不是在开"国际玩笑"？

不是。绝非戏言，这是在讨论一个非常严肃的话题。

胎儿是夫妇爱情的结晶。当得知妻子怀孕，喜从天降，夫妇欣喜至极，激动不已。还会按捺不住激动的心情，立即把这个喜讯传遍四面八方的亲朋好友，让大家共同分享。从那一天起，夫妇二人便热切地盼望着、急切地期待着孩子降生那幸福的一刻。

丈夫完成"播种"的任务，万事大吉，就期待着"候补爸爸"转正的那一天了。可做妻子的可没丈夫那么"优哉游哉"、"一身轻松"了。从"十月怀胎"到"一朝分娩"，这漫长的300个日日夜夜，孕妇将伴随着胎儿的成长发育，困难重重，忧心忡忡，心神不定。

妊娠的强烈反应，恶心、呕吐不止，口中无味，不思饮食；随着腹部渐渐隆起，孕妇手脚肿胀，步履日益艰难，行动越来越不便；对胎儿的发育状况、产程安全、胎儿的性别，以及产后的形体变化等一系列问题的担心和焦虑，往往给孕妇造成巨大的心理压力，精神紧张，情绪异常，心理负担日益沉重。这一切，孕妇本人，当然可以独自进行调整；但是，全靠孕妇个人是远远不够的。

胎儿生长在孕妇体内，其生长发育的状况是否良好，与孕妇的营养、生活方式、劳动强度等有直接的关系。但是，更为重要的因素是孕妇的情绪。科学研究表明，孕妇的积极情绪，可以增加血液中有利健康的化学物质，其血液循环、内分泌和心律都处于一种平衡、和谐的状态。正常孕妇的心律是胎儿"最美妙、最动听的音乐"。在这种状态下，胎儿的身心能得到最佳的发育。

而孕妇在发怒、焦虑、紧张或忧郁的时候，胎儿立即会表现出不安。孕妇持续而剧烈的紧张情绪，会使胎儿出生后发生多动、挑食、多吐、多哭、多腹泻和体轻瘦弱等现象，甚至导致胎儿畸形发育。因此，有效地调节孕妇的情绪是至关重要的。

那么，孕妇的情绪由谁来调节呢?

美妙和谐的音乐，能调节孕妇的心情；高雅的文学作品，能陶冶孕妇的情操；适当的活动和锻炼，也能改善孕妇的情绪。这是毫无疑问的。但是，这些作用都是有限的。调节人的情绪，作用最大，效果最好的，却是人际关系的改善与和谐。其中，与孕妇关系最亲密、感情最亲近的人，对孕妇的情绪影响最直接，调节作用最大的，除了妈妈、婆婆这些长辈以外，最得要的当然是朝夕相处、相濡以沫的丈夫。

丈夫是妻子关系最为亲近、感情最为亲密的人。丈夫由衷地爱妻子，把正在怀孕的妻子当成自己心目中的“功臣”，深刻理解，精心照料，殷勤服侍，无微不至地关心、体贴，妻子的起居、冷暖、痛痒、饮食、安危时刻都挂在心上，随时随地陪伴在身边，充当“保护神”，事事处处替妻子排忧解难，时时刻刻宽慰妻子，鼓励妻子……丈夫所做的这一切，最能使孕妇情绪稳定，精神愉悦，心情舒畅。而种种的担心、焦虑、紧张、忧郁，都会烟消云散，化为乌有，心中总是荡漾着幸福的涟漪，眼前总是一派明媚的阳光和对美好未来的憧憬。

假如丈夫对怀有身孕的妻子忽视怠慢，不关心其冷暖痛痒，缺乏耐心，时不时地惹妻子生气，那么，妻子就是自我克制和自我调节能力再强，也难以有良好的心情，任何的自娱自乐，都是无济于事的。

我国自古以来就重视胎教。然而，每每提及胎教，都认为那是孕妇一个人的事，与旁人无关，旁人也爱莫能助。比如，古人提出的“调情意”、“忌房事”、“节饮食”、“适劳逸”、“慎寒暑”、“戒生冷”等胎教措施，全都是给孕妇一个人提出的禁忌，似乎胎教就是孕妇一个人的事。其实，这些要求或禁忌，都不是孕妇一人独自所能为的。

比如“调情意”，首要的是丈夫、家人对孕妇态度要好，有良好的家庭生活氛围；“忌房事”，没有丈夫的配合，那也只能是一句空话。至于

“节饮食”、“适劳逸”、“慎寒暑”、“戒生冷”等饮食起居、生活方式方面的要求和禁忌，也样样离不开丈夫的体贴、关心、爱护和精心照料。这一切，都是在进行胎教。

当今，虽然人们常说：“时代不同了，男女都一样。”但“传宗接代”的意识并没有肃清，不少人还有“重男轻女”的思想。特别是农村，由于生产方式相对落后，生产劳动中体力劳动的成分还比较重，这种思想还比较严重。如果丈夫只想要男孩，不想要女孩，总是不给怀孕妻子好脸色，那将是极大的压力。

必须明白，胎教的核心，不在于教胎儿学会什么能耐、本领和知识；而在于胎儿大脑发育的关键期能受到良好的刺激，使大脑发育得更为健全，更为完善，使胎儿先天的素质发育得更好。在妻子怀孕之后，丈夫自始至终要使妻子保持心情舒畅，精神愉快，心胸豁朗，努力避免忧虑、焦躁和恐惧。家庭关系要和睦，气氛要和谐，婆婆要体谅、体贴儿媳，丈夫要宽容、爱护妻子，对妻子说话要轻柔、和善、甜蜜，避免嘈杂、震动、杂乱，努力创造温馨的家庭生活环境。胎儿的父亲可以经常与没见面的孩子说说话，轻轻抚摸妻子的腹部，给胎儿以温存、深沉的爱，使胎儿有安全感。利用闲暇时间，多陪妻子说说话，聊聊天，听听音乐，散散步，替妻子做一些不便做的事，充当妻子的贴身“保镖”。

胎教绝不是孕妇一个人的事，而是夫妻二人共同的事，丈夫必须参与胎教。在一定条件下，丈夫参与胎教，甚至可以起决定性的作用。

正如日本教育家井深大先生所说：“也许说妊娠的身心状况，完全取决于父亲的力量，也不会言过其实。”

夫妻搭档育子女

6. 漫谈给孩子起名

每个孩子一出生就要起（取）个名字。起（或说“取”）“名字”有什么用？其实，名字就是人的“符号”或“代号”。起“名字”，为的是与他人区别，便于交流、沟通，仅此而已。“名字”一般是由家长主持起的。

孩子的名字，一般是终身使用。因此，起名字都很慎重。家长给孩子起名的依据是各不相同的。

比如，唐朝大诗人李白周岁时，父母让他“抓周”。李白面前摆放了鸡蛋、糖糕、尺子、算盘、《论语》、《诗经》等物品。李白却伸手抓了那本《诗经》，但当时没有起名。到李白7岁时，父亲要一家人作一首有关“春”的绝句，从中选出儿子的名字。父亲吟出两句，母亲吟出第三句，李白手指着院里盛开的李树花，说出了第四句：“李花怒放一树白。”父亲一听，拍案叫绝，这句诗的第一个字正好是他们家的姓，父亲当即决定儿子名字采用最后一个字，叫“白”。“白”字形容人有高雅圣洁的气质。

宋朝爱国名将岳飞名“飞”，字“鹏举”。据说，岳飞刚刚生下来的时候，恰巧有一只大鹏鸟从岳家屋顶上飞过。父母就给他起了一个单名叫“飞”，字“鹏举”，意为“鹏程万里，远举高飞”，志向远大，在事业上大有作为的意思，寄托父母的希望。

而宋朝苏轼自幼聪慧过人，读书过目不忘，父亲苏洵担心他锋芒太露，不刻苦耐劳，就以“轼”——“车前用作扶手的横木”来象征、警戒他，要他加强自我约束，可不要像车前那根横木那样外露而不加掩饰。苏辙性格温良，处事谨慎，父亲对他是放心的，就以“辙”——“车子运行留下的轨迹”来提示、勉励他，要他循规蹈矩，保持长处，永不走邪路。

林则徐出生的时候，他的父亲林宾日已经40岁了。林宾日年轻时，非常崇拜南朝梁陈间一个叫徐陵的诗人、骈文家。他的文章辑裁巧密，非常有新意。他的父亲也是当时有名的文人，“遍览经史，作文不拘旧体，宫中尽学其艳丽文风”，文章自成一体，称之为“宫体”。林宾日希望小儿子长大后像徐陵父子那样多才多艺，因此，给儿子取名为“则徐”。“则”，即效法的意思。

著名科学家钱伟长的四叔、国学大师钱穆非常喜欢他这个侄儿。“伟长”这个名字，就是钱穆给取的。钱穆自幼喜欢读书，很早就特别景仰汉朝著名的“建安七子”中的徐干。徐干是东汉末年著名的哲学家、文学家，字“伟长”，曾任五官中郎将文学，善于辞赋，还能作诗。钱穆既钦佩他的学识，又敬仰他的人品。希望侄儿成为有出息、有学问的人，就像他心目中的偶像徐干那样。于是，钱穆就给侄儿取名为“伟长”，以勉励侄儿。

鲁迅给儿子取“海婴”的名字，就是为了纪念出生地，因为儿子生在上海。据鲁迅先生的夫人许广平说，给海婴起名字的时候，鲁迅先生是这样说的：“因为是在上海生的，是个婴儿，就叫他海婴。这名字读起来颇悦耳，字也通俗，但却绝不会雷同。译成外国名字也简便，而且古时候的男人也有用‘婴’字的。”

有的家长给孩子起名很讲究，也有不大在意的。比如流行河北一带的“撞街”的风俗：婴儿出生三天，由本家有声望的老人抱着上街，在街上首先遇着谁，就请谁为孩子起名。如遇不到人，那就遇到什么事物就用什么做孩子的名字。我的老家就是河北，我虽然很喜欢我的一双儿女，但起名字还是延续了河北的风俗，两个孩子的名字，都是由我当时供职的北京师范大学附属中学传达室的李师傅给起的。

另外，给孩子取名，也是“男女有别”。一般给男孩取名，多是带有阳刚之气，如“志”、“强”、“刚”、“健”、“勇”、“猛”、“壮”等等；而女孩的名字，则一般带有柔情的味道，如“花”、“草”、“莲”、“芳”、“芬”、“菲”、“玲”、“玉”、“美”、“丽”等等。从名字上一看一听，就能辨别出人的性别。男女不同性质的名字，对人也是一种暗示，使男孩性格更为刚强、粗犷，使女孩更为温柔、俊美。此外，有的特意取中性的名子，个别的也有男孩取女性的名字，女孩取男性的名字。

给孩子取名也是一种文化，名字的构成因时代不同而不同。现代人给孩子取名，跟过去相比就简单多了，多是表达家长的希望、寄托，叫起来顺口，听起来悦耳即可。也有的具有鲜明的时代特征，诸如“建国”、“解放”、“抗美”、“援朝”、“建设”、“跃进”、“大庆”、“文革”、“国庆”、“神舟”等等。从名字上一看，就知道是什么年代出生的。

不过，现在家长给孩子取名字，有些倾向值得注意：

一是单名多，即名字只有一个字。这样，重名的概率很高，不能充分体现与他人“区别”这个取名的基本功能。有的单名，在一个城市就有成千上万个，在生活中会有许多的麻烦。

二是名字不通俗，字太生僻，不好认，不好读，不好写。这在网络和电脑使用越来越频繁的时代，会带来许多意想不到的麻烦，应引起家长的注意。

三是不要夸大名字的作用。有的家长总觉得孩子的名字不带劲，便花重金请“起名公司”给孩子起名，似乎名字能决定孩子的前途和命运。

其实，“名字”就是人的符号或代号而已。给孩子起名，可以寄托家长的美好愿景，也可以用来勉励孩子。但名字究竟能起多大的作用，那就很难说了。叫“发财”的人，不见得个个都是百万富翁；叫“若愚”名字的人，很可能是智力超群的“大智”。美国有一个父亲分别给两个儿子取了“成功者·拉尼”和“失败者·拉尼”。长大以后，“失败者·拉尼”考上名牌大学，成为受人尊敬的大侦探；而“成功者·拉尼”呢，却成为有 30 多项罪责的囚犯。

家长还是应该把精力放在培养教育上，不要总跟孩子的名字较劲。

7. 我不赞成孩子全托

前些年，从网上看到一条消息：说天津出现了专门招收0岁孩子的“全托”托儿所，从孩子一出生就交由托儿所抚养。

有人说，这是好事。可以解放年轻父母，解除后顾之忧，能全身心地投入自己的事业中去；同时，也有利于克服孩子对父母的依赖性，培养适应环境变化的能力和独立自主的意识与能力。

猛一听，这种说法似乎很有道理。我却不敢苟同。

孩子降临人世，首先投入父母的怀抱，第一眼看到的是父母，最先得到的人间最珍贵的亲情是来自父母。孩子是父母爱情的结晶，母亲怀孕十个月，“准父母”怀着激动、欣喜把孩子迎来。父母子女亲情是与生俱来的，是天然生成的。初生的孩子，对父母十分依恋，强烈需要与父母保持亲情，这对孩子健康成长十分有利。

孩子小时候与父母时刻保持亲密接触，不仅有安全感，情绪放松，心情舒畅，无拘无束，无忧无虑，感到温馨幸福；而且，也使孩子拥有正常的感情生活，培养健康的情感。

特别值得注意的是，孩子与父母骨血相连，父母子女亲情以血缘为基础，极为特殊，其他任何人之间的感情都不能与之同日而语，相提并论。父母亲情是孩子精神食粮中的“精品”、“极品”，其他任何人的感情都不能替代。即或是“全托”托儿所的老师、阿姨就“像妈妈”一样，但毕竟也仅仅是“像”，不可能完全代替父母亲情。

孩子一出生就入“全托”，长时间完全脱离父母，就等于强制“割断”与父母的亲情，对尚对父母极为依恋的小孩子，是一件很“残酷”的事。

做母亲的都有给孩子“断奶”的经历，虽然只是断绝了“母乳”的供应，但并没有断绝母子亲情。孩子是闻着母亲身上的奶味一天天成长起来的，孩子与母亲感情十分亲密，“断奶”使孩子所经受磨难的痛苦，都让母亲心疼不已。小孩子“断奶”完全是被动的，无可奈何，其痛苦程度，大大超过母亲的痛苦。更何况一出生就“全托”，远离父母，五天见不到母亲，闻不到母亲身上的奶味，会产生难以忍受的亲情饥渴，其痛苦程度可想而知。

孩子一出生就入“全托”，是可以摆脱孩子的拖累，解除父母的负担，但付出的代价太大，太大。过早地长时间离开父母“全托”，使孩子觉得像是被抛弃的孤儿似的，心里没着没落，认为人世间没有真情，对孩子心灵、情感的伤害极大，甚至终生都不能熨平。

据《北京晚报》报道，有一位某部委的干部，父母都是军人。他从很小的时候就上整托，爸爸妈妈甚至一个月都不接他回家一次。小时候的情景，事过四五十年以后，他还历历在目，记忆犹新。他回忆说，那时候，幼儿园经常只剩下几个孩子，我们想妈妈就开始哭。后来，就不哭了，只觉得妈妈对我们不亲。小时候入全托幼儿园给他造成心理伤痕，历经几十年的岁月，还没有完全消除。

另外一位成年人，也是从小就被家长送到全托幼儿园，只有周末才能回家，有时甚至周末也被父母遗忘在空空荡荡的幼儿园里。他深有感触地回忆说，他记得最清楚的一次是1958年中秋节。

那天傍晚，幼儿园的其他孩子被父母接走后，只剩下我和四五个孩子。吃过一顿冷清的晚饭后，我们在一个阿姨的陪伴下，一个个失魂落魄地攥着手里的月饼，或站或坐，在宿舍楼外面的门廊上，仰着头，呆呆地望着天上那轮金黄色的大大的月亮……

“阿姨，今天是中秋节了吧?”一个小班的孩子咬着月饼，迷惘而孤寂地问。

“是啊，是中秋节。”阿姨说。

“中秋节是干吗的啊?”另一个小班孩子问。

“就是吃月饼呗!”一个大班的孩子回答说。

“中秋节是一家人团圆的节日。”阿姨补充说。

“那我们的爸爸妈妈怎么不接我们回家啊?”那个大班的孩子疑惑地撅着嘴又问。

阿姨告诉我们说，爸爸妈妈正在十三陵水库参加义务劳动，还说毛主席和国家领导人都去那儿劳动过。

“那水库什么时候能修好啊?”我们几个孩子哭着问。阿姨说，很快就会修好的，别着急。

那一晚，阿姨没有催我们按时就寝，一直陪着我们这几个手里攥着月饼的小可怜儿，望着夜空那轮冷冷清清的月亮。她知道我们想家，想爸爸妈妈……

到了小学，我又被送进寄宿学校，每两周回家一次。直到现在，虽然已经过去几十年了，我仍然认为人生中好像缺少母爱。其实，并不是没有母亲，也不是母亲不爱我；而是在我最需要温存母爱的年龄阶段，却被送进了全托幼儿园、寄宿小学。我明显地感到，我们好些与我有同样经历的同学，与家庭、父母关系甚是冷漠。

小说《青春之歌》作者、女作家杨沫的儿子老鬼也是作家。他在《母亲杨沫》一文中是这样描写他的母亲的：

“我的母亲整天醉心于她的写作，不管孩子，儿女情很淡。”“她说她尊崇卢梭——卢梭就把自己的亲生孩子统统送到育婴堂，一个也不要。”“母亲嫌麻烦，把我往托儿所一送了事。母亲说她小时候，她的母亲从来没有抱过她，亲过她。她也继承了这一点。我四岁从农村来到北京与父母生活在一起，记忆中就没有被母亲抱过、亲过，也从没有尝过坐在母亲膝盖上的滋味，哥哥也如此。……我和哥哥一辈子不知道撒娇是何滋味。”

作家王朔在《致女儿书》中说：

“我是在群宿环境中长大的。一岁半送进保育院，和小朋友们在一起，两个礼拜回家一次，有时四个礼拜。很长时间，我不知道人是爸爸妈妈生的，以为是国家生的，有个工厂，专门生小孩，生下来放在保育院一起养着。”

年轻父母是很忙，是有压力，但不能推卸养育孩子的责任，而是要搭辛苦，把事业和孩子的关系处理好。不能只顾埋头工作，因为忙就推卸责任，把压力转嫁到孩子身上。最好是送日托，有分有合，既减轻家长负担，也不割断父母子女亲情，二者兼顾，一举两得。

8. 父母之爱不能替代

1994 年，一对经营房地产的夫妇，由于工作繁忙，无法顾及刚刚进入小学一年级的女儿。我夫人是我们大学附小的老师，那女孩正好在她教算术的那个班。那对夫妇又得知我是专门研究家庭教育的老师，就想把孩子寄托在我们家。

我的一双儿女都已经参加工作，结婚后也都有自己的房子，家里就剩我们夫妇俩人，我家是典型的“空巢家庭”。可我是大学教师，不坐班，每天都在家读书、写作，给研究生上课也是在我家。我们夫妇过惯了清静的生活，夫人身体又不太好。我极力推辞，一再说使不得，使不得。可那对夫妇是铁了心，死磨硬泡，一副不达目的不罢休的架势，弄得我们实在没办法了，只好答应试一试。没想到，这一试就是五年。

女孩的到来，给我们这个“空巢家庭”增添了难得的生活乐趣。刚来时，她还不会梳小辫，我便笨手笨脚地帮她梳理；我一个 50 岁多的人，给她把持着车满操场奔跑，教她学会骑自行车。我带她去展览馆剧场看芭蕾舞，到中央电视台录制节目，到游泳馆去学游泳，到东郊工人体育场看足球比赛，每天还骑自行车接送上下学……

那孩子在我家寄宿的几年间，基本上没有影响我的工作，也没有给夫人增添多少负担和麻烦。我们这个临时组织起来的老少三口之家，生活得十分愉快，孩子的父母也非常高兴、放心，完全没有后顾之忧，全身心地投入到事业中。

日子过得真快，一晃到了孩子上小学五年级了。有一天放学后，那女孩正在自己的房间做作业。突然，我听到她的哭泣声，还哭得很伤心。我感到莫名其妙，不知道发生了什么事，赶紧到她住的房间，急切地问：

“姑娘哭什么？怎么啦？身体不舒服？”

我用手摸摸她的头，没有异常，她摇摇头表示没生病。我又关切地问：

“是谁欺负你了？告诉我，有人欺负你，我去找你们的老师，找你们的校长。你们校长还是我的学生呢！看他们谁敢欺负你？”

我边哄边追问，她还是一个劲儿地摇头。究竟是怎么啦？我很着急。经再三追问，女孩终于开口了。没想到，她竟然哭泣着，说出了这样一番让我大为震惊的话：

“我上幼儿园的时候，他们（指她的爸爸妈妈）说忙，不能管我，就把我送到幼儿园全托，一个星期接我一次；现在，我上小学了，他们还说忙，又把我送到了你们家，还是一个星期接我一次。他们成天就是忙、忙、忙，根本就不管我！”

那女孩子觉得委屈得不得了，一个劲地抽泣。稍稍停顿了一下，突然间狠狠地说：

“他们这样对待我，等他们老了，我把他们送到敬老院，也一个星期接他们一次！”

这最后的话，是大声喊出来的！足见她这番话，是在心里憋了很长很长的时间了，那天不知什么原因而突然发泄了出来！

也真是太麻痹大意了，怎么就没有觉察到呢！我深深地自责。

我立刻拿起电话，打给她的妈妈，急切地告诉她赶快把孩子接走。我郑重警告她说：“你们赶紧把孩子接走吧！一天也不要再拖了。要不然，你们老了可就要遭罪了！”她妈妈一听，当天晚上就赶紧把孩子接了回去。真没想到，会是这种结局。

她的父母把孩子放在我的家里，是为了给孩子创造一个稳定的家庭生活环境，保证她能顺利地上学读书；我们把孩子接受了下来，同样也是为了孩子。万万没有想到，她的父母和我们夫妇，都是怀着一颗“好心”，却好心好意地办了一件“错事”。

现在，有些年轻夫妇为了经商、求学，或是到外地，或是出国，也有的就是图轻闲、为享受，把孩子寄托在自己父母家，或是寄托在可信的别人家。这种情况，越来越多。孩子有了稳定的生活条件，受不了什么委屈；那些做父母的也放心，没有了后顾之忧。

可他们没有想到，不管帮代管孩子的人怎么爱孩子，也代替不了父母之爱。父母之爱是天然的爱，由血缘关系滋生的一种爱。战国时期思想家韩非说过："人之情性莫爱于父母。"是说任何人与人之间的爱，都不能超越父母对孩子的爱。父母之爱对孩子来说，须臾不可或缺，是金钱买不来的，是任何人不能替代的。

苏联教育家马卡连柯说过："没有父母的爱所培养出来的人，往往是有缺陷的人。"第一次世界大战以后，德国一大批孤儿生活在收容所，虽然物质条件要比社会上一般家庭好得多，但孩子生长发育的状况远比不了社会上的孩子。原因就是缺少父母之爱。

有的从孩子小时候就放在祖父母或别人家里，时间久了，就不认父母了。有的交给保姆照料，孩子叫保姆"妈妈"，而叫妈妈"阿姨"的现象时有发生。有的甚至把亲生母亲看成是"狼外婆"，见了面不仅不亲，反而唯恐避之不及。

孩子小时候，对父母的依赖尤为强烈。因为觉得父母最可信、最可靠。在父母身边，最放心，最安心，最顺心，最舒心，最具有安全感。心情舒畅、轻松，无忧无虑，感到无比的温暖和幸福。而一旦长时间离开父母，就感到很失落，觉得被父母"抛弃"了。就连生身父母都不爱自己的孩子，他们哪能相信人间真情？长大后，他们对别人也就会冷漠、无情，甚至防范、敌视、报复。

有的父母说："我们离开孩子，不论去读书还是经商，还不都是为了孩子的将来？"我相信这是心里话。但孩子并不认同，孩子想不了那么长远；就是想到了，遥遥无期的"将来"，对小孩子来说也是可望不可即的。他们最需要的是现实的、当下的父母之爱。

年轻父母要深造，要金钱，要实现"个人价值"，但不能以牺牲对孩子的爱为代价。为人父母之后，当然不可能再像没有孩子时那样轻松潇洒、"无孩一身轻"了，该忙点儿，该累点儿，该苦点儿，必须要付出。付出了，就会有回报。没付出，也会有报应。

9. 全职妈妈之我见

孩子出生之后，由谁来带？中国过去，长期以来自然形成的家庭成员分工是“男主外，女主内”。男人在外种地、经商或做官，妇女则在家料理家务。至于带孩子的事，自然是由孩子的母亲来做。

过去，女人结婚后，一般都是做专职的“家庭主妇”，不离开家出门做事。社会发展到今天，妇女获得解放，社会和家庭地位提高了，绝大多数都离开昔日的“锅台”、“炕头”，走出家庭这个小天地，参加了社会工作，到广阔的天地里施展自己的才华。虽然，国家规定母亲生育了孩子有产假，新生儿由母亲哺乳一段时间。但产假时间终究是有限的，孩子到了一定的年龄，一般还是要送到托儿所、幼儿园。中国的家庭绝大多数都是这种安排。

据《羊城晚报》报道，广州市越来越多的女性做起了“全职妈妈”，就是说孩子出生以后，便辞掉社会上的工作，全身心地在家带孩子、料理家务。许多母亲有这样一种想法：“如果把小孩子送去全托，或交给家里的老人，或请托保姆带，自己是很轻松。可孩子一晃就长大了，作为一个母亲，没有和孩子一起体验成长的经历，那将是终生遗憾。”

据广州一家早期教育机构近日统计，他们所接触的243个妈妈中，正在做和做过“全职妈妈”的有59个，占24%；而且，这些“全职妈妈”的学历都比较高，一般在大专以上。据了解，越是经济发达的地区，这种现象就越普遍。

对于这种现象，有人说这是“理性的回归”，表示完全赞成；也有人说，这是一种“倒退”，表示坚决反对。但是，更多的人对此表现出的是理解。

与许多发达国家相比较，我国女性，尤其是已婚女性的高就业率，一直是我国“男女平等”的事实根据，是“妇女解放”的重要标准，为世人所称道。然而，现在却又出现了“回流”，这一现象值得人们关注和思考。

类似的现象，不仅出现在珠江三角洲地区，其他经济发达地区同样也不同程度地存在。究竟如何看待这种社会现象，值得探讨。

现在，年轻妈妈心甘情愿重回家庭，这种选择尽管有些无奈，但妈妈们从中体会到了牺牲的必要和价值。这些妈妈觉得：毕竟，在亲情面前，金钱要显得苍白得多。

过去的社会是男人的社会，妇女社会地位低下，只是作为男人的“附属品”而存在，没有与男人平等受教育的权利，不可能拥有属于自己的事业。妇女一出嫁就是做“全职太太”，有了孩子就是“全职妈妈”，她们只能做家务、照料孩子，一切都任凭丈夫安排，“相夫教子”是她们的天职。而且，那时候，一般家庭里孩子都比较多，如果都送到托幼机构，经济条件也不允许。所以，做“全职妈妈”，在经济上也是一种合算的，但也是无奈的选择，是不得已而为之。

今天的“全职妈妈”与以往不同。说是为了“和孩子一起体验成长的经历”，是一种完全“主动”的选择。这种想法似乎很不错；但是，效果究竟会如何呢？

应当承认，一些年轻的妈妈心甘情愿地重新回到家里，在“母子亲情”和“金钱”面前，毅然选择了“亲情”，可以说是重义轻利。这一点，的确值得称道。

然而，也必须认识到，妈妈培养教育孩子，需要充分的时间，需要与孩子充分的接触；但是，更需要“教育资源”，鲜活丰富的教育资源。一个母亲离开了自己的社会职业，把自己关在家门之内，与世隔绝，整天在家庭这个小天地里与孩子厮守在一起，孩子倒是充分享受到了母爱，母亲也享受到了天伦之乐。可那是一种类似“原始”的母爱，妈妈与孩子每时每刻形影相随，很容易陷入不理智的溺爱之中。孩子缺乏独立自主的空间，很少有与外人交往、相处的机会，相应的交际能力也会严重缺乏，不利于孩子实现社会化。孩子将来总是要上小学、中学吧？由于长时间地与母亲单独厮守而养成的难以割舍的母子、母女之情，将会面临“生离死别”的尴尬局面，孩子也难以融入社会群体之中。这绝对不是我们所期待的结果。

“全职妈妈”长时间游离于社会生活之外，与五彩缤纷的现实生活失之交臂。久而久之，很有可能连性格都会发生变化，如心胸狭隘，婆婆妈妈，唠唠叨叨。到那时候，妈妈在孩子心目中的地位会日趋下降，教育苍白无力，甚至无能为力，成为纯粹的“保姆”。

在国外，是有母亲做“全职妈妈”的传统。其结果，母亲不仅在孩子心目中没有地位，在整个家庭生活中也地位低下，甚至成为全家人发泄不满和进行攻击的首选对象。

家庭本来是孩子进入社会之前的“演习场”，家庭教育的一个重要任务就是尽量减少孩子进入社会的“坡度”。孩子从小就与母亲有“合”有“离”，是最佳的养育方式和“生存状态”。这样做，既可以保持母子亲情，也可以渐渐减少孩子对母亲的依赖，增强其独立自主性，减少孩子进入社会的阻力。

同时，母亲参加社会工作，可以广泛进行社会交往，体验丰富的社会生活，随时吸纳鲜活的社会信息，从而了解社会动态，获得活生生的教育资源；还能不断地提高自己，完善自己，与时俱进，与孩子同步前行。

母亲是孩子的第一任教师，是孩子的人生向导。不论是否选择做“全职妈妈”，都应该不断地充实自己，提高自己，随着孩子的成长渐渐走向成熟；即或是“全职妈妈”，也不要把孩子天天封闭在家庭这个小天地，不要脱离沸腾的社会生活，要带孩子接触社会，把视野伸向社会。

在孩子在一两岁时，做暂时的“全职妈妈”，伴随孩子迈出人生的第一步，体验体验做母亲的乐趣，未尝不可。但到了规定年龄，即或家里有老人帮助带孩子，也还是要送孩子入托、入园，让孩子早一点儿进入社会群体，体验集体生活。不然的话，到了上小学的时候，恐怕很难一下子适应学校的生活。

10. 夫妻搭档育子女

我经常给幼儿园孩子的家长讲课。在给幼儿园家长讲课时，我常常看到一个非常普遍的现象：听课的绝大多数是孩子的母亲，约占听课总人数的百分之八九十，有时比例还要大；孩子的父亲则非常稀少，也就是听课母亲的“点缀”而已。

当然，来一位家长听课，回家把老师讲课的内容传达给其他的家长，大家共同贯彻执行，也未尝不可。

然而，事实上，情况并不是我们所想象的那样。听课学员的比例，恰恰是在家里参与孩子抚养教育状况的真实写照。

有的家庭，做父亲的认为自己是做“大事业”的，管小孩子这类“婆婆妈妈的小事”，懒得过问。于是，便把培养教育孩子的事一股脑儿“推”给母亲。

有的家庭是母亲“主动”把培养教育孩子的事给“揽”起来的。一位母亲说：“我家先生工作太忙，顾不上。培养孩子的事，是我自觉自愿‘承包’下来的，为的是不让他分心。”这位做母亲的是“高姿态”。

另一位母亲则是直截了当地说：“我们那口子倒不是不想管，是我不让他管。他总认为我对孩子要求过高、过严，不是鼓劲儿，反倒‘撤劲儿’。因此，我‘独揽’孩子教育的‘大权’，根本不让他插手！”这位母亲做得很绝。

教育孩子的事由母亲一个人承担，从对家庭的责任感和奉献牺牲精神这一点来说，的确令人敬佩。然而，从对孩子的教育和孩子的成长来看，不见得是最佳选择。

做母亲的，是有独特的优势，诸如热爱家庭、乐于奉献、吃苦在前、享受在后，甘愿为孩子做出牺牲，等等。这些优秀品质和高尚人格，本身就是非常重要的教育因素，时刻都在感染、影响着孩子。作为女性，也有一些天然的、是一般男性所不能比拟的长处，诸如感情丰富细腻，做事考虑细致周到、对人关爱无微不至等，把孩子交给母亲是让人放心的。

然而，也不能不看到，由于社会、生理、实践等方面的原因，女性自身也有她们难以克服的弱点，比如，有的心胸狭窄、敏感多疑，有的心慈面软、心理承受力差，有的过于注重小节、唠叨挑剔，等等。这些弱点，对孩子在性格、气质上也会产生深刻的影响。

常常听到有人说：现在很难寻找到真正的“男子汉”！这恐怕和孩子后天的生活环境和受到的教育不无关系。不信你看：

孩子脱离母体，呱呱坠地，首先投入母亲的怀抱；母亲是孩子的首任教师，受到的是女性的熏陶，是女性打的“底色”；进入托儿所、幼儿园，教师和阿姨是“清一色”的女性，又给孩子们的身上加上一层“女性”的色彩；进入小学，教师群体中虽然间或有个把男性，但也只是个“点缀”，一般还是女性教师占绝大多数，基本上仍旧是女人的“世界”；到中学，男性教师多了一些，但也还是充当“配角儿”，女性教师照样还是唱“主角儿”；长大成人，娶了媳妇，母亲不再管了，但不少男人还是“妻管严”，仍旧还得乖乖地接受女人的“调教”和“管制”……从出生的那天开始，不管是在家里，还是在托儿所、幼儿园、学校，被女性“包围”了，就像《红楼梦》里贾府中的贾宝玉似的，生活在“母系社会”，掉到女人“窝”里了。你说，上哪里去寻找真正的“男子汉”呢?

这好像是在说笑话，其实并不是。

如果完全由母亲“把持”的局面不改变，肯定是不利于孩子的健康成长。不仅会使男孩“女性化”，缺乏阳刚之气；女孩的性格也会更加的柔弱。

我不是“大男子主义者”，绝不是看不起女人，尤其是绝不敢小瞧现代女性。当然，更不是说男人都是“十全十美”、“完美无缺”，没有弱点。男人也有一些天生的弱点，比如，有的感情粗糙、态度粗暴，有的大大咧咧，不细心等等。如果只是由父亲单独培养教育子女，同样也是不利的。

应该看到，男人还是有他们的长处和优势的。当今社会，基本上还是“男性社会”，社会更宠爱男人，给男人提供的实践机会要比女人多得多。因此，男人一般具有实践丰富、心胸开阔、性格刚强等长处，在教育子女中还是一种优势。

1998 年 6 月美国出版的《父母》杂志中，父亲被认为对孩子的成长，以至于一生有下列影响：一是父亲更爱与孩子玩闹；二是父亲使用的语言更丰富更复杂；三是父亲对孩子管束更多；四是父亲更好地帮助孩子发挥潜能；五是父亲更多地介绍男人在现实生活中的行为和作用；六是父亲对孩子成长推动作用更大；七是父亲更能有效地促使孩子社会化，为走向社会作准备；八是父亲支持妻子，关心孩子，影响孩子形成家庭责任感和社会责任感。总之，父亲在孩子个性形成和行为塑造方面，确实起着非常重要的特殊的作用。

因此，夫妻搭档共同教育子女，要比母亲一个人“单枪匹马”好得多。

第一，父母共同培养教育，可以互相配合，互相支持，取长补短，扬长避短，优势互补，形成强有力的教育合力。这样，既可以避免“孤军奋战”的“力不从心”，也可以避免孩子“钻”家长“顾此失彼”的“空子”。

第二，父母共同培养教育，可以集思广益，考虑周全，方法全面，对孩子的要求和教育措施更实际，能够有效地避免因一个人“独断专行”而出现的主观、片面性。

第三，父母共同培养教育，孩子可以将父母的长处、优点兼收并蓄。在父母共同的影响下，形成比较完善的人格和完美的气质，使男孩既有男人的阳刚之气，又有女人感情丰富的特点；使女孩既有女性特有的温柔，也不失刚强的性格。没有父亲参与的家庭教育，是不完全的教育，培养出来的子女在性格、气质上往往有缺陷。

因此，还是夫妻搭档培养教育子女好。

小孩子翻身需要教吗

11. 小孩子翻身需要教吗

前些年，一家教育专业电视台播放过一档指导幼儿家庭教育的节目。其中有这样一堂课给我留下了十分深刻的印象，题目是《如何教孩子翻身》。

我看到，一位头发花白的老“专家”在婴儿床边，正在津津有味地给没有带孩子实践经验的年轻父母，详细讲解如何教几个月大的孩子“翻身”的动作要领。她边解说，边在孩子身上各个部位比画着，第一步家长的手推哪里，第二步推哪里，哪个部位使劲推，哪个部位如何配合着推，等等。这个节目播放虽然都过去好长时间了，但我还是历历在目，记忆犹新。

我一直在想这样一个问题：

“小孩子翻身也需要教吗？”

常言说：“三翻六坐八爬。”这是说一般小孩子长到三个月时会翻身，六个月时会坐，八个月时会爬。这是中国人在实践中总结出的经验，仅供家长参考，并不是绝对的，不是说所有孩子到这个时候都一定会翻身、会坐、会爬。具体到不同的孩子，有的可能早一点儿会，有的可能要晚一些时候才会，早一些或晚一些都属于正常范围。到该会的时候孩子还不会，家长不必担心、着急，孩子并不是不具备那个能力，而只是还没有找到那个“感觉”而已。只要是找到了“感觉”，用不了多少时间，孩子自然就会翻身、会坐、会爬了，家长尽可放心。

小孩子翻身、坐、爬等这些动作，是人的本能。所谓“本能”，就是动物在进化过程中形成并由遗传固定下来的，不学就会的能力。它实际上是由一系列无条件反射构成的。动物的本能，比如，母鸡孵蛋、鸟筑巢、蜂酿蜜、青蛙弹舌捕捉飞虫等都是。人的本能，也是人与生俱来的，如婴儿吃奶、喝水、大小便、啼哭、微笑、喊叫、手舞足蹈、抓握、翻身、坐、爬行、站立、行走等能力，都是天生的，不教而能。像这些能力，就连普通的动物都是不学就会；我们人是高等动物，难道非让大人具体指导，手把手地教，孩子才能“学会”？如果孩子还不具备这种欲望和体能，非要刻意地提前进行训练，那就是典型的“揠苗助长”。“揠苗助长”，非但无益，反而有害。

孩子能自己学会的能力，家长非要指导、训练不可，那就等于强行剥夺孩子自学的机会。所谓“自学”，就是不用指导，自主、独立学习、学会。这种欲望和能力是很可贵的。当孩子产生了某种需要和欲望，在心理学上叫做“内驱力”，就会自动地试着学习；家长只是在旁边引导、诱导、辅助就是了，无须具体指导，不用手把手地教。

比如，孩子产生了翻身的需要和欲望的时候，家长可以在躺着的孩子身边，置放一个他喜欢或新鲜的玩具，这就是一种刺激，让他看得见拿不到，不断引逗，就会激发和强化孩子的欲望。这样诱导数次，孩子自然就能学会翻身的动作。不用大人教什么动作要领，孩子自有办法。同样，到孩子要学爬行的时候，家长还是在孩子的前面置放一个玩具或一本画报，同样是让孩子看得见得不到。要想得到，就得移动自己的身体。经过这样的诱导，孩子渐渐就能学会爬行。用不着家长教孩子手脚怎么配合，孩子不学而能。

在孩子学习翻身、坐或爬行时，家长能不辅助，就不要辅助。如果需要辅助的话，也只能用“一只手”稍许给点儿力，不能把两只手都用上，要尽量多地给孩子留有自学的余地。家长一定要有足够的耐心，千万不要一着急就双手包办代替。当孩子自主学会了一种动作，不仅增强了孩子的自信心，使之产生“我能行”的感觉；也增强了孩子学习的欲望，希望再学新的动作。

让孩子自己学翻身、坐、爬行等动作，并且最终掌握这些动作，可以提高孩子的自主能力，开阔视野，扩大活动范围等。这固然很重要，但最重要的意义不仅仅在于此。最重要的是让孩子亲身体验掌握这个动作的过程和掌握动作之后的愉悦心情。这种体验，会驱使孩子不断地学习进取。假如是家长包办代替，越俎代庖，凡事都要教，孩子没有经过自己努力获得成功的亲身体验，那无形中就扼杀了孩子求知学能的欲望。面对新的事物，孩子会无动于衷，无心求学，总是处于被动的状态，事事都消极地等待家长或老师来教，这不利于孩子身心可持续发展。而“可持续发展”，也就是“自我发展能力”，更加通俗地说，就是“发展的后劲”。这是非常重要的，它反映人的素质，决定人发展的水平。家长要特别注意保护孩子求知学能的欲望。

之所以出现家长教小孩子“翻身”的现象，这还是反映了家长的心态问题。有的家长看到与自己的孩子一般大的孩子都学会了某种动作，而自己的孩子还不会，就有点着急，希望自己的孩子也尽快学会，不要被别的孩子落下。在操之过急的思想情绪驱使下，便不由自主地去急着训练孩子还没有那种欲望、不具备那种能力的动作，“赶着鸭子上架”。结果，在无意中就剥夺了孩子自学的机会。

应当承认，家长提前教孩子一些本来属于本能的能力，孩子可能会掌握得快一些，比别的孩子要早一些。表面看起来，孩子的发展似乎比别的孩子占有一定的优势。但这种优势的获得是付出了代价的。这样做，无形中使孩子削弱了求知学能的欲望和自信心，也强化了孩子对成年人的依赖心理，得不偿失。家长必须明白这样一个道理：如果连本能都要教的话，越教，人就会越退化。

家长必须明白，对小孩子，不是事事都要教。并不是教得越多就越好。该教则教，该让他自己学，就尽可能让他自己学。家长的任务，主要是创造条件，设置情景，给孩子各种刺激，诱导孩子产生指向于实现一定目标的某种内在的倾向。也就是说，要想方设法刺激孩子产生学习的需要和欲望。如果孩子始终保持自主学习的需要和欲望，那将会终生受益无穷。

12. 家长要学会等待

经常有家长到我这里咨询孩子的身心发育问题。比如有的问，人家的孩子都长牙了，我家的孩子怎么还没长？是不是营养不良、缺钙？有的问，跟我们孩子一般大的孩子都会说话了，我们孩子怎么还不会呢？是不是发音系统出了问题？也有的问自己的孩子数数、看书、写字等为什么比别的孩子迟，是不是智力发展有问题？等等，五花八门，不一而足。

现在家里孩子越来越少，家长对孩子体贴入微、关心备至，特别关心孩子生理和心理发育的状况，可以理解。但从提出的这些疑惑和问题看，家长对孩子“过度”地关注和担心了。这一方面，说明家长缺乏儿童生理和心理发展方面的科学知识；另一方面，也是更重要的，说明家长面对孩子的成长发育，有一些急躁的情绪。

做父母的有一个共同的心愿，就是希望自己的孩子成长得快一些，快快长大。但实际上孩子身心发育速率是不同的。在生理和心理发展上，有的孩子发展起步早一些，发展快一些，有的则起步晚一些，发展慢一些。不论早晚、快慢，只要是在一定的范围内，与一般孩子差不多，都属于正常范围。因为不同家庭出生的孩子，父母的遗传、生活环境、所受的教育和训练毕竟不尽相同，孩子身心发展起步和速度肯定也会有差别。只要不是近亲通婚，没有遗传性的疾病，孩子身心健康，通过科学地抚养，随着时间的推移，发展迟缓的一定会赶上一般的孩子。

因此，家长既不要为起步比别的孩子早一些、发展快一些而沾沾自喜、忘乎所以，也不要因为孩子起步晚一些、发展慢一些而着急发愁、担心害怕。面对孩了的成长发育，家长要学会等待。

当然，等待并不是消极等待，而是要积极创造条件，促使孩子发展。但不能操之过急，要坚持量力而行，循序渐进，因人而异，因材施教。因为每个孩子都是特殊的，身心发展的速率各不相同。这是个性使然，应当正视、尊重孩子的个性。可不能“揠苗助长”，企图人为地拔高、加速是徒劳的。培养教育孩子，家长要有足够的耐心。若操之过急，采取一些特殊的措施拔高、加速，会打乱孩子身心发展的秩序，反而事与愿违。

客观事物的发展是有它特定的规律的。起步晚的或发展速度慢的，不见得最终的发展水平也低下。事情往往与常人所想象的恰恰相反。比如动物的发展，起步早、发展快的，往往最后发展的水平要低下；而起步晚、发展慢的，往往最后发展得水平要高。就比如动物，低等动物出生不久就会站立、行走。你看那小鸡、小鸭、小鹅破壳而出后，时间不长便会站立；小马、小牛、小羊、小猪、小狗，脱离母体不久，不用人帮忙就会自己站立起来，独立行走；那些水生动物，甚至从母体脱离出来就能神奇般地在水中畅游；等等。但它们的智力发展水平却是很低下的。

而我们人是高等动物，要像低等动物那样学会站立、行走，得需要一年左右的时间。孩子从母体中脱离出来，只是具备吃、喝、拉、撒、哭、睡的本能，其他的一概不会，三个月才会翻身，六个月才会坐，八九个月才会爬，从出生到会站立和独立行走，需要一个相当漫长的过程。可我们人的头脑却是最复杂的，智力发展的水平也是最高的。

许多事实表明，一般情况下，起步越晚、发展速度越慢，往往发展的水平就越高；相反，发展水平就越低。这是一个规律。

就以我们人来说，也是这样。比如，我国清代的戴震，据记载说他 9 岁才会说话，10 岁才读私塾，起步比常人晚很多。可他后来却成为著名的文学家、数学家、哲学家、地理学家、训诂学家，在许多领域都有突出的建树，可以说是鹤立鸡群，出类拔萃。

著名科学家爱因斯坦四五岁时还不大会说话，父母非常着急，怀疑他是个低能儿，并请来医生给他看病。9 岁时还不能自如地跟别人交谈，小学老师反映他“头脑迟钝不合群”。但这一切并没有影响他成为 20 世纪最伟大的科学家。而起步早、发展快的那些“神童”，绝大多数没能逃脱“十岁神童，十五岁才子，过二十岁成庸人”的厄运。

孩子起步晚一些，发展慢一些，不见得是什么坏事。它可能是在积蓄发展的力量，一旦遇到了优越的生活环境和教育条件，很可能一发不可收，超过起初比他起步早、发展快的孩子。在人类社会和自然界常常有这种现象。

据说，生长在冰城哈尔滨的丁香花有个特点：它往往是在人们不经意的瞬间，忽然全部绽放，让人们感觉春天是在“一夜之间”降临到了这个城市。在北方，有许多花儿都是这样，花蕾往往会在枝头上挂很长时间，然后在某一天，或某一瞬间，便“忽如一夜春风来，千树万树梨花开。”

花儿为什么要选择在某一个瞬间不约而同地绽放呢？一位生物学家解开了这个谜。

他说，北方地处高纬度地区，冬季漫长，春季短暂。有时，春天即使来了，天气也往往会有很多反复，白天可能艳阳高照，而晚上则有寒流侵入，即使在一天之间，温差也极大。在这种气候中，花儿如果贸然开放，必定会被无情的寒风“零落成泥碾作尘”。所以，聪明的花儿一直处于“含苞待放”的状态，寻找最佳的开放时机。它们可能会等一个星期，甚至一个月的时间，直到4月中旬或者更晚的某一个早晨，人们上街时会突然嗅到四溢的花香，看到花开满城。北方的花儿，因为善于等待而避开被冻僵夭折的灾难，带来了生机勃勃的春天，完成了繁衍生息的任务。

我们人何尝不是这样呢！这种等待不是消极懈怠，而是积蓄力量；不是徘徊犹豫，而是“韬光养晦”。一旦时机成熟，便把积蓄的力量全部释放出来。此时的人生，定会如花儿般绚烂夺目，芳香四溢。

我想，儿童的发展也与此理相同，家长要有点耐心。

13. 家长首先要端正心态

年轻父母要培养教育好孩子，首先需要解决的是培养孩子知识缺乏的问题，还是面对孩子的教养心态问题呢？我以为，首先是端正教养心态。

何谓心态？就是面对周围环境和客观世界所表现出的情绪状态。对家长来说，就是面对年龄幼小、身心稚嫩、正在成长中的孩子和今天的社会生活环境，是心态平和，还是心态浮躁？对孩子的成长和教育中的问题，不受浮躁环境的影响和左右，能冷静思索，做出理性的判断和决策；还是受浮躁环境的推波助澜，缺乏理智，不动脑筋思索，在激情和冲动中，贸然作出决定、采取措施？这是决定家庭教育成败的关键问题。家长教养心态不端正，根本不相信科学，不尊重客观事物发展的科学规律，盲目行事，必定要出问题。

在现实生活中，有的父母不计后果地殴打孩子，并不是因为孩子犯了不可饶恕的错误。比如，山东下岗女工王某，就是因为五岁的亲生女儿总写不好几个阿拉伯数字，活活将女儿打死；湖北某市的一个四岁的男孩，只是由于背不出唐朝诗人骆宾王《咏鹅》诗“曲项向天歌”一句中的那个“项”字，被父亲活活吊打致死，等等。这种“罚不当罪”、导致极端后果的事件发生，不是因为缺乏教育科学知识；而主要是家长的心态出了严重问题，在扭曲心态的驱使下，鬼使神差地采取了让自己都感到莫名其妙的极端手段。

而绝大多数能够快快乐乐地健康、茁壮成长发展的孩子，特别是那些来自农村的大学生、硕士生、博士生，并不都是因为家长具备多么丰富的教育知识和高深的理论。他们的成功，主要在于始终保持一种平和的教养心态，在实施教育时能做到从孩子的天性出发，顺其自然，量力而行，循序渐进，因势利导。仅此而已。

正反两方面的事实充分证明，家长的心态影响教育孩子的进程和效果，甚至决定成败。因此，家长必须首先重视自己的心态问题。

当前，学龄前儿童的父母，基本上都是“80后”、“独一代”，这是在特殊环境下成长起来的一个特殊群体，且是第一次做父母。培养教育的对象又是“独二代”，社会环境是就业形势越来越严峻。因此，许多年轻父母心态不太正常。主要倾向和问题是急功近利。

所谓“急功近利”，就是在培养教育孩子时，缺乏耐心，急于求成，操之过急，为了眼前的具体的利益而忽视，甚至牺牲长远的根本的利益。

具体表现是：

第一，期望过高。

所谓“期望”，即对未来的事物或人的前途有所希望和等待。孩子是父母的希望，是家庭的未来。家长一定会对孩子的未来有所期待。家长的期望是家长努力的方向，出于对家长的爱，孩子也会把家长的期望作为自己奋斗的目标。适当的期望，孩子经过努力可以达到，是一种激励和动力，孩子会尽力趋于并努力满足家长的期望，不让家长失望。

然而，许多年轻家长望子成龙心切，对孩子的期望过高。所谓“过高”，就是脱离了孩子的实际，超越了孩子的心理水平和接受、理解能力，太“离谱”，孩子根本达不到。比如，让两三岁的孩子背诵多少首古诗，认识上千个汉字，学会20以内的加减法，等等。这个标准，只有极个别的天才儿童才能达到，绝大多数孩子是可望而不可及的。

第二，盲目攀比。

有比较才有鉴别，通过比较才能看到差异和差距。拿自己的孩子与别的孩子进行比较，才能知道自己的孩子身体和心智的发展状况是否正常。但这里有一个比较的“标准”问题。正确的比较，应当是与同年龄的绝大多数孩子常态的身体和心智发展水平相比较，发展水平上下差不多，略高或略低，都算是发展正常。

然而，有的家长不是这样比较，而是专门和比自己的孩子先天条件好的或经过特殊强化训练而非常态的孩子相“比较”。家长一听到“不能让孩子输在起跑线上”、“不能让孩子的身高输给别人”等广告词，就坐不住了，心里起急，觉得自惭形秽，太没面子。

第三，进行超前教育。

“循序渐进”是所有事物发展的客观规律，孩子的身心发展也不例外。古今中外的教育家都认定“循序渐进”是最基本的教育原则。“循序渐进”中的“序”有两个含义：一是对孩子培养教育要遵循知识和能力本身的发展逻辑顺序；二是要尊重孩子的年龄特征，按照孩子身心发展的实际水平，对孩子施加适合的能接受得了的教育和训练，量其力而行之。比如：由易到难，由简到繁，由浅到深，由少到多，由近到远，由具体形象到抽象概括等等，不能随心所欲，为所欲为。这样，才能有效地促进孩子身心茁壮成长发展。所谓“渐进”，就是逐渐前进、发展，不能跳跃着前进、发展。

然而，一些家长不顾孩子的身心发展水平和实际能力，随心所欲地超越身心发展的次序，盲目地追逐那些违背科学的早期教育的“方案”，如“0岁识字，3岁扫盲”的“0岁方案”，1岁孩子学大学知识的“日出计划”，幼儿“MBA方案”等，目的是“捷足先登，提前抢占优势地位”。

第四，管理教育态度简单粗暴。

由于期望过高，盲目攀比，进行超前教育，严重脱离了孩子的实际，拔苗助长，“赶着鸭子上架”，就像“填鸭”那样对孩子的智力和能力进行“强制性”、“掠夺式”开发；而处于一般状态的绝大多数孩子是根本不能接受的，会抵制这种类似“杀鸡取卵”的教育和训练，只能让心气特别高的家长大失所望。一些不甘心的家长，无技可施，便在一怒之下采取暴力手段，不顾后果，大打出手，甚至做出让自己一生都后悔莫及的事来。

应当承认，一些家长在教养心态上有问题，往往是无意识的，并不是故意跟自己的孩子过不去。然而，对孩子身心的伤害却是实实在在的。“解铃还得系铃人”，要克服不正常教养心态，主要是提高家长的认识。

14. 心态不端正的危害

家长的不正常心态在教养孩子的许多方面表现出来，但支配心态的还是思想观念。因此，要纠正，不能就事论事，还是要从思想观念入手。

最重要的就是认真地思考、反省，充分认识急功近利思想情绪的危害。认识得越深刻，自然就会有纠正的自觉性和紧迫感。那么，急功近利思想究竟有哪些危害呢？

第一，孩子的心理压力难以承受，给身心发育造成伤害。

小孩子的身心都很稚嫩，机体的结构正处于发展之中，尚不健全，各部位的机能还不成熟，身体和心理的承受能力都很差。如果灌输的知识和培养的技能，超过了孩子的承受能力和学习能力，势必成为严重的压力。适度的压力，尚对孩子身心发展有积极的刺激和推动作用；而过大的压力便是消极的刺激，会阻碍孩子身心发展。比如，过早地强迫读书识字，孩子不乐意学，学不会，记不住，家长就会再加压。孩子战战兢兢，“如履薄冰，如临深渊”，不可能有理想的学习效果，甚至会产生逆反心理，从而“畏其学”、“厌其学”。

由于家长期望过高，孩子力不能及，就是努力也达不到；而在急功近利的心态驱使之下，家长很容易心浮气躁，缺乏耐心，难免大发雷霆，粗暴地训斥、指责。久而久之，势必会挫伤孩子的自尊心、自信心，甚至使孩子丧失上进心。“哀莫大于心死。”伤害心灵很容易，修复起来却是相当难的。

韩国首尔延世大学医学院小儿精神科的申教授，写过一本名为《明智的父母使孩子慢慢成长》的书，主要内容是反对超前教育。因为他每天都看到数十名由于早期教育不当而患病的孩子前来就诊，所以认识到危害所在。申教授主张，要等到孩子想学的时候才让他开始学习，先旁观孩子所做的一切，发现孩子对某些事情感到好奇的时候，在他后面轻轻地推一把，这样才能使孩子更快地独立成长。他认为，揠苗助长一点好处也没有，应该顺其自然，让孩子慢慢地成长。

第二，使家长丧失起码的分析判断能力。

在信息化的社会，大量信息涌来，难免鱼龙混杂，泥沙俱下。一些不法商人和“冒牌专家”，盯上了早期教育这块“黄金宝地”，打着“早期智力开发”和“学习革命”的幌子，极力迎合一些有急功近利心态的家长，推出五花八门的虚假广告。心态平和的家长一看便知是陷阱，可心态不端正的家长，却往往丧失起码的分析和辨别能力，盲目地信以为真，如获至宝，趋之若鹜，争先恐后地上当受骗。在网络上经常看到“孩子的钱最好赚”、“一个孩子赚一万”这样诱人的招商广告。这表明，上当受骗的家长不在少数。

家长糊里糊涂地搭上了不科学的早期教育的“快车”，不仅白白浪费金钱，也会伤害孩子。比如，每年花十多万元让不满周岁的孩子学大学的课程，学工商管理专业的知识等。简直是天方夜谭！可还真的有家长自投罗网，不惜重金，非要赌一把不可。面对这种情况，真不知说什么好。

第三，造成家庭的不和谐。

在一个家庭里，急功近利的家长，往往是个别的。一般是做母亲的居多，因为孩子早期教育的任务多是由母亲承担。做父亲的也有急功近利的，但为数不多。家长的心态不同，教育思想观念不一致，对孩子要求不一，这不仅使孩子无所适从，夹在中间活受罪；久而久之，势必也会使家庭成员，如夫妻之间、孩子的父母与老人之间、家长与孩子之间发生矛盾和冲突，破坏家庭的和谐。许多家庭吵吵闹闹，就是因为孩子教育上的分歧。

要克服家长急功近利的思想情绪，就要认真分析产生的原因。认清了原因，就会找到解决问题的途径。

第一，对市场经济社会认识肤浅和片面。

进入市场经济社会以后，人们亲身感受到社会竞争的巨大压力，特别是“下岗”和“就业难”，给大家上了生动而深刻的一课，对“就业形势严峻、生存难度加大”的严峻现实有了切身的体验。家长都希望孩子将来能有个理想而稳定的职业，过上幸福生活。为使孩子在未来激烈的社会竞争中占据优势，便企图抢占先机，给孩子提出了比别人更早、更快、更高的要求，迫不及待地实施超前教育。

面对突如其来的市场经济社会缺乏心理准备，惊慌失措，家长不由自主地把社会竞争压力“任意放大”。这不仅会左右家长的教育思想和行为，也会使孩子不得不过早地失去“童年的幸福”，提前背上生活的“十字架”。其实，家长们只是看到了社会竞争激烈和尖锐的一面；而没有认识到，当今社会机会也相应地大大增多。家长在对今天社会的认识上产生了偏差。因此，要全面认识市场经济社会的基本特征，以平和心态面对社会现实。

第二，补偿心理的驱使。

有的家长有一种补偿心理。“补偿心理”的本意，是指个人由于生理上的伤残或其他方面的不幸，给精神上造成很大的痛苦，感觉到低人一等，从而发挥个人其他方面的优势，使一定能力的缺陷由其他高度发展的能力所弥补。这本来是一种积极的心态。然而，有的家长自己小时候由于种种原因没有实现的愿望，不是通过自己奋发图强去弥补；而是要让孩子“代替”自己去弥补，把自己成长期的遗憾“转嫁”给孩子，这是很不应该的。

凡是有补偿心理的家长，往往是受教育程度比较低，从事的职业社会评价不高，事业成就不大，比较自卑；自己无力补偿，便指望通过孩子的成功改变自己的社会形象，提高地位。这是“母以子贵”的思想，同样还是自卑心理的反映。家长要克服自卑心理，自强不息，奋发有为，不断进取，通过个人努力实现自己的价值。

第三，缺乏起码的教育知识。

一些家长不了解或不尊重儿童身心发展和教育的规律，完全按照家长的主观意志，随心所欲地教养孩子，肯定会对孩子的发展埋下隐患。家长要加强学习，不断提高自己作为教育者的素质，按照规律办事。

15. 郭橐驼由种树谈育人

唐代杰出的思想家、文学家柳宗元，曾经写过一篇著名的散文，名为《种树郭橐驼传》。该散文说的是种树的事，但给予人们的却是育人方面的启示。

文章说，唐朝都城长安（即今西安市）市郊的丰乐乡，有一位身患严重驼背病的郭姓农民，脊背高高隆起，走起路来是面朝下方，就像骆驼那样。乡里人都忘记了他原来的名字，根据他的形体特征，给他起了个绰号“橐驼”，也就是骆驼。呼他绰号的人并无恶意，郭橐驼本人也为人随和，便认可了这个名字。于是，“郭橐驼”就成了他的名字。

郭橐驼是个种树的“专业户”。在长期的实践中积累了丰富的经验，他技术高超，成为远近闻名的种树能手，当地无人能比得过他。

郭橐驼栽种树木大半辈子，就连他自己也不知道栽种过多少棵树。他栽种的树，没有一棵不成活的；而且，棵棵长势旺盛，枝繁叶茂，果实累累，年年丰收，谁看了都羡慕、赞叹不已。大家都觉得这里边一定大有学问，于是，四面八方的人便纷纷上门求教。

郭橐驼非常朴实、厚道、本分。对前来请教的人，无论是谁，不分亲疏远近，都热情欢迎，耐心指导，毫无保留。

他坦诚地对前来请教的人说：

“我栽种果树，也没有什么非凡的才能和秘而不宣的诀窍。说白了，我只不过是‘顺应树木自然生长的天性’罢了。并没有什么绝招。”

他开诚布公地说：

“大凡树木的天性，都是喜欢根要舒展，培土要平坦，要填用熟土，筑土要压实。按照这种方法栽好以后，就不要再总去抚摸它、摇晃它。栽种树木时，一定要小心翼翼，关心备至，原原本本地遵循操作程序，不能偷工减料，敷衍糊弄；而当栽种好之后，就要像抛弃了它一样，不要多去干预它，让它按照树木自身生长的天性去生长就是了。说到底，我只不过是没有人为地妨碍树木的自由成长，仅此而已。”

人们听了郭橐驼讲述的种树之道，都纷纷点头称是。可也有人还不明白，继续问道：

“为什么我也像你一样栽树，一道工序不差，可怎么树还是长不好呢?”

郭橐驼不厌其烦，进一步耐心解释说：

“有的人栽树，表面看跟我一模一样，一道工序不差。其实，大不相同。他们栽树时，树根往往是死死地团在一起，没有完全舒展开，又换了新土填埋；培土时不是压得太实，就是太松，马马虎虎，凑凑合合，敷衍了事，很不认真，这就给树木的生长埋下了隐患。而当树木栽好以后呢，本该让树木自由自在按照生长的天性去生长；却是‘爱之太殷，忧之太勤’，生怕树木活不了，总也不放心。每天清早起来去看看，傍晚又去摸摸；刚刚离开了树木，还是放心不下，又回去再摸摸，总是干扰树木的生长。更有甚者，把树栽上没多久，就用刀子把树皮剥开，看看究竟成活没成活；有的还用力摇晃树干，看土培得实不实。这样做，表面看是‘疼爱’，其实是在‘毁坏’；看似是在为树成活而担心，是在关切，其实是以树‘为敌’，要置之于死地。这些人栽种树木的做法，与我根本不同。”

请教的人听了郭橐驼一番详细的介绍，都纷纷点头。不仅对他栽树的技能心悦诚服，似乎还从中明白了其他什么道理。

《管子·权修》中有这样一段话：“一年之计，莫如树谷；十年之计，莫如树木；终身之计，莫如树人。”

这里说的“树”字，即培植、培育的意思。这段话是说，种庄稼是为当年打算的，种树是为十年后打算的，培育人才是为长远的将来打算的。这一方面是比喻培养人才是长远之计，同时也表明培养人才不是一件容易的事。后人简化为“十年树木，百年树人”这样一个耳熟能详的成语，意为培植树木需要十年，培育人才需要百年。

自古以来，中国人是以栽种树木来比喻人才培养。违背树木生长的天性，“爱之太殷，忧之太勤”，是栽种树木的大忌，是失败的根本原因；培养教育子女的大忌，失败的原因，又何尝不在于此呢!

现在，一般家长对孩子都抱有很大的期望，希望“出乎其类，拔乎其萃”，成为同龄人中的佼佼者。这种愿望可以理解。但是，却有许多家长对孩子要求过高、过急。恨不得用营养品把孩子给“催”大、“催”高，恨不得一下子把孩子造就成个超凡入圣的“神童”、“奇童”。

我们知道，规律是客观存在的，不以人的主观意志为转移。要使事物顺利发展，只能认识规律，适应规律，利用规律，而不能改变规律，违背规律。随心所欲地改变、违背，必定要失败。

树木的生长有其自身的发展规律，要使树木栽得活，长得好，长得快，早结果，多结果，其诀窍就是“顺应树木生长发育的规律”。关心要适时，照顾要适度，适可而止，恰到好处。并不是“爱之太殷，忧之太勤”，树木就越是长得好，长得快。无论做什么事，太过分了，反而会导致相反的结果。这就是“物极必反”的道理。

其实，人的培养教育也是这个道理。

现在，家长望子成龙之心太切，期望过高，操之过急，教育过度，“拔苗助长”的现象相当普遍。这违背了孩子身心发展的规律，“欲速则不达”。不仅不会取得预期的效果，反而使孩子产生厌学情绪，丧失学习的积极性。有的甚至还使孩子出现了身体或心理上的疾病。做父母的，应当从种树能手郭橐驼讲述的朴素的种树之道中，悟出教子的道理。

郭橐驼栽树成功的诀窍是尊重树木生长的天性。那么，成功培养教育孩子的诀窍，就应当是尊重、顺应儿童身心发展的规律，这就是教育中的“以儿童为本”的具体体现。把家长的主观愿望强加给孩子，不仅不能促使孩子身心健康成长，弄不好还会对孩子造成伤害，导致教育的彻底失败。这类的教训屡见不鲜，家长们务必慎重从事。

早熟的果实不丰满

16. 这个口号不可轻信

“不要让你的孩子输在起跑线上！”

这是在近些年来，一些大众传媒上频频出现的一个引人注目的口号。

早期教育是“人之初”的教育，是儿童教育的起始。很显然，这口号是专门喊给学龄前儿童的父母们听的。家里没有小孩子的，这句口号与他们没有关系，“事不关己，高高挂起”，听到看到了也会无动于衷。

要是家里正好有学龄前儿童，年轻父母听到或看到这句颇具煽动性的口号，会立刻触动每一根神经，那“动静”可就大了：

“把小孩子的成长比喻成‘赛跑’，比喻贴切，言之有理！‘起跑’时要是比别人动作慢了，哪怕只是一瞬间，就可能在整个竞赛中一输到底。现在，家里就这么‘绝无仅有’的一个，要是因为起跑迟了一步而在社会竞争中一败涂地，那可就惨了！”

紧接着，马上付诸行动，实施超前教育：

孩子还不到一岁，就开始教认字读书；一两岁时，就教孩子背唐诗；三岁的孩子学外语，四岁的孩子学钢琴……

许多被这个口号蛊惑的年轻父母，置孩子年龄特征和能力发展水平于不顾，“任意”超前进行智力开发，“强行”发展特长，争先恐后，尽可能让孩子“抢跑”，以先发制人，捷足先登，占据“制高点”。这样，就使肩膀还很稚嫩的孩子，过早地背上了生活的“十字架”，承受着不堪重负的压力。本来是无忧无虑的童年幸福生活，刚开始不久，便草草地结束了。这不仅加重了孩子的身体和心理的负担，也打乱了孩子身心发展的秩序，从长远看的确是有害无益的。

当今的社会是个竞争社会。但也没有必要把社会竞争提前到学龄前阶段，急赤白脸地把不谙世事的孩子推到激烈竞争的第一线。

如果说孩子们入学以后，“升学”带有“竞争”性质的话，那么，学龄前儿童的生活却应该是平静、快乐、无忧无虑的，就是升班也不需要竞争。到了一定的年龄，就可以入托、入园，随着年龄的增长，自然而然地依次由小班进入中班，由中班进入大班，无需进行任何的考核、筛选、淘汰。年轻父母们都知道，学龄前的孩子们升班，唯一的考核标准，仅仅就是年龄大小，没有任何其他的附加条件。不管孩子学到的知识多少、能力强弱，没有特殊情况，到了一定的年龄，该升班就悉数升班，无一例外。

到了入小学的年龄，按照国家教育行政部门的规定，也都要就近入学。不允许进行考试，无须进行竞争，也不能带有任何附加条件，进行筛选和淘汰。这给心理还很脆弱的孩子创造了一个十分宽松的生存和生活环境，不带有任何的“功利色彩”，对孩子们眼前的健康成长和未来的发展，都是很有好处的。

“不要让孩子输在起跑线上”这个口号一出笼，“一石激起千层浪”，一下子就打破了年轻父母心理上的平静，再也坐不住了，立刻投入“战斗”。

这个屡屡出现在大众传媒的口号，貌似有道理；但只要稍一琢磨，你就会发现，它是没有道理的，不是一个科学的教育理念。实际上，这是典型的早期教育产品的商业广告。

一个人成长、成才是一个相当长的过程，不是一朝一夕、一蹴而就的。不是采取一些“突击性”的措施，就能立竿见影，立刻成才。要促使孩子健康成长，为以后的成长发展打下坚实的基础，在孩子小时候，做父母的必须要保持平和心态，做好打“持久战”的思想准备。从孩子的实际出发，坚持循序渐进，量力而行，扎扎实实，一步一个脚印，科学地全面地进行培养训练。只有这样，孩子才能“可持续发展”，发展才会有“后劲”。

即或孩子的成长、发展就像是在“赛跑”的话，那也不是在赛“短跑”，而是在赛“长跑”。上托儿所、幼儿园、小学、中学、大学，以至读硕士、博士、博士后，这个过程需要一二十年，相当漫长，类似“长跑”。如果一个长跑教练，任意鼓动参赛运动员“不要输在起跑线上”的话，那么，他不是蒙昧无知的“冒牌教练”，便是别有用心的“黑心教练”。

孟子说：“其进锐者，其退亦速。”长跑运动员如果起跑时跑得太快，用力过猛，体力肯定丧失得很快，速度必定会很快地降低下来。就是在起跑时占有一定的“优势”，那也是暂时的，维持不了多久。由于起跑用力过猛，把“劲儿”都给使绝了；到该“冲刺”决定胜负的时候，却精疲力竭，只能是“心有余”，而“力不足”。有如“强弩之末，力不能入鲁缟”，干着急，使不上劲。“沉舟侧畔千帆过”，只能眼巴巴看着别的运动员，一个接一个地从自己身边冲向终点，而自己却望尘莫及，落得个“一败涂地”。

孩子的成长、发展也是这个道理。

把这种口号喊给年轻父母听的，有两种人：

一种人是混迹于儿童教育领域的张悟本似的“假圣人”——“冒牌学者”。这些人根本没有教育专业背景，通过伪造学历，编造名目繁多的学术头衔，欺骗舆论，一夜“成名”。然后，他们再以教育专家的身份到处做报告，夸夸其谈，迎合家长的不正常心态，别出心裁地提出一些似是而非的说法。无非是哗众取宠，欺世盗名，以获取不义之财。

另外一种人，便是丧失良心的文化商人。声嘶力竭地吆喝这种口号，显然是“醉翁之意不在酒”，实际上是向没有培养孩子经验的年轻父母，推销伪劣假冒的早期智力开发或儿童保健“商品”。利欲熏心的文化商人，在经济利益的驱使下，一心只想骗取“昧心钱”，根本不顾对孩子的伤害，充当了孩子的“杀手”。家长要小心上当。

家长们必须明白，广告是一种特殊的艺术作品，是文学创作，不是“新闻语言”。为了追求高额的经济利益，广告词常常是夸大其词、耸人听闻，甚至无中生有。以迎合一些家长的口味，引诱家长上钩。年轻父母们一定要冷静，切莫轻信。

17. “过度”开发，有害无益

长期以来，中国的父母不太重视儿童的早期智力开发。20 世纪 80 年代，我国实行改革开放，打开了封闭的国门，加强了对外的文化交流，外国的儿童早期教育理念传入我国。中国的年轻父母们大开眼界，在孩子的教育方面，从电视里听到或从书本上看到许多闻所未闻的新鲜说法，感到耳目一新。

比如，美国心理学家布鲁纳说，一个孩子到 4 岁时，其智力发展了 50%，另外 30% 到 8 岁时发育完成，其余的 20% 到 17 岁时完成。

苏联著名教育家马卡连柯说：“教育的基础主要是 5 岁以前奠定的，它占整个教育过程的 90%。”

意大利著名幼儿教育家蒙台梭利说：“儿童出生后头 3 年的发展，在其程度和重要性上，超过儿童一生的任何阶段……”

苏联著名生理学家巴甫洛夫更是语出惊人，使人听了后悔不迭，说“婴儿生下的第 3 天开始教育，就已经晚了两天了。”

年轻的父母听到这些说法后，大为震惊，迫切希望尽早开发孩子的智力。就在这个时候，我国有人乘机推波助澜，提出进行早期智力开发的“神童方案”，具体指标是“0 岁认字，3 岁扫盲。”并且武断地说：“婴儿个个都是神童！”“能让神童进入千家万户！”

这个“方案”一出台，便使一些年轻父母再也坐不住了。他们总不相信，“神童”都出在别人的家里。“情人眼里出西施，父母眼里出神童”。左看右看，怎么看自己的孩子也是个“神童”的“坯子”。于是，在一部分年轻父母中就掀起了开发儿童智力的热潮。

应当说，中国的父母从不重视儿童的早期智力开发到开始重视，这是一个历史性的变化，是开化的表现，按理说应该使人高兴。

然而，从当前的情况看，却出现了一些令人担忧的倾向，那就是“过度开发”。就是超越孩子承受、接受能力限度的智力开发。有的甚至实施“掠夺性”的开发，大有“杀鸡取卵”之势。有的在孩子一两岁、连话都说不利索的时候，就迫不及待地教孩子认字、算算术、背古诗、学外语；有的孩子刚刚三四岁时，就延请老师教钢琴、书法、绘画。也有的还不到上小学的年龄，就提前实现从以游戏为主到以学习为主的过渡，在家里开设“课堂”，以小学课本为教材，迫使孩子以学习为主，每天安排得满满的，让孩子提前过上了小学生的生活。

家长下这么大工功夫，孩子要是学不好，不愿意学，家长能容忍吗？于是，就责备、训斥，甚至拳脚侍候。在有些父母看来，儿童的智力资源是无穷无尽的，“取之不尽，用之不竭”，要狠狠地开发，绝不能手软！结果，有的就因为读不出唐诗《咏鹅》中“曲项向天歌”中的那个“项”字，父亲在一气之下把孩子打死；有的因为说不出阿拉伯数字中“10”字，被母亲活活打死。儿童悲剧屡屡发生。

应当承认，儿童从0岁到6岁之前，是身心发展相当迅速的时期，大脑接近发展成熟。学龄前儿童具有潜在的智能，有待于开发。但是，儿童毕竟不同于成年人，智能的潜力是有限的，并不是无限的。要开发，必须从儿童的实际出发，不能操之过急。超过了儿童可以承受的范围，实施“掠夺性”的开发，“欲速则不达”，还会伤害儿童身心的正常发育。不及时开发，会影响儿童智力正常的发展；同样，“过度”开发，也会对儿童的智力发展造成不良的影响。

社会上是有天赋很高、在很小的时候就显露出特殊才华和智能的孩子，那是人们常说的“神童”。不过，“神童”毕竟是极个别的，在儿童中所占的比例极小，最多也不超过千分之三。古今中外，概莫能外。

说“婴儿个个是神童”，这不是事实。说“能让神童进入千家万户”，那是不可能的，明明是在忽悠家长。

有的父母听说有两三岁认一两千字的，就以为自己的孩子也能做到，也照“方”抓药，不惜花重金实施什么“工程”、“方案”，“照葫芦画瓢”，企图也把自己的孩子造就成人人羡慕的“神童”。其实，婴儿并不个个都是神童。如果家家户户都对孩子进行“神童教育”的话，不知道会有多少孩子陷入“水深火热”之中呢！

年轻父母们头脑要冷静，不要头脑发热。有人吹得神乎其神，说已经造就出了多少多少“神童”，那是吹牛。十多亿人的泱泱大国，几亿儿童，出那么几十、几百，就是有几千个“神童”，也没什么大惊小怪的。实际上，并不是炮制“神童方案”的人造就出来的，那完全是骗人的谎话。

实际上，二三岁能认一两千个字，在中国并不是新鲜事，古已有之。中国古代有文字记载的就有近千个。即或是“神童”，也不见得个个成材。像宋朝时期，有文字记载的“神童”就达上百个。然而，最后成才的却是寥寥无几。

不可否认，及早进行智力开发，对孩子以后的成长发展是有好处的。但也不可任意夸大。任意夸大，势必导致强制进行“掠夺性”的智力开发。上述那几位外国专家的话应该有个分析，其实都是针对忽视早期教育的现象，采取夸张的说法，以为警示，有“矫枉过正”之嫌，不能当真。如果真的像马卡连柯说的是五岁以前就完成了90%的教育，像蒙台梭利说的三岁就是人的一生，那么，小学、中学、大学教育岂不可有可无？终身教育更属“画蛇添足”。

况且，他们所强调的早期教育，并不是“认字”、“算算术”之类，而是身心的全面发展。像巴甫洛夫所说出生三天以后开始进行教育就已经晚了两天了，绝不是指的“识字”、“算算术”之类。

然而，近年来，有的人就是以这几位外国人的话做“理论依据”，到处宣扬“早期教育决定论”，推行以识字为主要内容的“神童教育”，这并不科学，是不负责任的，家长切勿轻信。

18. 早熟的果实不丰满

有的家长误认为“早期教育开始得越早越好”。于是，就出现了任意超越儿童年龄阶段的超前教育和训练。比如，提前教孩子识字、读书、算算数、背唐诗、外语，更有甚者，刚刚一岁的孩子就学大学的知识，三四岁的孩子学“儿童MBA课程”，等等。

古人说：“中原逐鹿，捷足先得。”家长之所以这样做，无非还是为了让孩子在进入小学之前，就有一个比较高的起点，不要落在别人后边，以更好地应付没完没了的升级、升学考试。

0到6岁是儿童身心发展相当迅速的时期。但是，促其发展是有条件的。按照美国耶鲁大学教授、著名儿童心理学家格塞尔的理论，支配儿童心理发展的因素有两个：一个是“成熟”，一个是“学习”。在两者之中，他更着重于“成熟”。他认为，儿童心理发展是儿童行为或心理型式在环境影响下按一定顺序出现的过程。这个顺序与“成熟”关系较大。

他曾经做过一个很著名的双生子爬梯实验：一对双生子，其中一个孩子从出生后48周起，每天做10分钟的爬梯训练，连续6周。在此期间，另一个孩子不作爬梯训练，而是从第53周起开始训练。第一个孩子经过6周训练，能熟练地爬上5级楼梯。而第二个孩子，训练两周之后，便轻而易举赶上了第一个孩子的水平。由此，格塞尔得出如下结论：不“成熟”就无从产生“学习”，而“学习”只是对“成熟”起一种促进作用。

这个实验表明，儿童的成长是受生理和心理成熟的机制制约的。人为地任意提前训练，不仅没有必要，还会给儿童在生理和心理上造成沉重的负担，弄不好还可能影响儿童对学习的兴趣，从而产生逆反心理。

某些年轻父母对学龄前儿童进行超前教育和训练，其愿望是要孩子进入小学后占有领先的优势。其实，这只是一相情愿。美国北卡罗来纳大学曾经做过这样一个试验：把175个小孩子分成两组，一组由父母按照一般条件进行教养，另一组则从孩子出生3个月时就开始进行超前教育。之后，每15个月测验一次。他们发现，接受超前教育和训练的孩子的智商平均高出15点。然而，他们在继续跟踪后发现，拥有这种优势的儿童，在进入小学四年级的时候，就逐渐丧失了这种优势。而接受父母循序渐进教养的孩子，通常都赶了上来，甚至超过了实施超前教育的孩子。

在某些方面提前一些进行教育和训练，可能会收到一些“立竿见影”的效果，在一定的时间内、在某些方面会占有一些优势，但这种“优势”完全是靠人为的力量，通过强制训练获得的，不是自然而然地形成的。因此，那是“泡沫优势”，不见得靠得住，最终的结果也不见得令人满意。特别应该注意的是，过早地对儿童进行专门化的训练，那是以牺牲、丧失或抑制他们其他方面的发展为代价，得不偿失，往往会破坏儿童身心和谐的发展。

前几年，杭州大学和日本的大阪教育大学、筑波大学，联合进行的中日两国幼儿“认知能力”比较研究，对中国和日本的三岁至七岁的儿童认知能力测查结果表明：在总共18类指标中，中国儿童分辨数的概念、分类、时间、序列等能力，都比日本孩子强；而在运动、组合、容积、空间转换等方面，则日本孩子要强。这充分暴露了当前中国幼儿早期教育中的误区：对幼儿过早地进行以数字、文字为主的所谓“早期教育”，而不注重培养幼儿的空间转换、形体感知、想象力和创造力，使其左脑的智力发展比右脑发展超前，从而影响了幼儿大脑的左右均衡、协调发展。

法国伟大的思想家、教育家卢梭曾经说过：“大自然希望儿童在成人以前，就要像儿童的样子。如果我们打乱这个次序，就会造成一些果实早熟，它们长得既不丰满也不甜美，而且很快就会腐烂。就是说，我们将造就一些年纪轻轻的博士和老态龙钟的儿童。”

早熟儿童并不等于是“超常儿童”。“早熟的果实”势必会“提前衰落”。恐怕哪个做父母的，也不愿意把自己的孩子培养成既不丰满也不甜美的“早熟的果实”。

我不反对对孩子进行早期智力开发。我是主张开发儿童的智力要适度，要量力而行，循序渐进。要因人而异，因材施教，从自己孩子的实际出发，不可盲目攀比。苏联著名心理学家列伊捷斯说过：“儿童超过自己年龄的发展，对于判断其未来发展的可能性不能提供可靠的依据；也不排除缺少早期发展，后来却发生跃进的可能性。”许多事实都已证明了这一点。

“早期教育”不能和“早期智力开发”画等号，前者要比后者宽泛得多。早期教育要全面实施，不能“单打一”，不能搞“一半的教育”，不能只抓智育不抓德育，更不能把早期智力开发仅仅理解为识字读书。

开发儿童智力，必须讲究科学，按照儿童身心发展的规律行事，不可强行开发，鲁莽行事。要激发孩子的学习兴趣，在玩中教，在玩中学，不能把幼儿教育“小学化”。

历史的经验值得注意。在美苏两霸对峙的时期，美国和苏联不约而同地把教育改革的重点指向早期教育，都实施超前智力开发。美国的代表人物是布鲁姆，苏联是赞可夫。经过实验，他们认为超前智力开发会有立竿见影的效果，但打乱了儿童身心发展的秩序，从长远看对儿童的发展是不利的。于是，美苏两国又不约而同地结束了实验，总结了教训。

做父母的有责任、有义务创造条件促进儿童的身心发展，也有责任、有义务呵护他们的童心、童趣，保留他们“固有的东西”，遵循他们成长的自然规律，在自由自在的玩耍中成长，在无忧无虑的生活中谋求自身的发展。只有遵循量力而行、循序渐进的教育原则，扎扎实实地进行教育和训练，才能真正有助于孩子素质的提高。

19. 当孩子初露才华时

有的孩子，智力发达，聪明过人，在很小的时候，就在某个方面表现出非凡的才华，成为引人注目的早慧儿童。比如，识字早，识字多，文章、诗歌写得好，或毛笔字写得好，或画儿画得好，或钢琴弹得好、歌儿唱得好、舞蹈跳得好，在各种各样的比赛中连连获奖，等等。

当今，在我国社会上，浮躁的现象处处可见。在儿童教育上的一个重要表现是“小书法家”、“小钢琴家”、“小画家”、“小作家”、“小诗人”、“小歌唱家”等，高帽子满天飞。这些在某一方面崭露头角的孩子，所到之处，都是掌声、鲜花、荣誉。如此过誉，究竟会给孩子稚嫩的心灵上打上什么样的烙印？在思想上造成什么样的影响？很值得家长冷静思索。

小孩子的心灵很脆弱，不堪一击。不论是面对突如其来的压抑、打击，还是过誉、吹捧，都缺乏承受能力。有的经不住过誉的考验，开始流露骄傲自大、目中无人情绪，故步自封、不求进取，心灵受到了污染。有的“自命不凡”，小小年纪就滋长了“名人的脾气”。这类现象的出现，恐怕是善良的人们所始料不及的。“捧杀!”就像是一把“软刀子”，正在威胁着那些才华初露的孩子们!

孩子身上出现这类问题值得关注，但并不可怕。因为毕竟还是孩子，尚有很强的可塑性。只要发现得早，及时加以引导，不会走太大的弯路。

可怕的是，有些孩子的父母，面对“捧杀”的危险，失去了应有的警觉。孩子还没有怎么样，父母却先“扛”不住了，飘飘然起来，就像宋朝神童方仲永的父亲那样。

宋朝王安石有一篇著名的散文《伤仲永》，说他的家乡有个孩子叫方仲永，相当地聪明。他家世代务农，家族中没有读书人。可他四五岁时，却神奇般地能写出非常好的诗，“自是指物作诗立就，其文理皆有可观者”，时人感到非常惊讶，甚至不可思议。但到十二三岁的时候，写的诗就大不如以前了。到20岁时，甚至就完全“泯然众人矣”，跟普通人没有什么区别了。什么原因呢?

面对初露才华的孩子，方仲永的父亲不是马上延请名师，有针对性地培养；而是得意忘形，乐不可支，把方仲永当成“摇钱树”，带着孩子到处去给有钱人家表演做诗，以求得赏赐。钱倒是赚了不少，结果，却把一个很有才华的孩子扼杀在了摇篮里。

家长要把眼光放远一点，清醒地认识到：孩子仅仅是“才华初露”，与真正成才还有相当大的距离，必须不断进取，继续努力，更上一层楼。要时刻提醒孩子，正确认识、估价自己，戒骄戒躁，永不满足，才能达到事业的顶峰。父母要当好孩子思想上的“哨兵”、“警卫员”、“领航员”。要是沾沾自喜于孩子的“一得之功”而不能自拔，那对孩子是最大的威胁，弄不好会前功尽弃，毁于一旦。比如，方仲永的父亲就是毁掉孩子前程的“罪魁祸首”。

有的“神童”，不仅一生在学业和事业上一无建树，甚至是连起码的生存能力都没有。比如，宋朝著名的神童蔡伯俙，三岁就表现出了非凡的才华，受到宋真宗极大的赏识，曾亲自为其赐诗：“七闽山水多才俊，三岁奇童出圣时。”并授予“秘书省正字”的官职，让他在东宫伴太子（宋仁宗）读书。但蔡伯俙却是不思学习，整天吃喝玩乐，养尊处优。昔日的才华荡然无存，成为一个地地道道的凡夫俗子，靠皇帝恩赏苟活了80多岁，最终落得个潦倒终生。后世人叹之曰：“碌碌无为，乞食终生，三岁之‘神童’安在?”这种凄惨的结局，与过分吹捧不无关系。

历史的教训值得吸取。中国古代就曾出现过不少的“神童”（或叫奇童），从小就表现出了特殊的禀赋和非凡的才能。遗憾的是，最后成才者却是寥寥无几。什么原因呢？其中一个重要原因就是被人们“有情地捧杀”了。面对才华初露的孩子，家长不能盲目乐观。

成功的孩子背后，往往有清醒的父母做后盾。19世纪德国著名学者卡尔·威特的父亲，在小威特初露才华时，头脑就特别地清醒。小威特当时是相当地聪明，可以说是智慧超人。但父亲却非常忌讳别人称他儿子为“神童”。他自己也从不当面表扬、夸赞他的儿子。

有一次，一位督学慕名而来，想考一考小威特。老威特虽然同意了，但他跟督学约定一条：“不管考得怎么样，决不要当面称赞我的儿子。”考试时，督学故意出了一些难题，然而，小威特解答得非常顺利。督学大为吃惊，禁不住脱口夸赞道：“啊呀，他简直超过了我们的学者！”老威特一听，赶快纠正说：“哪里，哪里，这是因为儿子这半年在学校里听数学课，所以还记得。”督学紧接着又出了当时大数学家欧拉考虑了三天才做出来的一道题，小威特只用了一杯茶的工夫，又解出来了。督学更是惊讶不已，竟完全忘记当初的约定，激动地向老威特祝贺道：“我应该说，你儿子胜过了欧拉！”老威特更不高兴了，在桌子下面狠狠地掐了一下督学的手，脸色非常严肃地说：“瞎鸟有时也能啄到豆粒，他这也是偶然的。”

就是这样，小威特在清醒的父亲教育和引导下，一直保持谦虚谨慎、虚心好学、刻苦钻研的精神，做学问的锐气一直盛而不衰，9 岁考上莱比锡大学，13 岁就被授予哲学博士学位，16 岁被授予法学博士，并被聘为柏林大学教授。

老威特对小威特的态度，很值得那些才华初露的孩子的父母们效法。家长是孩子人生道路上的引路人。要有效地避免那些本来很有培养、发展前途的孩子“夭折”，不使他们成为“昙花一现”的人物，家长首先应当切实加强自身修养，正确地看待孩子的荣誉和人们的夸赞，在任何时候都要保持高度清醒的头脑，谨防“捧杀”。

20. 神童是不能复制的

近几年，通过大众传播媒介，接连不断地有人推出什么“培养神童”的“方案”、“工程”、“行动”、“教室”、“摇篮”之类。有的人拍着胸脯自我吹嘘“揭开了神童之谜”云云，鼓吹“儿童个个都是神童”，“儿童个个都是天才”，“儿童个个都是大师”，能“让神童进入千家万户”；也有人大言不惭地承诺“从我这个幼儿园出去的，个个都是神童”；等等，不一而足。

似乎那些人是制造“神童”的“魔术师”，他们所开办的培训班、幼儿园或小学，都是制造神童的“工厂”，可以“成批”地制造“神童”，是神童的“批发站”！

其实，这些“方案”没有任何事实和科学根据，完全是自吹自擂，是制造“神话”，鼓吹“现代迷信”，为的是招揽生意赚昧心钱，是根本无法兑现的虚假广告词。家长切莫上当。

何谓“神童”？在中国也叫“奇童”，国外则叫“天才儿童”，就是指那些特别聪明的孩子。“神童”的这个“神”字，有双重含义：一是“神奇”，出奇地聪明；二是“神秘”，究竟是什么原因使孩子这么“神奇”，让人捉摸不透。

之所以说“神童”带有“神秘”的色彩，是说迄今为止，那些神童的家庭生活环境和所受到的教育，并没有提供足以使他们具有那么神奇的条件。造成他们神奇的原因，还是一个未被人们解开的“谜”。正如国外一些长期从事这类研究的科学家所说：“儿童的智力早熟，是一种真正的自然之谜。”

我国有的人自我吹嘘说“揭开了神童之谜”，那不是事实，是在欺骗舆论！

“神童”是存在的，但只是极为个别的，可以说是“凤毛麟角”。古今中外，概莫能外。不能把“神童”这个概念任意“泛化”，把“内涵”和“外延”任意扩大。说神童可以“进入千家万户”，这也太离谱，太庸俗化了；如果说“儿童个个是神童”，实际上也就无所谓“神童”了。

然而，有的家长望子成龙“心急火燎”，在“神童教育”广告的撩拨下，甚至达到了“饥不择食，慌不择路”地步，不惜重金，盲目加入到“制造神童”的行列，把普通的孩子当成“神童”来“强行开发”，那只能使孩子陷入“水深火热”之中。

不用说“人造神童”，就是真正的“神童”，绝大多数终归没能逃脱“十岁神童，十五岁才子，过二十岁成庸人”的厄运。

比如，1985 年武汉大学少年科技预备班破格录取的五岁的小男孩津津，半岁时就能用汉语、英语说出物体和玩具的名字，两岁时能用英、汉语对话，四岁时就能背诵几十篇长篇古诗文，能借助英汉字典阅读英语科普读物，能解某些初中二年级以上的数学难题，五岁就能上大学。当年那个“神童”上哪里去了？恐怕早就“泯然众人矣”。

再比如，在30年前，国际上知名度极高的韩国神童金雄镐，出生三个月时就会叫“爸爸”、“妈妈”，一岁时就能演算高等数学微积分，两岁时就已会读写2500个汉字，10岁时智商高达210，是常人的两倍还多。然而，随着年龄的增长，他越来越趋于平常，在参加1979年高考时，他的平均成绩只有65分，在2763名被大学录取的名单中，仅位居2420名，属于末等。1990年有报道说，时年27岁的金雄镐，已成为一个极为普通的青年。

许多事实表明，即使真的是“神童”，也不见得都能成“大器”。这真是被中国古人说中了：“小时了了，大未必佳。”

究竟应该如何看待“神童”的成因呢？有人说：“神童是培养出来的。”

猛一听，似乎很有道理。其实，这仅仅是一种“推理”，并没有充分的事实依据。古今中外的“神童”，绝大多数都有兄弟姐妹，可成为“神童”的，往往只有他（她）“那一个”，并没有发现一个家庭里所有子女全都或为“神童”的记录。我的《中国神童》一书中介绍了古代330多个神童，一个家庭同时出现两个神童的基本没有。

19世纪初期，德国乡村牧师卡尔·威特的儿子小威特，是举世闻名的神童。要说能够“通过培养能成批地制造神童”的话，那位老威特先生，应当说是最有资格的了。然而，在他的后代中，并没有发现他再培养造就出第二个“威特”的记载。看来，不是“不为”也，而是“不能”也。

由此，我在这里大胆地提出一个论断：“神童是不能复制的。”

应当承认，一般人与人之间生理机制上的先天差异，的确是微乎其微的。正如马克思所说，“哲学家和搬运夫之间的原始差异”，只不过就像“家犬和野犬之间的差异”。但是，也不能否认，有的极个别人的生理机制与一般人的先天差异，确实是很大的。比如，不久前，国外就有科学家经过解剖发现，世界著名科学家爱因斯坦的大脑结构，就是与众不同。最近，中国医生对我国“国际象棋皇后”谢军的大脑进行检查时，也发现了同样的迹象。必须老老实实地承认、正视这一点。要不然，我们就无法解释“出生于并且生活在同一个家庭里，接受同样教育的亲兄弟姐妹，智力发展水平差别很大甚至相差悬殊”这种非常普遍的事实。

我并不是否定教育和环境在人的智力发展中的作用。我是希望做父母的，要树立科学的教育理念，既要重视环境和教育的作用，充分发挥家长教育的主观能动性；又不要相信“教育万能论”和“环境决定论”，无限夸大教育和环境的作用，完全否定遗传素质的作用，从而对孩子进行“掠夺性”的、“强制性”的智力开发。

希望家长克服浮躁心理和不切实际的幻想，破除对“神童教育”的迷信，还是把孩子当成普通儿童，扎扎实实地，一步一个脚印地培养、教育、训练。不要“赶着鸭子上架”，拔苗助长。

要首先学好母语

21. 过早识字没好处

前些年，以“0 岁识字，3 岁扫盲”为早期智力开发标准的“0 岁方案”，通过许多报刊、广播、电视等媒介大肆鼓吹，风靡全国，使许多望子成龙心切的年轻父母为之动心，纷纷让孩子加入这个方案的培训。

不可否认，是有三岁的孩子认识上千字的，不仅现在有，就是中国古代也早就出现过。但那是极个别的。就是说，极个别儿童三岁“脱盲”是有可能的，要在全体儿童中普遍“扫除”文盲，使所有的儿童统统都摘掉“文盲帽子”，绝不可能。“扫除文盲”这件事真要是这么容易的话，怎么中国至今还有那么多的文盲呢？那完全是“忽悠”家长。

“0 岁识字，3 岁扫盲”根本不可能，“0 岁方案”是违背科学的。前些年遭到揭露和批判，沉寂了几年。近年又沉渣泛起，死灰复燃，还假冒“中国教育学会”和“中央教科所”重点课题的名义，继续招摇撞骗，被中央电视台揭露、曝光，这才不得不羞答答地偃旗息鼓。

我们知道，文字是一种抽象符号，是书面语言。文字是对事物高度的抽象、概括，要真正理解、掌握文字的含义，必须以感性知识和实践经验为基础。要三岁以前的孩子认识一些以具体事物为依托的文字是可能的，比如“人”、“手”、“刀”、“口”、“马”、“牛”、“羊”、“走”、“跑”、“坐”等文字。这些文字所表示的对象是看得见、摸得着，实实在在的，可以认识、掌握；而那些以抽象事物为依托的文字，比如“古”、“今”、

“理”、“制”、“幽”、“而”等文字，是不可能理解其含义的。

所谓识字，不仅是指会辨认字形，而是要知道字的音、形、义，做到会读、会写、会讲、会用。三岁以前的儿童，实践活动范围有限，感知的事物很少，感性知识很贫乏；思维特点是以直观行动思维为主，就是说其思维是在对物体的感知和自身的动作中进行的，离开具体事物和动作就不能进行思维。因此，儿童对事物的认识很肤浅，不可能通过抽象概括认识事物的本质。教孩子认一些代表抽象事物的字，不可能说清楚字的含义。即或是能认一些字，那也是机械记忆，生吞活剥，囫囵吞枣，一知半解。

把文字当成一种图形强行记忆，就像“鹦鹉学舌”那样。这样记忆的东西，很快就会遗忘，不会在头脑里保持很久。“囫囵吞枣”，吃下食物会消化不良，像这样学习书面文字，会增加大脑的负担。“一知半解”地所谓“识字”，会在孩子头脑里形成一些“似是而非”的概念，将来正式教识字的时候再纠正，那将是很难的，还会干扰识字。

从世界范围看，不论是哪个国家，哪个民族，也不论是白种人、黄种人、黑种人、棕种人，一般都是六七岁才入小学。就是说，到了这个年龄阶段，孩子的思维才开始由具体形象思维到抽象思维发展；实践活动范围大一些，感性知识多一些，才有可能集中识字。这是规律，是科学，是不以人们的意志为转移的。即或是儿童在两三岁时能够认识一些字，但不见得所有的儿童都乐于认字。因为书面文字毕竟是比较枯燥的，学起来“味同嚼蜡”，很难引起那么小的孩子的兴趣。

有的参加“方案”培训的家长反映，孩子就是“不愿认字”，对认字不感兴趣。有的家长采取种种强硬手段逼迫孩子识字，结果是越强迫，孩子越害怕、厌烦识字。

识字是开发儿童智力的一个手段，但不是唯一的手段。识字早晚，是衡量儿童智力发展水平的一个标志，但不是唯一的标志。中国人有一种传统的观念，向来以孩子识字早晚、多少，作为衡量孩子智力水平的唯一标志。这是很片面的。识字是发展智力的途径，不是目的。早一些或晚一些识字，都是正常的。识字较早的，长大后智力发展水平有很高的；识字晚一些的，长大后同样也有智力发展水平很高的。

比如，著名科学家、北京大学原副校长、中国农业大学原校长，现任广西壮族自治区人民政府副主席的陈章良教授，他生命的小船起始于福建省福清县一个紧傍着大海的小渔村。他曾回忆说："我小时候常常和弟弟去海里捞点鱼儿卖掉补贴家用。到了9岁的时候，村里人都说我，太大了，还不读书，太不像话，这才开始读一年级。"29岁时被北京大学聘为教授，为当时国内最年轻的教授之一，不到30岁就成为博士生导师。应当说他的智力水平和社会成就都是不低的。可他在9岁之前，只是帮家长干活，并不认识字。这充分说明，孩子识字早晚和以后智力发展的水平以及能取得的社会成就，并没有必然的直接的联系。

因此，整个学龄前阶段，儿童智力开发的重点，不要放在集中识字上，不要强迫孩子做不愿做、也确实是难以做到的事；而应当着重丰富孩子的感性知识，以社会和自然界为课堂，以社会生活和自然现象为教材，以玩具为教具，以游戏为途径，尽可能多地让孩子亲身感受客观事物，开阔眼界，增长知识，提高能力，积累生活常识和实践体验，为上学以后集中识字和系统学习文化科学知识打好基础。

3岁以前，也并不是绝对不可以识字。可以在日常生活中"试着"教一些字，但一定要量力而行，循序渐进，适可而止。不要强制，能认几个就认几个，不要制定具体指标。要因人而宜，因材施教，不要跟极个别的"神童"相攀比。在3岁以前，应主要学习和掌握口头语言，而不是书面语言。拔苗助长，"非徒无益，反而害之"。

凡事都有自己的发展规律，事物的发展都有自己的先后顺序。违背规律，打乱秩序，会事与愿违的。希望年轻的父母们，头脑要清醒、冷静，不要发热，不要做"杀鸡取卵"的蠢事。

22. 如何给孩子讲故事

通过给孩子讲故事发展孩子的智力是一个很好的方法。一个孩子的爸爸给孩子讲故事，收到了可喜的效果。他的做法很值得家长们效法。

女儿11个月时，虽然说话还是"单崩豆"，但是已经能够听明白大人的话了。比如，我说"灯泡"，她就会抬头看灯泡；说"门"，她会用手指门；说“给我书”，她会把身边的书递给我。这时候，就应该给她讲点什么了。

每天晚上在女儿入睡前，我就给她讲“铁杵磨成针”的故事。孩子还小，不能讲太多了。每次只要一讲，她就安静下来了。有一天晚上，她躺在床上一边揉眼睛，一边嘟囔着：“李白爷爷小的时候……不学习……一个奶奶在磨针……奶奶说……工夫深，磨成针……”虽然不能流利地表达，但是心里很清楚。她讲这个故事时，我就用鼓励的、欣赏的眼神看着她，认真地聆听，夸她真棒。讲故事是对孩子最好的智力启蒙。

起先，我给她讲的是“盘古开天辟地”、“女娲补天”、“夸父逐日”、“大禹治水”等神话故事。讲这些故事也是对孩子的传统文化启蒙。女儿听得非常专注，有时眼睛有些迷离，可能把自己融入到神话之中了。

我先给她讲，讲熟后，再听她讲。尽管女儿的讲述有些磕磕绊绊，有时还词不达意，但是只要注意随时纠正就是了。有些家长听孩子把苹果说成“果果”很高兴，感到很可爱。其实，这不符合语言的规范性，会养成语言表达不严谨的习惯。

从女儿一岁半开始，我给她买了不少看图说故事的书，而且给她腾出一个抽屉，说这是给她专门放书的，还像模像样地举行了一个仪式。孩子很高兴，觉得自己长大了。孩子对书的崇拜，就是那时候奠基的。一开始让孩子养成阅读的好习惯，不但大人很省事，孩子更是终生受益。

有一天晚上，一气儿讲了10个故事后，我实在有些累了，就开始偷工减料。没想到女儿明察秋毫，马上纠正说爸爸讲错了，应该这样这样说。她说得跟书上的文字分毫不差！讲故事成了女儿每天晚上的必修课。

这时候，我穿插教她背一些简单的古诗。在每次讲故事之前，故意先考考她的古诗，如果记不住，讲故事的数量就要减少；或者在讲自己编的故事时，把古诗融进去。比如讲孙悟空，就说孙悟空在花果山起床后，一出门就遇到太白金星，金星要与孙悟空对诗，看看孙悟空的知识多不多。然后，念出孩子学过的一句诗，孩子就会迫不及待地把后面的说出来，我马上夸她比孙悟空还聪明。

女儿3岁时，一个朋友来串门，看到的景象让他很是吃惊：我的女儿坐在床上，拿着一本看图说话的书在大声地朗读！朋友过去一看，孩子念的与书上一字不差，说我的女儿是神童，认识这么多的字。我说，其实孩子认识的字超不过10个，她是把书上的字都听会了。再说，我根本不主张让这么小的孩子去认识字。记得看到这样一个报道：一个3岁的美国小女孩，从幼儿园回到家看到一个“O”，就告诉妈妈这个是英文字母“O”，妈妈很吃惊问是谁告诉的。女儿说是幼儿园的老师教的。第二天，这个孩子的妈妈就把幼儿园告上法庭，理由是：孩子以前把“O”想象成游泳圈、鸡蛋、皮球、苹果等，但是老师告诉她这个是字母“O”后，孩子就只认识这是字母了。老师剥夺了孩子想象的权利。法院的判决是孩子的妈妈胜诉，理由是幼儿园的孩子只需要做两件事：想象和提问。

我女儿认识的字一点也不比同龄人少，但所养成的阅读的习惯和丰富的想象力，并不是她的同龄人都具备的。

孩子四岁时，开始演故事。如“白雪公主”、“卖火柴的小女孩”、“小红帽”等。我们轮换着扮演里面的角色，玩得很开心。一天我突发奇想，对女儿说，我说三个词，你根据这三个词编一个故事吧：蜜蜂、白云、小白兔。女儿稍加思索就说：一天小白兔看到蜜蜂正在采蜜，就说我也要吃蜜，蜜蜂说要做一个勤劳的孩子，要自己动手。小白兔就到山上采了两朵白云，做成自己的翅膀，然后飞到蓬莱仙岛，采了很多的蜂蜜。

女儿讲的这些情节散见于她的故事书中，她把这些组合起来了。这真应了那句古话：熟读唐诗三百首，不会写诗也会吟。

女儿现在上小学六年级，是班里的学习尖子。每天写完作业就是看书，那些东西方童话、神话故事，她都通读了不下三遍。拿着《格林童话选》，随便指一个目录上的故事名字，她能够不假思索地讲出来。有一天，我看到女儿的眼睛红红的，忙问她怎么了，女儿说她在读《简爱》，为女主角坎坷的命运落泪了。还有一次，她告诉我，感到自己很有力量，因为刚刚读完杰克·伦敦的《热爱生命》。

小孩子天生就具有对外界事物浓厚的兴趣和探究的本能，想知道周围的一切。但活动范围很有限，当对身边直接观察到的事物厌烦了的时候，就会产生探究那些直接看不到、摸不着的事物和情景的欲望。家长讲一些生动的故事，便能满足孩子探究未知的欲望。不仅能开扩孩子的眼界，丰富知识，还能培养语言表达能力，扩展想象力。

这位家长讲故事分四个步骤：一是家长给孩子讲故事；二是让孩子复述故事；三是让孩子表演故事；四是让孩子编故事。这四个步骤的难度是依次递进的，且各有各的作用：家长讲故事丰富了孩子故事资料的“储备”，让孩子讲故事锻炼了语言组织和表达能力，让孩子表演故事加深了对故事情节的理解，第四个步骤编故事便是水到渠成了，锻炼了孩子创造的能力。

让孩子自己编故事，就是培养和锻炼孩子的想象力。想象力是人们创造活动的必要条件，科学、艺术、文学、设计等任何创造性活动都离不开想象力，所有在事业上有所成就的人都不乏丰富的想象力。

23. 如何选报兴趣班

孩子长到三四岁的时候，年轻父母们就开始考虑给孩子选报兴趣班的问题。创造机会和条件发展孩子的兴趣，这是件好事。既可以培养孩子的特长，促进个性发展，激发学习兴趣；还可以培养、锻炼孩子适应环境变化的能力，丰富孩子的文化生活，提高孩子的文化修养和社会适应性。可以说是一举多得。

现在许多家庭都是独生子女，年轻父母是第一次，而且还是“一次性”地养育孩子，没有积累这方面经验的实践机会。因此，在给孩子选报兴趣班时，往往带有很大的盲目性。如果在选报兴趣班时出现了偏差，不仅达不到预期的目的，还很有可能挫伤孩子的学习兴趣，给以后的发展埋下隐患。

第一，做父母的要明确：是“给孩子选报”兴趣班，不是“给家长选报”。

“兴趣班”，顾名思义，孩子有兴趣才选报的学习知识和训练技能的班。孩子们还小，缺乏选择能力，往往是“被选报”，即由家长代替孩子决定。这难免带有主观性。因此，当问到孩子是不是喜欢，得到的回答常常是不喜欢，没兴趣。半途而废的不是个别的。

比如，在城市里，给孩子选报钢琴班的比较多，但能够一直坚持下来的孩子却比较少。原因是什么？当初父母没有怎么考虑孩子喜欢不喜欢，是家长“一相情愿”。有的是在“补偿心理”支配下给孩子选报的。家长小时候特别喜欢弹钢琴，但是那时候生活清贫，家里没有条件，造成了终生遗憾。现在经济收入增加，有条件了，一心要让孩子替自己实现小时候的梦想。有的是觉得现代钢琴在成千上万古今乐器中被誉为“乐器之王”，钢琴乐曲是“阳春白雪”，能弹一手好钢琴，那是很高雅的修养。于是，就让孩子学弹钢琴。还有的父母，偶尔发现孩子一两岁的时候，见到钢琴就喜欢在琴键上拍拍打打，便误以为孩子天生地就喜欢弹钢琴，脑瓜一热，就把一架庞大的钢琴抬回了家。家长心气很高，而孩子却根本没有兴趣，钢琴那样一个“庞然大物”，成了压在孩子身上的一座大山。像这样给孩子选报兴趣班，一般是坚持不下来的。

选报兴趣班的时候，要从孩子的实际出发，尊重孩子的兴趣指向和兴趣发展水平。“强扭的瓜不甜”，“强摁着牛头不喝水”。家长不要代替孩子选择。要“摸着石头过河”，稳稳妥妥地试着来，不要头脑一热就选定。

第二，要慎重选报兴趣班的项目，考虑孩子的生理和心理发展水平。

小孩子活泼好动，兴趣广泛，凡是没有亲自尝试过的活动都想试一试；但支持孩子活动的生理机制——肌肉和骨骼发育尚未成熟，孩子活动受到很大的限制，特别是小肌肉不发达，很难掌握精细的动作和技能。因此，尽量不要过早地让他们学习技能、技术、技巧性比较强的项目。比如，年龄太小的孩子就不适于弹钢琴、拉小提琴、绘画和书法等项目的学习。这些项目基本功的训练又比较枯燥无味，学习过程不能刺激和强化孩子的兴趣，很有可能训练不久就会失去兴趣，半路打“退堂鼓”。

既然是给孩子选报兴趣班，就不能不考虑孩子兴趣的特点。小孩子的兴趣十分广泛，似乎对任何新鲜的事物都感兴趣。但小孩子的兴趣比较肤浅，一般都是由新鲜事物本身引起的直接兴趣，而不是由该项活动的过程和结果引起的间接兴趣。因此，兴趣的稳定性差，不能持久，往往是朝三暮四，见异思迁。

针对这些特点，可以先给孩子挑选运动性、参与性、趣味性较强的项目，比如游泳、轮滑、舞蹈、武术、陶艺、手工制作等。从事这些项目活动过程的本身，不仅可以激发、强化孩子的兴趣，还能促进孩子肌肉和骨骼的发育，增强体质，锻炼孩子的运动、协调和平衡的能力，对于开发孩子的大脑、增进他们的自信心也很有好处。

第三，要关注孩子参加兴趣班的过程，了解情况，洞察孩子的动态。

家长不要把孩子送到兴趣班就一了百了，撒手不管了。家长最好也亲身参与孩子的兴趣班的学习和训练，跟孩子一起当学生，可称为“跟班就读”。榜样的力量是无穷的，父母以身作则、热情参与，对孩子是很大的鼓舞。家长参与还可以了解训练的过程、重点、难点和动作要领，回家以后便于按照老师的要求，对孩子进行具体的辅导。家长跟班就读，还可以了解指导教师的教学态度、教学方法、教学能力和教学进度，看是不是适合自己的孩子。

如果发现老师教学有问题或孩子不适应，应该在孩子厌学之前结束课程。当然最好是提前退班，不要等到孩子觉得自己不行，跟不上班，被淘汰出来的时候被动退出。家长要随时观察，看情况不妙，主动提出放弃，再选报其他的兴趣班。家长要尽最大努力，精心呵护孩子的自尊心。

第四，如果孩子不能适应兴趣班的学习，要尊重孩子的选择。

学龄前儿童的兴趣不稳定，很容易变化、迁移，这是正常的现象。家长应当有这方面的心理准备。当孩子出现厌学情绪时，家长首先要给予鼓励，用积极的态度和办法引导孩子继续坚持，但不能强制、训斥、挖苦，更不能打骂、体罚。如果孩子真的不愿意继续学下去，家长应该尊重孩子的选择，坦然接受。不要以为这就是“没出息”，训斥孩子是“朽木不可雕”。应当允许孩子尝试和调整兴趣指向，不要非得“一条道走到黑”。孩子哪怕只有过一天学习和训练的体验，也会有所收获。

让孩子参加兴趣班，主要的目的是培养兴趣，发展个性，增强体质，陶冶情操，提高文化素养，仅此而已。家长要以平和心态对待，不要给孩子参加兴趣班强加难以承受的额外负担，诸如培养特长，以作为进重点学校的“敲门砖”，或为将来求职做准备等等。这样，就是太功利了。

24. 不要过早地定向

有的家长望子成龙心切，在孩子很小的时候，就开始策划、设计孩子未来专业的发展方向，早早地就确定把他培养成为什么“专家”，诸如钢琴演奏家、小提琴演奏家、书法家、画家、舞蹈家、科学家、作家等，并且迫不及待地着手进行专门化的培养和训练。家长对自己的孩子寄予厚望，希望孩子成才，这无可厚非。但在孩子还不大懂事，就连他们自己也不知道究竟喜欢什么的时候，就确定一生的发展方向，这难免带有很大的主观性和盲目性。

过早地给孩子确定专业发展方向，简称“定向”，这有点儿类似于过去广泛流传在我国民间的“抓周”的养生习俗。

所谓“抓周”，又俗称“试儿”。就是在孩子满周岁时，家人在孩子面前陈列各种生活用具和玩具，诸如家族长辈的训示、文房书籍、道释经卷、金银七宝玩具、秤尺刀剪、升斗戥子、彩缎花朵、官帽钱袋、女工针线以及家里常用的物件等，小孩子坐在中间，让孩子随意抓取，看他最先抓什么东西。要是抓了长辈的训示，预示孩子长大能孝顺长辈；抓了文房书籍，预示将来成为读书人；若是抓了官帽钱袋，预示将来能升官发财；要是抓了秤尺刀剪、升斗戥子诸物，就有可能成为商人；抓了彩缎花朵，意味着爱美；抓了女工针线，意味着性格文静；等等。

其实，在中国，“抓周”只是孩子有生以来的第一个生日的一种纪念仪式。这个活动的核心是对生命延续、顺利和兴旺的祝愿，通过预测孩子将来的前途和性情，表达父母、长辈对孩子的舐犊情深，寄托对孩子的美好期望，具有家庭游戏的性质。“抓周”不可能预测孩子的未来，孩子抓什么也不能预示将来会从事什么职业，有什么样的性格和发展前途。一周岁的孩子抓什么，很可能是那种东西距离近，便“信手拈来”；也有可能是某件东西耀眼夺目，便伸手攫取。

刚满周岁的孩子，不可能理解某件物品代表什么职业，选择的依据也绝不是喜欢什么职业或性格，具有很大的随意性和偶然性，不足为据。同样，现在的家长根据小孩子一时的兴趣选择、确定一生的发展方向，也是靠不住的。

小孩子到了三四岁的时候，就开始对周围的事物或活动表现出选择性的态度。孩子的这种选择性的态度和表现出来的非同一般的热情，便是刚刚“出土”的兴趣的萌芽。

儿童时期的兴趣，有一个显著的特点，大多是偶然的、突发的。因此，也是不稳定的。比如，今天孩子见别的小朋友在幼儿园里背诵唐诗，受到老师的表扬，回家后他也缠着妈妈教他背唐诗。可没过一两天，他看到老师表扬某个小朋友画画好，还把作品贴在了教室的墙上让大家观赏，又要爸爸教他画图画，孩子的选择又改变了。这种“朝三暮四”、“见异思迁”的现象，在心理学中叫“兴趣的转移”，这是很常见的，表现在几岁的儿童身上并不奇怪。家长都是过来人，小时候差不多都有这种经历。

学龄前儿童在心理上发育还很不成熟，大脑的兴奋和抑制过程很不平衡，表现在心理上就是注意力很容易转移，兴趣指向不稳定。

人们常说：兴趣是最好的老师。由于兴趣是在实践中获得某方面的知识和能力，在情绪体验上得到满足而产生的。因此，兴趣会促使人去努力认识和探究。而兴趣所持续的时间有长有短，稳定而持久的兴趣，也就是有恒心，才能推动人深入地钻研，获得系统而深刻的知识，可以作为发展方向的依据；而朝三暮四，见异思迁，缺乏稳定而持久的兴趣，不能作为选择发现方向的依据。而小孩子的兴趣，恰恰一般都是短暂的、不稳定的。

小孩子的认识能力水平比较低下，对客观事物的认识比较肤浅，多是通过感觉器官感受事物的外部形象。如果某一事物引起孩子的关注，被孩子所选择，那只是生理方面的需要，比如新奇、新鲜、新颖、好看、好玩、刺激等。这种需要，因为是浅层次的，很容易得到满足。而需要一旦得到满足，兴趣便即刻消失。这种兴趣，并不能作为一个未来发展方向的选择依据。

然而，我们不能因为孩子的兴趣不大稳定，就放任自流，视而不见，让孩子的兴趣自生自灭。家长应当鼓励孩子发展多种兴趣，努力拓展孩子兴趣的广度。在这个过程中，认真观察、审视，及时捕捉孩子兴趣的闪光点，不失时机地适当地加以鼓励、引导。如果引导得好，暂时的、不稳定的兴趣也有可能发展为稳定、持久的兴趣。

人的智慧和才能是多种多样、包罗万象的。究竟哪个方面的智慧和才能会萌发和被挖掘出来，在学龄前阶段是很难辨别清楚的。

有没有兴趣是决定孩子未来能否成功的一个重要因素，但不是唯一的因素。决定未来能否成功的“变数”是很多的，很复杂的。也就是说，孩子的未来究竟是怎么样的，并不是某一个因素起决定作用，而是要受多种因素的影响和制约；而且，很多的变数是家长无法预测、控制和支配的，诸如环境、时机、机遇等。

学龄前阶段的教育属于基础教育，是为以后的成长发展奠定基础。就像建造高楼大厦那样，楼房建造得越高，地基就越要打得宽厚、坚实、稳固；假如地基不宽厚、坚实、稳固，楼房不可能建造得很高。如果冒险建造得过高，超越了地基所能承受的范围，势必会倒塌。

过早地为孩子定向，孩子的基础知识面，一定是很狭窄的。这不仅不能为孩子的专业发展提供充分的条件，束缚孩子长足发展；也会限制孩子将来发展的空间，不能为孩子的发展提供更为广泛的选择。因为孩子过早定向终究是靠不住的。

因此，为了使孩子将来有更多的选择，家长要认真观察，耐心等待，不宜过早给孩子“确定发展方向”。

25. 要首先学好母语

据北京《娱乐信息报》报道，一个三岁半的男孩童童说出的话，别人怎么也听不懂。他把“老师”叫“老希”，“葡萄干”说成“帕塌干”……日前，童童妈妈带孩子到上海市心理咨询中心咨询，才知道孩子的“病因”是因为外语学习过早、过多所致。

童童的父亲曾留学美国，美式英语讲得非常好；母亲留学日本，能操一口流利的日语。童童刚一出生，父母就想出一个自认为很“高明”的招数：从孩子学语言开始，由爸爸对他讲英语，妈妈讲日语，爷爷奶奶跟孩子讲汉语，“三管齐下”，齐头并进，对孩子进行“综合语言训练”。

刚开始，童童很有兴趣，的确掌握了不少外语词汇，家里来了客人，孩子一口气能说出三种语言。客人听了大为惊讶，赞叹不已，称赞家长教子有方；孩子和家长也是洋洋得意，心里美滋滋的。

但时间一长，却出了问题：那孩子经常会把英语、日语和汉语混在一起说，结果什么语都说不对，说不好；讲汉语时，也拖长发音，发出一个个外语的腔调。到后来，童童讲的话意，除了父母能“猜”得出来以外，别人就都不知所云，听不懂了。面对这种情况，童童的父母都急了。于是，他们便进一步加大“培养教育力度”，频频纠正童童的话语。

没想到，被纠正多了，屡屡遭到否定，童童索性给你来了个“徐庶进曹营——一言不发”；而且，一看到生人就躲，似乎“避之不及”。他有什么要求，宁可给家人用手比画，也不愿意开口说话。那真叫“金口难开”。

这虽然是一个极为个别的案例，但很值得年轻父母们深思。

我国实行改革开放以来，进行国际性的经济、文化、科技交往和出国学习、进修、工作的机会，大大增加。社会上对具有外语特长人才的需求越来越大，人们学习外语的热情空前高涨。上自年过花甲的老人，下到学龄前儿童，纷纷学起了外语。这的确是一种具有鲜明时代特征的社会现象，令人高兴。

那么，小孩子究竟从什么时候学外语更好些呢？是不是越早越好呢？这很值得研究。

学龄前儿童时期，的确是学习语言的极好时机。错过了这个时机，学习效果就要大打折扣。因此，学龄前儿童首要的学习任务就是学好语言。而我国一般的儿童，最初的生活和生存环境是在中国。孩子们首先要学好的是“母语”，或称“本土语言”，即汉语。

任何民族的孩子学习外国语言，一般都应在掌握好本土语言、有了本土语言基础之后。如果在孩子的本土语言基础还没有打好的时候，就过早地学习外语，其结果必然是“顾此失彼”，互相混淆和干扰，本土语言学不好，外语也学不好，本土语言和外语都是半生不熟的“夹生饭”。

又据报道，辽宁省大连市有一个5岁的女孩叫可楠，英语说得流利，汉语却很拙劣。她经常脱口说出这样的话来：“妈咪，我肚子饿现在！”语法这样混乱，让可楠的妈妈非常诧异。她已经不惜花费重金，让女儿接受了近两年的正规英语教育和训练，并一直以女儿能说一口流利的英语为荣。现在，竟然出现了这种让人尴尬的情况，使得她不得不开始认真思考如下的问题：

"幼儿的母语学习与外语学习到底哪个重要？幼儿究竟从什么时候学外语更好呢？"

幼儿时期就学外语，开始时，基本上都是生吞活剥、囫囵吞枣、死记硬背，就像鹦鹉学舌一样模仿，并不真正理解。哪种语言都能说，但哪种语言都不精通，这对发展孩子的智力并无多大的好处；弄不好，也会给孩子的人格发展造成障碍。

语言是一种符号，是思维的"外壳"，它是一种文化现象。学习语言不仅是掌握口头语言和书面语言，学会发音，学会书写，更重要的是了解、熟悉、掌握一种文化；而要学好语言，也必须受文化的影响和制约。在没有学好本土语言的同时，过早地学习外语，会使孩子既掌握不好中国文化，也不能很好地认识和理解外国的文化，很有可能成为"中不中，洋不洋"的人。将来不论是在国外发展，还是在国内发展，都不具有优势。

对于中国绝大多数人来说，即或是学好了外语，多数人也是在中国本土发展，也主要是与中国人打交道，为中国人服务，这就是我们常说的"洋为中用"的意思。即或到国外留学，绝大多数人主要的目的还是回国报效祖国。因此，我一向主张学生出国"留洋"，要先"留土"，首先学好中国本土语言，深入理解中国文化。具备了较为深厚的中国文化底蕴之后再留学，知道哪些知识对中国有用处，哪些理论需要"本土化"，就会学有所成，能更好地为祖国服务。

我的女儿在上小学时，没有接触过英语。十三四岁才接触英语，主要是靠自学，通过听广播、看电视学习。20 岁时，她的托福考试，一试即过。到澳大利亚西悉尼大学留学，只过了一个星期，她就可以直接听老师用英语讲课，用英语与教师、同学自由交谈。只用了一年多的时间，就在班里第一个获得了工商管理硕士学位。

许多事实表明，幼儿时期学习语言，应先学好本土语言，有了一定基础之后，再学外语也不迟。

当前，我国城市中有不少的幼儿园开设了英语课程，那完全是为了迎合部分家长急功近利的不正常心态，并不是教育主管部门所提倡的，也不符合语言学习的规律。而社会上举办的一些幼儿英语比赛，也不是教育主管部门主办的，而是一些民办文化公司纯粹以营利为目的的商业行为，是一种误导。我国台湾地区教育主管部门，为避免影响幼儿未来的人格发育，早就宣布禁止幼儿园教授英语课程，“双语幼儿园”、“全英语幼儿园”等被全面取缔。

根据英语专家的意见，小孩子学习外语，一般情况，应当在比较熟练地掌握汉语之后，最好从小学开始。

“手巧”必定“心灵”

26. 别太看重智商

近些年来，社会上兴起一股测查孩子“智商”的热潮，指望通过智商测查对孩子的前途有个判断。测查结果，孩子智商高的家长沾沾自喜，而智商较低的家长则悲观失望。这两种态度，都反映出家长缺乏这方面的知识，对智商盲目地轻信。

所谓“智力测验”，是通过测验的方式来衡量人智力水平高低的一种科学方法。“智商”是“智力商数”的简称，是测量个体智力发展水平的一种指标。早期由德国心理学家施太伦提出，是智力年龄除以实足年龄所得商数，全称为“智力商数”或“比率智商”。比如，孩子的智力年龄与他的实足年龄相等，智商为100。如果智力年龄是10岁，实足年龄为8岁，智商则为125。智商可以用以比较儿童的智力水平。一般来说，凡智商大于100，则表示他的智力发展水平比较高；若低于100，则表明较低。

当初，智力测验主要是用于鉴别那些智力有缺陷的儿童，把他们从正常教学班里筛选出来，转到别的班去进行特殊教育和训练。后来，这种方法逐步扩展到鉴别学生智力水平，以便因材施教；或用来对心智缺损儿童做早期诊断，以便及时治疗；或作为任用、筛选、升迁、考核人员时的预考依据；等等。

过去，智力测验一般只作为医疗诊断和教育心理科学研究的手段。近来，由于家长重视儿童早期智力开发，测验智力便成了一种时髦，智力测验也就成为“商品”，进入了儿童教育的市场。

在过去只是作为一种普通的医疗诊断和教育科学研究手段时，测查人员对智力测验的过程和结果的解释还能做到认真负责、实事求是。而智力测验进入市场以后，在经济利益的驱动下，为了招揽顾客，有的解释就不那么认真负责、实事求是了。有的人就像算命先生那样信誓旦旦地说测查结果是板上钉钉；而家长对测查结果也深信不疑，认为是“盖棺论定”了。

智商一般能反映孩子的智力发展水平。到目前为止，尚没有比智力测验能更高效、更准确的方法。但是，目前的智力测验手段，虽经多次修订，仍不大完善，其可靠性也不能说是百分之百。

另外，测得的智商的准确程度，要受到多种有关因素的影响和制约。比如，跟测查人员的操作水平、责任心，测查对象的知识经验、接受测查时的情绪、心理状态，测查时的环境、场合等都有密切关系。其中特别是和测查对象的知识经验有关，比如生活在农村和生活在城市的孩子同时测验，所得的智力商数，二者肯定会有较大的差异，但实际上他们的差异并没有那么大。这个道理很简单，用城市孩子所熟悉的知识测查农村的孩子，农村的孩子肯定是“弱智”；而用农村孩子所熟悉的知识去测查城市的孩子，城市的孩子也会是“弱智”。这就是说现在智力测验的结果，并不是十分可靠。

一般地说，智商具有相对的稳定性，但孩子是有可塑性的，智商是可以改变的。在环境、教育和实践的作用下，智商变化的可能性和幅度很大。及时进行科学的培养、教育和训练，再加上孩子的努力，智商就会明显提高；否则，智商不但不会提高，甚至会有所下降。因此，一次智力测验，特别是在年幼时一次智力测验的结果，并不是“一测定乾坤”，它不能决定一个人一生的智力发展水平。

美国著名心理学家麦考尔 1973 年通过研究证明，对于正常儿童来说，其智商在2. 5岁至17岁之间，会发生28.5分的变化，提高和降低两方面的变化都有。这意味着，只要主客观条件适宜，培养教育方法得当，智力中等的孩子可以达到优等水平。同样，智力优等的孩子，在恶劣的教育环境下，也完全有可能由优等变为平庸。孩子小时候进行智力测验的结果，不论智商是高还是低，都不能作为预测长大后，能不能取得理想的社会成就的唯一依据。

完全否定智商的价值，那也太绝对化了，这不好；但奉若神明，深信不疑，也是不明智的。应采取科学的实事求是的态度，对测验的结果做“或然性”的理解，即“有可能，但不一定”，也许更妥当，更有益。

有的家长对孩子的智商与学习成绩有何关系，也很关心。的确，在现实生活中，有的孩子智商较高，但学习成绩却不大理想；相反，有的孩子智商并不高，可学习成绩反倒不错。这种现象反常吗？不。很正常。这恰恰说明孩子的学习成绩，不仅仅与智力因素有关，也与非智力因素有密切的关系。正如古人所说：“勤能补拙。”相反，非智力因素不好，怕苦怕难怕累，就是智商再高，也不会取得好的学习成绩。所以，家长对于孩子的智商，应当做到心中有数，不可盲目。

“智商”这个概念自20世纪初诞生以后，就一直处于纷纭争论之中。多项延续数十年的追踪研究指出，智商并不能决定和预测人的成败。只要具有中等以上的智力水平，均有可能在学业、事业与生活中取得成功。而且，在人们成就的影响因素中，以语言和数理逻辑为核心的传统智力因素，仅占一部分；而动机、抱负、意志力、灵活性、社交能力、领导能力等大量非智力因素，则具有极其重要的价值。

人们之所以如此空前重视测查智商的问题，一个重要的原因是家长望子成龙心切，希望能够借助简单的数字，预测、把握孩子人生的发展前途和轨迹。其实，这是一种心理变态。人的发展过程是极为复杂的，它要受到多种因素的制约和影响，任何一个因素都不可能起绝对的决定作用。用一个“商数”测定孩子的发展前途，那是把复杂的问题给简单化了。过于迷信智商，都会成为孩子心理上的负担，阻碍孩子主动性的充分发挥。家长不要迷信什么智商。

27. 儿童不宜过早使用电脑

一位家长带他四岁的孩子到我家来玩，让他儿子给我当场表演玩电脑游戏。他很得意，一个劲儿地自卖自夸。我知道，他原本是想获得我的赞赏，可我没有给他“捧场”。我是负责任的教育学者，不愿意用无原则的夸奖取悦家长。他也许还不知道，小孩子过早地玩电脑，会埋藏下隐患，可能有许多预想不到的害处，就像小孩子驾驶大汽车一样危险。

一般家庭，专门为学龄前儿童预备适合的电脑桌椅的很少。小孩子在大人使用的电脑桌前玩电脑，首先对身体健康不利。小孩子必须耸起肩膀按键，伸长脖子看屏幕，通常会出现不良姿态。久而久之，身体就会变形，脊椎、手腕、颈背肌肉疼痛。这些伤害，往往不是马上显示出来，而是在孩子长大以后才出现的。

电脑很神奇，诱惑力大，而小孩子又缺乏自我克制和约束能力，很容易入迷，深陷其中而不能自拔。一旦入迷，就会爱不释手，全身心投入，欲罢不能，废寝忘食。长时间在荧光闪烁的电脑前，过度暴露在放射线照射之下，会严重地刺激孩子脆弱的视神经。时间长了，会两眼发涩疲乏，影响视力，造成不可挽回的损失。

人的心理状况是在环境与人相互影响之下形成的。长时间在虚拟世界遨游，儿童就会与现实世界失去接触，势必会造成性格上的孤僻，不利于社会适应性的发展，与现实的社会生活格格不入。

人的思维可以说是一种内在的“交谈”。人的经验、词汇、语言等共同形成了人的逻辑思维方式。儿童长时间地与电脑打交道，他所形成的基本思维会受计算机的符号式机器思维，即“模式化思维”的影响和控制，不利于儿童个性和创造力的发展。

人的记忆能力的形成和提高，是在不断记忆的实践过程中实现的。电脑正在成为记忆的“替代物”，过早地使用机器代替活的记忆，就会懒得用脑记忆，丧失应有的记忆力。

儿童过早与电脑相处，会在情感上对电脑的信息世界产生眷恋和过分依赖。电脑是能给人们带来方便，但并不能解决一切问题。过分依赖电脑和过分依赖家长一样，都不利于孩子独立生活能力和分析、处理、解决问题能力的形成。

任何高科技的产品，往往是一柄“双刃剑”。比如，汽车的普及，给日常生活和工作带来方便，但会使人们行走能力降低，体力下降。傻瓜照相机使人人都会照相，但又使人们不再会对光圈、焦距，拍摄出更为精美的照片。电脑的出现，给获得、处理信息和通信带来便利，但使许多人都不会用笔写字了；等等。

人的道德观念和处世准则，都是通过人与人在相处和交流过程中形成的。不善于与人交流而只会与机器相处的孩子，不仅人际关系上有缺陷，不善于与人交往、交流，而且也不利于良好道德观念、价值观念、伦理观念的形成。

特别值得注意的是，学会了电脑操作，就免不了要上网；而网络是一个虚拟的、近乎“自由化”的世界，其中有许多的“垃圾”和“陷阱”，涉世不深的孩子缺乏独立识别、分辨能力，难以筛选、过滤和取舍信息，过早地接触电脑，很容易受到不良影响。

在当代社会，人人都应当学习电脑操作技术。问题是儿童应当在什么时候学习、使用？什么时候使用才能扬长避短，以最小的代价获取益处？这是需要认真加以研究的。

电脑不管多先进，对一般人来说，也只不过是一种“工具”，最终还是要靠“人脑”来指挥和操作。人脑不发达，智力水平不高，多先进的电脑也不会充分发挥它的功能。发展“人脑”，应当优先，放在第一位，要首先发展儿童的智力。在具备了一定知识、能力后，再学习电脑操作技术，不仅学得快，也能更充分发挥电脑的功能和作用。

电脑并不是什么神秘的东西，电脑操作技术学起来并不难。我国中科院院士、电脑软件专家王选，是在大学毕业后才开始钻研电脑的。尽管是半路出家，结果却成为不可多得的软件制作和经营专家。

最近刚刚上任的美国纽约市市长、亿万富翁迈克尔·彭博先生，是一位信息技术方面的专家，他所经营的彭博资讯公司，是仅次于路透社的全球第二大信息公司。由于他对信息技术的青睐和精通，人们可能认为他一定是进行早期电脑培训的倡导者、支持者。然而，他在自己所著的书中和讲演中，一再呼吁教育工作者，要注意对儿童进行阅读、写作和算术等传统学科的培训。他认为，信息技术的培训太过直观，孩子们在12岁以后具备了良好的教育基础和价值观念后，再学习和掌握电脑技术也不迟。因此，学电脑没有必要从幼儿开始，家长们不要轻信一些电脑商家和一些不负责任的人的鼓动和怂恿。

现在，许多家长支持孩子早早地学习电脑操作技术，有很大的盲目性。有的是攀比思想的驱使，觉得不能让自己的孩子落后于别人；也有的轻信一种对电脑的“盲目崇拜”思想，误认为电脑是“万能”的，只要掌握了电脑技术，一切问题迎刃而解。

其实，早掌握电脑操作技术的不一定比没有早学习电脑技术的孩子发展得要好。比如，每年高考时出现的高考“状元”，多数是农村和小城镇的学生，很少接触过电脑。北京广安门中学宏志班的学生，都是来自生活极为贫困的家庭，他们不可能在小时候接触电脑。但他们绝大多数都考上了理想的大学，其中有不少被一、二类大学录取。

过早地学习电脑操作技术，很容易成为电脑的“奴隶”，限制孩子的视野和实践，得不偿失。学龄前儿童过早接触电脑，很盲目，不见得是好事。

28. 聪明反被聪明误

有的家长看到自己的孩子小时候非常聪明，就有点儿沾沾自喜，放松了对孩子的培养、教育和训练。其实，孩子将来能不能成才，并不完全取决于他小时候的聪明劲儿。中国过去有这样一句话：“小时了了，大未必佳。”是说小时候很聪明，长大了不见得有出息。个中原因，往往是“聪明反被聪明误”。

记得过去有这样一个故事：

从前，某地出了三个神童，一位具有相当高的文化素养的道士知道了，就想亲自测试一下这三个神童的智慧。

有一天，他把三个神童带到书房，指着屏风的一段文章，让他们当场阅读、当场背诵，看谁记得速度快，背得熟练、准确。道士先让三个孩子阅读那篇文章，看时间差不多了，便说：

“你们三个人，谁先背诵?”

一个叫丁松年的神童自恃聪明无比，抢先说：“我先背诵。”

他只匆匆看了一遍，就开始背诵，而且背得非常准确。他得意扬扬地瞥了那两个孩子一眼，显出一副盛气凌人、不可一世的样子。

一个叫惠远的神童第二个背诵。他大声朗读了两遍，然后开始背诵，结果错了一两个字。他也很得意，自觉了不起。

最后，是一个叫邵文庄的神童背诵。他站在屏风前面，逐字逐句地默读了三四遍以后，才开始背诵。最后，仍然背错了好几个字，他感到很不好意思。

丁松年和惠远看邵文庄最后一个背诵，还错了那么多字，都用蔑视的眼光讥笑他太笨了，弄得邵文庄很难为情。

道士当场表扬、鼓励了三个孩子，并没有做出有差异的评价。事后，道士深有感触地对人说：

“丁、惠这两个神童，天资虽然聪敏，但轻佻浮躁，骄傲自大，将来不见得能成大器；那个邵文庄，尽管相对来说稍稍迟钝了一点，但他深沉谨慎，踏实刻苦，日后定能成才。”

事实果然不出道士所料。长大后，丁、惠那两个神童平平庸庸，一事无成；而邵文庄，经过刻苦努力，终于成为有名的大臣和著名的词人。

这个故事告诉我们：一个人在学业上、事业上要取得成功，用现代心理学的话说，不仅依靠良好的智力因素，也依靠良好的非智力因素。在一定条件下，非智力因素甚至能起决定作用。

什么是“智力”？智力实际上表示的是人的聪敏、愚钝程度。一个人聪敏，就说明他智力水平高；一个人愚钝，就表明他智力水平低。

智力水平高低，当然跟人的文化知识学习有密切的关系。智力水平高，如观察能力、记忆能力、思维能力和想象能力优越，文化知识学习的效果就好；智力水平低，观察、记忆、思维、想象诸能力差，文化知识学习的效果就差。

但是，这不是绝对的。现实生活中，智力水平高，聪明的孩子，往往学习成绩并不是最好；而智力水平并不是特别高，不大聪明的孩子，却学习成绩很好，很优秀。那是什么原因呢？

在这里，“非智力因素”发挥了重要的作用。什么是“非智力因素”？它是指人在智慧活动中，不直接参与认知过程的心理因素，包括需要、兴趣、动机、情感、意志、性格等方面。就是人的智力以外的，但又与智力因素有关系，对学习活动起着起动、导向、维持和强化作用的那些个性心理品质。比如，有没有学习的欲望，学习目的是不是明确，学习动机是不是端正，学习兴趣是不是广泛、浓厚，意志坚强不坚强，性格好不好，情感是深还是浅，等等。这些心理品质看来与聪明不聪明无关，但却影响人学习的效果和智力水平的发挥。正如孔子所说："知之者不如好之者，好之者不如乐之者。"很明显，学习的效果涉及动机、意志、兴趣、情感等非智力因素。

非智力因素在孩子的智力开发和学习中究竟起多大的作用呢？人们常常用比喻说明这个问题。有人说，智力因素和非智力因素就像一辆双轮车的两个轮子，两个轮子完好无缺，就能推着向前飞跑；要是只剩了一个轮子，推起来就很"蹩脚"，车子不可能跑起来。也有人把智力因素和非智力因素比做"资源"和能源的关系。"资源"再丰富，如果没有充足的"能源"，那"资源"永远也不能开采出来，发挥不了经济效益和社会效益。同样，一个人的智力因素再好，如果缺乏必要的非智力因素，其智力因素不会得到充分的发挥，智力水平也不会发展得很高。

在这个故事中，那道士之所以对三个孩子的未来发展前途做出这样的预测，他的依据就是他看到邵文庄和丁松年、惠远的非智力因素有很大的差异。在具体的学习活动中，智力因素可能起着重要作用；但在系统的、比较长期的学习中，非智力因素往往具有广泛的制约作用，对学习活动具有持久的影响，甚至起决定作用。故事中三个神童的发展和结果，就恰恰验证了道士的预测。那道士虽然那时还不知道什么是"非智力因素"这个概念，但他实际上从经验中已经认识到"非智力因素"在人的学习和发展中的重要作用。

人们的智力水平是存在差异的。但是，这种差异是很小的，甚至可以说是微乎其微。非智力因素虽然并不直接参与人的认知过程，就是说在认知过程中，非智力因素不直接承担对机体内外信息的接收、加工、处理等任务，但却直接制约认知过程，表现为它对认识过程的动力作用、定向和影响作用、维持和调节作用，以及弥补作用等等。所以说，一个人是不是能学习好，关键还在于他的非智力因素。聪明的学生不能轻佻浮躁，骄傲自大。“骄傲使人落后，虚心使人进步。”不大聪明的学生也不要自暴自弃，灰心丧气，“哀，莫大于心死”。只要深沉谨慎，踏实刻苦，就一定能够成功。

家长在指导孩子的学习中，要把培养他们的非智力因素放在一个重要的地位。

29. “玩具”不是“教具”

“游戏是儿童的工作，玩具是儿童的天使。”

这是家长们非常熟悉的两句话。然而，在现实生活中，家长给孩子买玩具，首先考虑的不是孩子“玩儿”得痛快，而是把玩具视为“教具”，要让孩子学到知识，能够开发孩子的智力。在这种思想支配下，家长给孩子花重金购买的“高档玩具”，往往并不能引起孩子的兴趣，玩不了多久，便兴致索然，弃之而去。而有的玩具，孩子总是爱不释手，兴致不减。

比如，男孩子爱玩手枪、机关枪、大刀，女孩子则非常喜欢各种各样的娃娃。玩具枪和娃娃本身并没有什么学习知识和开发智力的功能。然而，却往往是孩子们的“首选”。这不能不引起家长的深思。

家长必须明白，“教具”是进行教学时用来讲解、说明某事物的模型、实物、图表、幻灯、录像等教学用具的总称。教具的主要功能是教学生观察某种自然现象、掌握某种具体的知识和技能。而玩具则是专供儿童“玩儿”的东西，它的主要功能或者说首要的功能是“娱乐性”，是让孩子“玩儿”，让孩子喜欢，玩得高兴、痛快，从中得到乐趣。正如原国家名誉主席宋庆龄在北京市托幼系统玩具展览会上的题词说：“玩具和教具是对婴幼儿进行全面发展教育的不可少的工具，尤其是玩具最为幼儿所喜爱，它是幼儿生活的伴侣，也是幼儿快乐的源泉。”

当然，也不能忽略玩具开发智力的功能，排斥具有开发智力功能的玩具。但家长在给孩子选择时，应当把使孩子乐于“玩儿”、“玩儿”得高兴痛快，能从中获得乐趣，作为选择的首要标准。其次，再考虑有利于开发孩子的智力，培养孩子的能力的功能。也许这种选择，才能受到孩子的欢迎；也只有孩子爱“玩儿”，才能充分发挥玩具的各种功能。

历史的经验值得注意。我国实行改革开放以来，中国的家长给孩子买玩具，曾经掀起过三次高潮：一是20世纪80年代中期的“魔方热”；二是80年代末期的“变形金刚热”；三是90年代初期开始的“电子游戏机热”。这三次高潮，都是通过商业广告给煽动起来的，三种玩具无一例外的都是“舶来品”。

人们还都清楚地记得，那时的孩子们，都热衷于玩那些洋玩意儿，在家里玩，走路时玩，在学校上课时玩，有的孩子简直都着迷了，玩疯了。当初，家长们给孩子购买那些玩意儿，都是听商业广告上说能够开发孩子的智力，使孩子变得聪明。听那些广告吹嘘，给人的印象似乎玩那些洋玩意儿，一不留神就能玩出个“牛顿”或“爱因斯坦”来。其实，那些洋玩意也仅仅是个玩具，它的主要功能还是娱乐、消遣、解闷儿。

从理论上讲，那些东西是有一些开发智力的功能。但是，理论不等于实际。孩子们玩那些神奇的玩意儿，一玩就上瘾、入迷，什么开发智力的功能就自然退居次要的地位，留下的恐怕也还只是娱乐、消遣和解闷儿。而当孩子们玩腻了的时候，就连娱乐、消遣和解闷儿的功能也所剩无几了。

比如魔方、变形金刚早就失去了魅力，差不多都被孩子们扔到了垃圾桶。而电子游戏机，孩子们则是百“玩”不厌。这也不是因为它有什么开发智力的“魔力”，才受到孩子们喜爱。唯一使孩子们着迷的原因是，因为它太“好玩儿”了，从中可以获得无穷的乐趣，能消遣解闷，排遣心中的空虚或寂寞，如此而已。

现在，有的家长不大重视孩子的“玩儿”，一门子心思就是让孩子通过识字、读书多学知识，或通过兴趣班学习专业技能。尤其是不愿意让孩子玩那些单纯“玩儿”的玩具，认为“勤有功，戏无益”，玩多了会“玩物丧志”。

其实，这是很片面的观点。有益的玩具，为什么就不能做到“玩物益志”或“玩物增智”呢？比如那些拼装的玩具，既能培养意志力，也能促使孩子动脑筋。教孩子自己制作玩具，开发智力和发展能力的作用更大。

就是单纯能够获得乐趣，对孩子来说，也是非常重要和必要的。不能忽视要获得乐趣的需求，这是人人都需要的。因为满足孩子的这种需求，使孩子总是拥有舒畅的心情和欢乐的情绪，对他们的身心健康成长都是很有好处的。

要知道，玩具和教具开发智力和能力的功能是不同的。玩具功能的发挥是潜移默化的，不能要求像教具那样立竿见影。比如说，一根普通的竹竿，看似没有什么开发智力的功能，其实不然。正如一位美国专家所说："能够鼓励儿童像用竹竿当马那样来玩的，才是真正富有创造性的玩具。"

而那些商家鼓吹很有开发智力功能的电动、电子玩具，使孩子只能按照一定的程序操作，那是被动性的游戏，很难发展孩子的创造性。由于操作简单，只要打开开关，便能来回行驶，孩子呆坐在一边，"旁而观之"没事干，参与度很低，玩不了几次就会感到厌烦，甚至也不爱惜了。因此，家长在给孩子选购玩具时，只要是无害，孩子喜欢，就可以满足孩子的要求。

游戏就是玩耍，是娱乐性的活动。小孩子天生地都喜欢游戏，而玩具则是游戏的物质基础，也可以说"玩具是儿童的天使"。玩具是儿童把想象、思维等心理过程转向行为的支柱，在促进婴幼儿智力发展上有着很深刻的意义。孩子通过对玩具的感知觉，能引起联想和想象，并能引起相应的一些行动和活动。玩具本身的形象、色彩、声响等能吸引孩子们动手、动脑和身体各部位活动的积极性。孩子们通过不断地摆弄这些玩具进行着探索、学习。除此以外，造型完美、色彩华丽的玩具，还能进行美育，陶冶孩子情操。

总之，不能把玩具看成是教学用的"教具"，也不要以为玩具的价钱和开发智力、发展能力功能成正比。玩具就是专供儿童玩儿的器具。

30. "手巧"必定"心灵"

很多人都看到过这种现象：小孩子出生以后，大人用手指、铅笔或木棒触及孩子的手掌时，新生儿紧握拳头抓住不放。此时，若试图将物体拉开，孩子靠自身的握力，很可能把他整个身体悬挂片刻。这是新生儿先天具有的反射之一，心理学上称为“达尔文反射”。

所谓“反射”，即动物肌体的中枢神经系统对一定的外界刺激所作出的有规律的应答。新生儿的这种反射，可能同灵长目种系的遗传有直接关系。这种反射于出生后出现，但三四个月时就消失，代之以有意识地抓握物体。

小孩子的手，使用率非常高。当孩子会坐、爬以后，只要是醒着，手里总是不停地拿东西、玩玩具。学会走路后，活动范围扩大，活动的自主性增强。由于好奇心的驱使，总想探求周围事物的奥妙，手总也闲不住。一会玩玩具，一会儿又扔掉玩具；一会儿东摸摸，一会儿西翻翻。不是把放得整齐的东西搬开，就是把玩具扔得满处都是。家长看在眼里，有时候会生气，免不了会训斥一通。

其实，孩子不停地动手玩东西、玩具，这是很有好处的。这不仅会提高操作能力，也会使孩子认识事物的特征和性能，对智力发展也有重要的促进作用。

在日常生活中，人们在夸奖一个人时，常常使用“心灵手巧”这个词。这绝不是偶然的，而是表明人的手和大脑之间有密切的对应关系。许多事实也充分表明，“心灵”的人，必定“手巧”；反过来看，“手巧”的人，也必定“心灵”。

从生理学和心理学角度来看，这种现象是有科学依据的。人体的各部位在大脑皮质上均占有一个对应的区域，区域大小不定。这种大小与身体部位的大小无关，而与该部位功能的复杂精细程度有密切关系。就拿大拇指来说，它的“个头”不算大，可它在大脑皮质所占有的面积比大腿几乎多了十倍。因此，手指活动得越多，动作越精细，就越能刺激大脑皮质的兴奋程度，对脑细胞的发展和智力的发展有重要的促进作用。反过来，脑细胞和智力发展以后，又能更加有效地调节手指的活动，提高手指动作的协调性和灵巧性。苏联著名教育家苏霍姆林斯基有句名言：“儿童的智慧在他的手指尖上。”其道理就在于此。

因此，有关手及手指的动作，已经成为衡量婴幼儿智力发展水平的一个重要指标。你看，儿童心理工作者和儿科医生在检查婴幼儿智力发展水平时，总是要先检查他们手的动作的发展水平，据此来推测婴幼儿智力水平或诊断有无疾病。

然而，有的家长不愿意让孩子动手，怕麻烦，怕危险。孩子会吃饭了也要喂，会穿衣了也要替孩子穿，玩具扔了一地不让孩子收拾，事事包办代替。这样，把孩子的手脚束缚起来，不仅动手能力得不到提高，也会影响他们智力的发展。要高度重视动手的意义，放手让孩子早动手、多动手。这对孩子智力发展有着深远的意义。

那么，怎样才能加强孩子手的动作的协调性和灵活性呢？

要尽早训练孩子学会用手的动作认识事物。在孩子三四个月时，可以在小床的上方，孩子伸手能摸到的地方，悬挂几个彩色、光滑的玩具或色彩鲜艳的布条，让孩子用手抚摩。玩具来回摆动，被孩子碰到时，就会感到高兴。孩子会抓握后，可以给塑料制作的摇铃、小手鼓等带响的玩具，加强手眼协调的训练，玩具发出悦耳的声响，还可以锻炼孩子的听力。孩子的衣袖不要过长，即使天冷，也要让小手露出袖口，以便使孩子的手随便活动，去抚摩、抓握各种有趣的东西。

让孩子撕纸。这对儿童来说，是一种很有趣的益智活动。小孩子都喜欢撕纸玩，有时候还把新画报、报纸给撕碎了。对此，有的家长持反对态度。殊不知，撕纸可以提高孩子手、眼的协调能力，锻炼手部小肌肉的灵活性；亲手把纸张撕得粉碎，这是一种有利于智力发展的创造性活动。在国外的一些幼儿园里，还专门有让孩子撕纸的活动内容。孩子不知道什么可撕、什么不可撕的时候，可以给孩子没有用过的干净的白纸撕，稍大一点儿再告诉什么可撕、什么不可撕。再长大了，可以教孩子撕各种图形。

让孩子搭积木。积木有各种各样的形状，玩搭积木可以教孩子认识各种颜色和形体，训练有意识地抓握物体的能力。搭积木是一种独立自主的创作活动，是孩子将头脑里过去感知过的形象“再现”的过程，家长可以启发、引导、帮助，但不要包办代替。孩子做事情都有自己的“逻辑顺序”，搭积木也有自己独特的“设计理念”，家长不要过多干预。

尽早让孩子使用筷子。学龄前儿童是大脑迅速发育的时期，让孩子多用手操作器具，会刺激大脑机能的发展。日本学者认为，两到三岁的幼儿是学习使用筷子的最佳时机。学会正确使用筷子的孩子显得比以往更沉着、注意力集中，手指也更加灵巧。

支持孩子绘画。让孩子绘画，主要目的还不是培养绘画能力，提高绘画技能，而主要是锻炼孩子使用笔的能力。不论孩子要画什么图形，都需要使用手部的小肌肉，有利于增强手指的力量和控制能力。一两岁的孩子基本上是“信手”涂抹，三四岁时便是有意识地绘画，就是按照头脑想象的形象进行绘画，这可以训练、培养孩子的想象力。

让孩子削铅笔。削铅笔是一种比较复杂的活动，可以牵动手指、手掌、手腕、手臂等多个关节和多条肌肉的相应运动，需要手与手、手与眼几个部位之间的协调配合，对大脑是一种很有益的锻炼，能促进孩子智力的发展。有人算了这样一笔账：假如孩子一天削五次铅笔，每次三分钟，那么，他每天就等于做了一刻钟的“大脑训练”。

孩子天生都好动，在保证安全的前提下，家长要尽量满足孩子“自己动手”的愿望。

教孩子学会思考

31. 赏识孩子的涂鸦

小孩子天生地都爱画画儿。一见到白纸，不管有用没用，拿起画笔就兴致勃勃地乱涂乱画。不仅在白纸上，在雪白的墙上，干净的地面上，有时甚至在衣服上、沙发上，都可以见到他们的“作品”。画的乱七八糟，看半天也猜不出画的究竟是什么，可以说是“四不像”。这就是我们常说的“涂鸦”。

看到孩子到处乱涂乱画，家长很厌烦、生气，禁不住就要粗暴地训斥一顿。有的家长在一气之下，把孩子呕心沥血精心绘制的“作品”撕得粉碎。还有的因为画得太不是地方，弄脏了墙壁、糟踏了衣服或毁坏了别的什么有用的物件，便把画笔给扔掉或折断，气急败坏地把孩子痛打一顿，并狠狠地下一道禁令说：“今后绝不许再乱画！要是再乱画，我就……”

毁坏孩子的作品、画笔，狠狠地训斥孩子，家长理直气壮；可孩子却觉得很委屈。

之所以出现这种情况，是因为家长不懂得孩子，不理解孩子。做父母的也许都不记得了，自己小时候，也都曾经历过这样一个喜欢“涂鸦”的年龄阶段。不仅现代孩子，就连古代的孩子也同样有这样的情趣。

记得有这样一首描述儿童“涂鸦”的古诗：

黄发垂髫儿，握枝向泥沙。
似解世人意，信手乱涂鸦。
桥畔流水淌，树梢日影斜。
口中呢喃语，兴尽忘归家。

寥寥数语，一个手握树枝、口中念念有词、正专心致志在地上涂鸦的古代儿童栩栩如生的形象，便跃然纸上。由此看来，喜欢“涂鸦”，从古至今都是学龄前儿童的天性。

在成年人看来，儿童“涂鸦”似乎没有任何的价值，只不过是信手胡乱涂涂抹抹而已。其实不然。两三岁的小孩子“涂鸦”，并不想画成什么样图形、图案，只是作为一种动作、一种游戏，不管画出什么样的线条，什么颜色，他们都会从中感到满足，获得乐趣。我的孙女两岁多时，就举着她胡乱涂抹了几笔的白纸，郑重其事地大声喊：“奶奶，这是我的作品！”

尽管成年人还不懂得他们所要表达的是什么，但“涂鸦”客观上对他们手、眼、脑的协调配合，增强脑、眼对手的指挥能力，确有巨大促进作用。这种作用，是其他活动所不能替代的。

到四五岁的时候，孩子们的“涂鸦”有了一个“飞跃”，要把自己所看到或想象到的事物，通过画画儿表达出来。但是，由于观察、绘画能力还不成，表现手法也非常随意，因此有时候他们所画的“图画”内容和主题，成年人往往用“肉眼”是看不见的。然而，“涂鸦”的内容和主题确实是存在的。这就需要父母用“心”去发现他们作品中的独特的内涵。

有一个孩子，用黑色的画笔把一整张白纸涂得漆黑一片，谁也不知道画的究竟是什么。妈妈面对那“不知所云”的作品，没有训斥，而是饶有兴趣地真诚地询问道：“孩子，你画的这是什么呀？”

孩子稍稍想了一下，非常认真地用小手指着他的“作品”，一本正经地解释道：

“有一天傍晚，在一片大树林里，有许多的小动物，有小狗、小猫、小松鼠、小白兔、小公鸡、小鸭子、小燕子、小麻雀……好多好多。它们兴高采烈地聚集在一起，开联欢会，又是唱歌，又是跳舞，它们尽情地唱啊，跳啊……它们唱累了，跳累了，太阳下山了，天黑了，它们就呼呼地睡觉了……”

天哪，谁能想得到，孩子那“漆黑一片”的作品中，竟然包涵着那么精彩的内涵！他的想象力是那样的新奇、丰富，而且表现手法还相当独特，富有创造性，出人意料！

让人庆幸的是，这位妈妈是教育的有心人。她理解、尊重孩子，发现并保护了孩子那难得的想象力和创造力。要知道，想象力是创造力的核心，对智力发展是非常重要的。

“涂鸦”是孩子想象的手段，是发展想象力的途径。保护“涂鸦”，就是保护想象；赏识“涂鸦”，就是鼓励想象。不要禁止，不要过早地给孩子以绘画的“规则”。因为禁止，会扼杀孩子的创造力；过早地给以绘画的“规则”，会限制想象力的发展。孩子的想象力，要比绘画技巧重要得多，要让孩子展开想象的翅膀，尽情地去想象。

“赏识涂鸦”，还有可能从“涂鸦”中发现孩子兴趣、爱好、愿望和特长。因为孩子年龄尚小，兴趣、爱好、愿望和特长还不能用语言表达出来；而“涂鸦”往往是孩子内心思想的真实表露，家长应细心观察，敏锐洞察，很有可能发现孩子心迹的蛛丝马迹。

英国著名物理学家、数学家麦克斯韦尔，从小就喜欢涂鸦，画得也不怎么样。父亲却很高兴，设想儿子将来能成为画家。于是，便对儿子进行绘画指导。

有一次，父亲让他以插满金菊的花瓶作静物写生，画得让人啼笑皆非。他哪里是写生呀，画的满纸都是几何图形：花瓶是个梯形，菊花是由大大小小的一簇簇圆圈组成。而那些大大小小的三角形，则是用来表示叶片的。父亲没有生气，却在画上发现了儿子的数学兴趣和天赋。父亲及时调整对儿子的期望，从那以后，便亲自教他学习几何、代数。小麦克斯韦尔果然在数学方面表现不凡。

麦克斯韦尔在爱丁堡中学四年级的时候，就在数学和诗歌比赛中，获得了两项第一名。五年级时，就在《爱丁堡皇家学会学报》发表了一篇《关于卵形线及多焦点曲线的绘制》的论文。教授和同行都怀疑是抄袭的。经过实地考察，确实是麦克斯韦尔亲自撰写的，皇家学会授予他一枚金质奖章。后来，麦克斯韦尔终于成为19世纪著名的数学家和物理学家。

小孩子“涂鸦”并不好看，但小孩子在“涂鸦”时，往往很专注、认真。家长赏识孩子“涂鸦”，就是鼓励他们做事专注、认真，有利于培养良好的习惯。

小孩子“涂鸦”，也有利于培养运笔的能力，发展他们手指上的小肌肉，对以后进入学校的书写和绘画都有好处。

32. “勤学”必“好问”

小孩子经常向家长提出一些问题，比如，在逛公园时问“大树的影子，为什么比大树长呀?”坐火车时问“窗外的大树，为什么向后跑呀?”水壶里的水开了，问“为什么咕嘟咕嘟地冒泡呀?”打开冰箱问“为什么电冰箱里会结冰呀?”等等。遇到什么事都好问个“为什么”，追根寻源，弄个明白，这是孩子的天性。

在家长没有琐事缠身，或心情好、有兴致的时候，一般还乐意回答孩子提出的种种问题，能耐心地给予解释和说明。而在家长心烦意乱或有事情缠身，或不知道问题答案的时候，往往很不耐烦，甚至粗暴地训斥孩子:“去去去！你怎么那么多的‘为什么’？别烦我！”无名火把孩子弄得莫名其妙。这是很不应该的，也是很有害的。

其实，孩子好提问题，希望弄清楚“是什么”或“为什么”，这表明孩子有好奇心，兴趣广泛、浓厚，爱动脑筋思考问题，求知欲旺盛。

常言说：学问，学问，勤学好问。只有求知欲旺盛，善于思考、好学的人，才会好问。古今中外，凡是在学业或事业上成功的人，一般都是既勤学，又好问。

我国古代著名的教育家孔子，曾经根据自己做学问的经验，提出“敏而好学，不耻下问”的主张，把“好问”看成是一种美德。据记载，孔子“入大（太）庙，每事问”，能身体力行，给弟子们做出好榜样。当别人讽刺他时，他还坚持认为“不知而问”是一种美德。在他的影响下，他的得意门生颜渊，不仅能做到“学而不厌”，虚心向他的老师孔子学习，并且还能做到"以能问于不能，以多问寡"，向在学问上不如自己的人求教。因此，受到孔子的赏识和赞扬。

古今中外的学问家，都特别推崇"好问"的品质。清朝文学家郑板桥说："读书好问，一问不得，不妨再问。"俄国马克思主义理论家普列汉诺夫说："有教养的头脑的第一个标志就是善于提问。"著名教育家陶行知说："发明千千万，起点是一问。禽兽不如人，过在不会问。智者问得巧，愚者问得笨。人力胜天工，只在每事问。"清朝著名散文家刘开撰写过一篇专门论述"好问"的文章，名为《问说》。文中说："君子学必好问。问与学，相辅而行者也，非学无以致疑，非问无以广识。好学而不勤问，非真能好学者也。"并且也主张："贵可以问贱，贤可以问不肖，而老可以问幼。"

好提问题是一种很好的品质。家长能耐心地、准确地回答孩子的问题，不仅可以使孩子获得知识，还会使孩子的好奇心得到满足，进而激励孩子好学、多思。家长应当鼓励孩子好问，珍惜孩子好问的精神，并且要有意识地培养好问精神。

在清朝，有一位博学多才的学者，名叫戴震。他一生在许多学术领域内都很有成就，是著名的汉学家、哲学家、数学家、训诂学家、教育家。戴震并没有什么天赋的才能，启蒙得也比较晚。据记载，他9岁才会说话，10岁入私塾读书，是智力发展较为迟钝的孩子。然而，他的记忆力却很强，文章只读一遍，就能背诵下来。这是为什么呢？看看下面的故事，就明白了。

有一次，私塾老师讲《大学章句》这本书。老师说："这一章叫《经》，是记载孔子的话，由他的学生曾子记录下来的；以下十章叫《传》，是曾子本人的见解，由曾子的学生记录下来的。"

戴震听了，有所不解。于是便问道："老师，你这样讲，有什么根据呢？"

"这是朱熹说的呀！"老师理直气壮地说。

"老师，朱熹是什么朝代的人呀？"戴震又问。

"是南宋时期的人哪。"

"那么请问老师，孔子和曾子又是什么朝代的人呀？"

"他们二人都是周朝时期的人呀。"

"周朝和南宋，这两个朝代相隔多少年呢?"

老师屈指一算，说："差不多有2000多年。"

"既然相隔那么多年，朱熹所说的有什么根据吗?"

戴震一连串的提问，把老师都给问住了，老师无言以对。但老师并没有生气，反而很高兴，热情地称赞他说："你真是一个了不起的孩子!"

学生把老师给问住了，老师为什么不但不生气，反而赞扬学生呢？这不仅是因为戴震好问，求知欲旺，更重要的是因为戴震善于思考，思考得深刻。他提出的一系列的问题，具有很强的逻辑性，水平是很高的，没有做深入的思考，是提不出来的。戴震能提出那么多的问题，表明他不满足于"知其然"，而是还要"知其所以然"，不囫囵吞枣地死记硬背现成的结论，而要弄清楚事情的来龙去脉。他这种"打破砂锅纹（问）到底"的精神，是十分可贵的。因此，受到老师的高度赞扬。

家长应当像那位私塾老师那样对待孩子提出的问题，即或是被孩子给问住了，也要热情鼓励孩子好问的精神，保护孩子的好问的积极性。因为孩子提出的问题能把老师和家长给"难"住了，反映孩子思考的问题有深度，这是好事。家长可不要由于被孩子给难住了，碍于自己的面子而伤害孩子。

记得我国著名桥梁学家茅以升先生，当年在唐山一个铁路学校任教时，他考学生，不固守传统的考试方法，老师出题让学生回答；而是反其道而行之，叫学生出题，由老师来回答。老师根据学生提出问题的深、浅、难、易程度，给学生打分。如果学生提出的问题深刻，就给打高分；提出的问题肤浅，就给打低分；如果学生提出的题把老师给难住了，就给打满分。这种别出心裁的考试方法，极大地鼓励了学生努力学习、深入思考的积极性和主动性。

家长也要以这样的态度，可不要随意打击孩子好问的精神。家长必须明白，扼杀孩子好问的精神，很容易，一次就够；而要重新唤起孩子好问的精神，那可就难了。家长可要小心翼翼，精心呵护孩子好问的精神。

33. 如何回答孩子提问

孩子好提问题，说明孩子好学习，爱动脑筋思考问题，求知欲旺盛。这是优良的品质，家长要精心呵护。那么，怎样呵护孩子的好问精神呢?

孩子天生地好奇。好奇必然导致好问。看到自己没有见过的东西或事物，看到同他熟悉的东西或事物不一样时，往往就会缠着父母问这问那，提出各种各样的问题："爸爸，这是什么?""妈妈，那是怎么回事?"这表明孩子思维活跃，求知欲望强烈。通过提问题，可以认识未知的世界和事物，获得知识，开阔眼界。

德国19世纪的著名教育家福禄倍尔早在100多年前就说过："渴望知识的孩子，会接二连三地提出问题——怎么样?为什么?什么时候?做什么?是什么?——每一稍能满足孩子的答案，就给孩子开拓了一个新的世界，儿童分别地从各方面学到语言，把它作为认识客观世界的媒介。"

家长回答孩子的问题，既能够获得知识，认识客观世界，还可以促进语言的丰富和发展，对孩子的发展来说意义重大。

因此，第一，对于孩子提出的各种各样的问题，家长要以积极的态度应对。

所谓"积极的态度"，一是要欣赏、赞扬、鼓励孩子的好奇心和好问的精神，听到孩子的问题，要由衷地高兴；二是要对孩子提出的问题表示出浓厚的兴趣，让孩子深切地感觉到家长对孩子的问题也很关注，以家长的情绪感染孩子，强化孩子的好问精神；三是要努力用生动形象的、孩子能听得懂的语言，耐心地给孩子讲解，回答提出的问题，不要让孩子失望；四是尽量不用论证的方法给孩子进行问题的解释，要多用贴切的比喻，即用孩子熟悉的事物或故事打比方，化抽象为具体形象，尽一切可能讲清楚，说明白，直到孩子满意。

在这个问题上，鲁迅先生给我们做出了榜样。据鲁迅夫人许广平回忆：有一次，鲁迅先生靠在藤躺椅上，海婴骑马式地坐在他的身上，边吃边谈天。鲁迅一一回答孩子提出的幼稚的问题：

“爸爸，侬（你）是谁养出来的呢?”

“是我的爸爸、妈妈养出来的。”

“侬的爸爸、妈妈是谁养出来的?”

“爸爸、妈妈的爸爸、妈妈养出来的。”

“爸爸、妈妈的爸爸妈妈，一直从前，最早的时候，人人是哪里来的?”

这样子追寻到物种原始来了。告诉他是从子——单细胞——来的，但是海婴还要问：

“没有子的时候，所有的东西都从什么地方来的?”

这问题不是几句话就可以说清的，而且也不是五六岁的幼小心灵所能了解的。在被盘问了许久之后，鲁迅先生回答不清了，就只好说：

“等你大一点读书了，先生会告诉你的。”

第二，在解答孩子提出的问题时，要努力做到正确无误，切不能模棱两可，给孩子以错误的概念。

孩子初次来到这个世界上，对周围的一切都感到新鲜，渴望了解接触到的一切，认识所面临的事物，就像海绵吸水一样到处寻求、吸收知识。小孩子的心理就像一张白纸，第一次接触到的知识，会深深地印刻在他们的记忆里。中国有句成语：“先入为主。”意思是以先听到看到的为主，其他的难以理解接受。先接受了一种说法或思想，无论是对是错，都会以为是正确的，有了成见，后来就不容易再接受不同的说法或思想，甚至予以排斥。因此，回答孩子的提问，要力求正确无误。

孩子年龄小的时候，提出的问题一般比较简单、浅显，回答起来也比较容易；随着年龄的增长和知识的丰富，他们提出的问题会越来越复杂、深奥，假如不能立刻做出准确的回答，就要查阅一下有关的资料，给孩子一个科学的答案，或给予一个恰当的回答。作为孩子的“首任教师”，家长要实事求是，“知之为知之，不知为不知”；千万不能认为小孩子好“糊弄”，为了维护家长虚假的“面子”，而假装“圣人”，“强不知以为知”，不懂装懂，给孩子似是而非、模棱两可的回答。比如，有家长在教小孩子算术的时候，就这样告诉孩子说：“加法、乘法的等数一定多，减法、除法的等数一定少。”孩子以为这是“规律”，记得牢牢的。等到孩子上学以后学“正负数”时，就会遇到麻烦。

第三，对于孩子提出的问题，要尽可能当即做出回答。

小孩子提出的问题，往往是即兴式的，就是对眼前的事物、景物、环境或情况，临时发生兴致而提出问题，诸如“这是什么?”“这是为什么?”“这是怎么啦?”孩子常常是迫不及待地希望马上就能得到答案。这就要求家长反应要灵敏，最好不要拖延时间。因为有许多的事物、景物、环境或情况的出现带有很大的偶然性，甚至是“稍纵即逝”，稍一迟疑就会消失，从而失去教育的大好时机。比如孩子发现了天上的彩虹，或是孩子在乘坐汽车时发现了一个新鲜、奇异的景物，等等。遇到这种情况，家长要迅速做出回答，及时满足孩子的好奇心和求知欲。

第四，有时候回答孩子的问题，最好给孩子留有思考的余地，以进一步激发孩子的求知欲望。

孩子提出的问题，有时是“一无所知”，完全不了解，家长就要直接把答案告诉孩子。如果家长知道孩子曾经看到过类似的事物和景物，或经历过类似的场合和情境，家长就不见得直接把答案告诉孩子，可以启发孩子回忆、联想，尽量让孩子自己找到答案，或与家长一起共同寻求答案。

比如，带孩子到动物园看到斑马，孩子问这是什么？家长可以启发他回忆在马路上看到驾车的大马，告诉他身上有斑纹的马叫斑马。孩子看到池塘的鸭子在水中游，问鸭子怎么能游动呀？家长可以让孩子背诵唐朝文学家骆宾王的《咏鹅》诗句：“鹅，鹅，鹅，曲项向天歌。白毛浮绿水，红掌拨清波。”告诉孩子这诗中有一句诗就告诉我们鸭子为什么会游动，让孩子自己思考；如果孩子学过游泳，就可以让孩子联想人游泳的动作。

34. 教孩子学会思考

现在，对孩子进行智力开发，多数家长都是让孩子早识字、早读书、早学外语、早发展特长等等。这些做法是开发孩子的智力，或对开发孩子的智力有好处，但并没有抓住发展孩子智力的核心。

智力的核心要素是什么？是思维能力。所谓思维能力，是指人们每逢遇到问题，总要动脑筋“想一想”，这种“想”，就是思维。它是通过分析、综合、概括、抽象、比较、具体化和系统化等一系列过程，对感性材料进行加工并转化为理性认识及解决问题的措施。

我们常说的概念、判断和推理是思维的基本形式。无论是人们的学习活动，还是人类的一切发明创造活动，都离不开思维。思维能力是学习能力的核心，提高思维能力是最重要的学习任务之一。思维能力高度发展，是天才人物的主要特征；而思维能力低下，则是鉴定智能不足的主要依据。说一个孩子特别聪明，主要的依据是什么？人们直接感知到的是能识字、会读书、会外语、有特长等能力。但这是现象，本质是隐藏在这些现象背后的思维能力强。

要发展孩子的智力，应当紧紧抓住智力的核心要素，大力推进。识字、读书、学外语、背唐诗、发展特长，对发展孩子的智力是有益的。但有的家长把这些当成主要的或唯一的开发智力的途径，过分依赖，就有很大的局限性。因为不见得所有孩子都喜欢，有的家长采取强制措施，给孩子施加过大的心理压力，致使孩子“畏其难”，“厌其学”。由于不符合儿童认知的特点，使孩子失去兴趣，而达不到开发智力的目的。

其实，小孩子很早就具备思维能力，三岁以前处在思维发生和最初发展的时期。先是直观行为思维，然后逐步向具体形象思维过渡。在日常生活中，随时随地都可以开发孩子的智力，训练和发展孩子的思维能力。只是由于一般家长缺乏教育意识，没有注意到，浪费了许多的发展孩子思维能力的大好时机。

人的天性当然对思维能力具有影响，但后天的教育与训练对思维能力的影响更大、更深。许多研究成果表明，后天环境能在很大程度上造就一个新人。思维能力训练的作用不可轻估。

其实，思维并非神秘之物。尽管看不见，摸不着，来无影，去无踪，但它却是实实在在，有特点、有品质的普遍心理现象。思维能力的训练主要目的是改善思维品质，提高思维能力。只要能在实际训练中把握住思维品质，进行有的放矢的努力，就能卓有成效。要努力发现、挖掘，并创造性地利用日常生活中发展孩子思维能力的契机，促使孩子多“动脑筋思考”，通过训练提高孩子思维能力。

讲故事是最常用的训练孩子思维能力的好方法。著名儿童教育家陈鹤琴先生曾归纳了给孩子讲故事的十大好处：使儿童愉快；学习语言；陶冶情操；增进知识；发展想象力；陶冶嗜好；增进友谊；抑制恶感；培养发表能力；随机应变。讲故事对促使孩子智力和品德的发展的作用是全方位的，是非常简便易行的。

为获得直接发展孩子思维能力的效果，可以像德国著名诗人歌德的妈妈那样。小时候，妈妈经常给歌德讲故事。但每次讲故事都不讲完，讲到一定阶段或重要的转折点就停下来，叫歌德自己去想，想想故事可能会怎样发展？次日接着讲。次日讲故事之前，妈妈首先问歌德昨天讲到什么地方，你猜猜后来会怎么样？通过长时期的训练，歌德的想象力得到迅速的发展。当歌德成为著名诗人以后，人们问起他的成才之路时，他总是把妈妈给他讲故事时每次都留个“小尾巴”叫他去想一想，看成是自己思维发展的起点。

歌德的妈妈就是利用孩子的兴趣，采取提问的方法，不仅促使孩子思维积极性的发展，锻炼语言表达能力，也培养了想象能力的发展。

让孩子寻找具有共同外部特征的事物。小孩子好玩圆的东西，比如锅盖，可以问孩子“锅盖是什么形状的呀？然后问，你指一指，看还有什么东西是圆形的呀？太阳、自行车轮胎、雨伞、电子表、小皮球、水碗的口、瓶口、洗脸盆、灯罩口、小熊猫的眼睛，等等。这可以叫做“一形多物”。再比如，拿一朵红花，问孩子，你看家里还有什么东西是红色的呀？这可以叫做“一色多物”。这可以培养孩子的观察能力、联想能力和概括能力。

在日常生活中，让孩子列举某一事物的用途。比如，给孩子洗手时，可以问孩子：“你说这水，除了洗手还有什么用途？”孩子可能会说还能洗脸、洗头、洗小脚丫、洗澡、洗衣服、洗菜、能喝、能煮面条、煮饺子、浇花等等。再问：“河里的水能做什么？”可能会说能游泳、浇地，大一点孩子还会说出能发电等。这可以叫做“一物多用”。这既能促使孩子积极思维，也是利用联想培养发散思维能力。

随手画个图像或线条，让孩子看“像什么”。比如，画一条不规则的曲线，问孩子你看这“像”什么呀？可以启发孩子大胆地说，孩子可能会说像绳子、鞭子、蚯蚓、蛇、山脉、河流等等。通过观察认识相似、相近、相仿事物的特征，既能提高孩子的观察能力，也能培养形象思维能力。

培养比较的能力。“比较”是确定事物之间的相同点或不同点的思维过程，是人们认识客观事物的重要手段。比如，开饭之前，让孩子给家庭成员分发筷子，要求每个人的筷子都要一样长。让孩子比较两种水果的颜色，比较水果的大小。还可以让孩子比较家庭成员的身高，爸爸和妈妈站在一起比，孩子和妈妈站在一起比，问谁比谁高，等等。

年龄再大一些，可以问孩子一些更加复杂的问题。比如，为什么你叫她阿姨？为什么叫她姑妈？为什么叫他爷爷，为什么又叫他姥爷呢？等等。提问是促使孩子积极思维的有效方法。

总之，日常生活中处处都有促使孩子思维的契机，家长要经常不失时机地给孩子提出一些问题，促使孩子动脑筋进行思考。

35. 让孩子增长见识

40 多年前，我就读过我国著名儿童教育家陈鹤琴先生的《家庭教育——怎样教小孩》一书。这是中国现代第一本关于学龄前儿童家庭教育的书。该书自 1925 年问世以来，再版过十余次。直至今天，80 多年来，一直畅销不衰，是一本罕见的幼儿家庭教育畅销书。

该书内容十分丰富。书中的许多内容，我都没什么印象了，唯独有一部分的内容，我印象非常深刻，小标题是“做父母的应当常常带领小孩子到街上去看看”。

陈先生从国外留学回来，在东南大学教授儿童心理学。他有了孩子以后，便以他的儿子陈一鸣为研究对象从事儿童心理学的研究。有时候，他给学生上课还把儿子抱到课堂上当“教学模特儿”。书中这部分内容就是从他教育自己的儿子陈一鸣的情况谈起。

现将这部分内容的原文摘录如下：

“举例：一鸣从小有机会到街上去游览的。他很小的时候若听说到外边去，那就高兴得了不得。他最高兴看马路上的行人与动物，所以，差不多天天我们总抱他出去看的。

到了年级稍微大一点而略能了解人事的时候，我常常带他到街上去玩玩或者去买东西。凡他喜欢看的东西，我们就止步看看。什么驴子磨豆，什么机匠织布，什么衣庄里卖衣，什么市场里卖菜，什么煎油条，什么做烧饼，什么卖拳头，什么变把戏，凡此等等他都喜欢看的，我也陪他看看；看的时候，他有不懂的地方，我告诉他。因此，他的知识渐渐丰富起来了。

讨论：普通人的常识是非常欠缺的，不辨菽麦，不知斗秤者滔滔皆是。日常所用所吃的东西，我们大概只知道怎样用的怎样吃的而不知道它怎样做的，怎样变成的，也不知道它出在哪里生在哪里。比方，我们日常吃的豆腐，有许多人从没有见过它怎样做的，又比方我们穿的布，有许多人从没有见过它怎样织成的。

我们要晓得常识缺乏的人大概是不会有什么作为的，而且对于他自己做人也是很吃亏的。所以，做父母的应当常常带小孩子到街上去看看，以丰富他的知识，以增进他的经验。”

我为什么对这部分内容特别感兴趣？为什么印象最深？因为在这本专门谈幼儿家庭教育的书里，自始至终没有谈到如何教孩子识字、背唐诗、学外语的问题。就是在谈发展孩子智力方面的内容时，也就是游戏、让小孩子独立探索、动手做事情、引导孩子好问等等。除此以外，他还特别主张“做父母的应当常常带领小孩子到街上去看看”。我感到很意外，因此，印象非常深刻。

他主张做父母的常常带孩子到街上去看看，一是让孩子高兴，看看家里没有的人和事物，也就是生人和新鲜事物；二是让孩子亲身感受现实生活，增长见识，开阔眼界，增进知识，丰富经验。陈先生的主张，非常有见地，我很赞成。

现在，很多年轻父母注重对孩子进行知识教育，就是局限在教孩子识字、读书、背唐诗、学外语等方面，误认为“只有书本上的知识才是知识”。其实，这样理解“知识”的含义，是很狭隘的，片面的。

是的，书本上的知识是客观现实的反映，是重要的；但并不是知识的全部，没有进入书本的生活常识也是知识，而且是更为重要、更为丰富的知识。

知识是人们在改造世界的实践中所获得的认识和经验的总和。书本知识可以说是已知的实践经验的总合，而更为丰富的未知的知识，有待人们去认识和总结。

现实生活，包括社会生活、自然世界，是五彩斑斓、丰富多彩、无所不包的，不论撰写多少篇文章，出版多少册书，也不可能囊括世界上所有的知识。因此，我国古人认为，要在事业上有所作为，有所成就，就要“读万卷书，行万里路”。

读书是学习，行路也是学习，而且是更重要的学习。“行万里路”就是实地观察、考察、体验现实生活，不断地认识事物和总结经验。书不能不读，但不能“闭门读书”。只是“闭门读书”，很难摆脱“读死书，死读书，读书死”的境地，所学知识死板，解决不了任何的实际问题，只能成为“书呆子”，终究是无用的。

小孩子暂时还不能独自“行万里路”，但也不能整天把孩子关在家庭这个小天地里。做父母的就要经常带孩子到大街上、商店、集贸市场看看，到动物园、植物园、郊野公园、名胜古迹、农村、山区、河边、海边参观旅游，把这些活动当成是给孩子“上课”。这样，会让孩子看到许多见所未见、闻所未闻的新鲜事物和生人，不仅可以使孩子开阔眼界，增长见识，丰富知识，充实头脑；还能通过家长随时随地讲解了解事物的来龙去脉，“知其然，知其所以然”，激发孩子的多种兴趣和求知的欲望。

我的前一篇文章说的是“发展思维能力”。何谓“思维”？就是运用“已经掌握的知识”进行分析、综合、判断、推理。这“已经掌握的知识”便是进行思维的必要“材料”。常言说：“巧妇难为无米之炊。”没有知识，思维将是无法进行的；知识贫乏，也是很难进行周密的思维的。父母经常带孩子到外边走走，看看，会使孩子见多识广，储备进行思维的“丰富材料”。

陈先生主张父母常常带孩子到街上看看，根本目的是“增进孩子的经验”。这里所谓的“经验”，是指由实践得来的知识或技能。按照唯物认识论的观点，“理性认识”是认识的高级阶段，而“感性认识”是“理性认识”的前提和基础。“感性认识”越丰富，“理性认识”才能更深刻、透彻。陈先生在这里所说的“经验”，也就相当于我们常说的“感性认识”。我们让孩子读书学习，最终是要掌握、提高“理性认识”。

因此，陈先生主张父母要经常带孩子到街上看看，就是为了丰富孩子的感性认识，为以后读书学习、掌握和提高理性认识打下坚实的基础。这是很有远见的主张。

幼儿不知开水味儿

36. 谨防“富贵病”

现在的孩子很有福气，出生在盛世，又多是独生子女，家庭经济收入比过去多多了。他们想吃啥就有啥，想穿啥就有啥，吃的穿的甚至比过去的皇帝、贵族都有过之而无不及，生活条件非常优越。

可孩子们的身体健康状况，并不能使人乐观。有的孩子面黄肌瘦，身体虚弱，不思饮食，营养不良；有的孩子，看起来是胖乎乎的，但却是弱不禁风，经不起风吹雨打，一股微风就把孩子吹得感冒、咳嗽、发烧。老人们都说，现在的孩子太娇嫩，没有过去的孩子皮实。

这就怪了，物质生活条件好了，孩子的身体状况为何反倒大不如以前？这不禁使人想起过去的一则故事。

宋朝皇帝宋神宗的姐姐长公主，有一个可爱的小女儿生病了。皇家的女儿，那可是金枝玉叶、千金小姐。不幸生病，这可是一件大得不得了的大事。皇宫里一片忙乱，立即派出许多人，四处寻医问药。请遍了京城所有的名医来给公主的小女儿治病，服用了许多名贵、稀有的药品；可孩子的病，却一点儿也不见好。这可急坏了整个的皇族！

正在走投无路、一筹莫展的时刻，有人说：听说山东郓州（即今山东东平县）地区，有一位著名的儿科医生，名叫钱乙。据说，他对各科疾病的治疗都很精通，尤其擅长治疗小儿的疑难病症；他医术高超，医德高尚，远近闻名。长公主知道后，心想女儿这可有了大救星。她立刻派人，日夜兼程，火速前往山东，把钱乙接到宋朝的首都汴京（今河南开封）来。

钱乙是远近闻名的太医，他不仅擅长治疗小儿科疾病，还著有《小儿药证直诀》儿科医学专著，是儿科方面的专家。他稍稍一看，心里就有底了。

钱乙微微一笑，胸有成竹地对长公主说：

“请公主放心，您的孩子没有什么大病。”

京城那么多的名医都没有治好女儿的病，钱乙却说没有什么大病。她很疑惑，连忙问：

“先生，你说，她究竟得的是什么病？”

钱乙医术高明，“艺高人胆大”，他直率地说：

“请长公主恕我直言：您家小姐得的这种病，可以说是一种‘富贵病’，原因就是你家的条件太优越了，你们对孩子也太娇惯了。”

钱乙继续说：

“大凡有钱人家的孩子，由于生活条件太过优越，吃的和穿的往往过于讲究。你的孩子，平时吃油腻的食品太多了，脾胃阻滞，消化不良。因此，她不思饮食。你的孩子，穿得也过于暖了。平时过度保护，养尊处优，缺少身体锻炼，弱不禁风，难御风寒。所以说，她身体虚弱，脸色枯黄。”

长公主担心女儿的病能不能治好：“这病好治吗？”

钱乙稍稍停顿了一下，继续说道：

“这种病，要治好，很容易。但是，今后若不加注意，即或是这次把她的病给治好了，以后还有可能会再犯。”

“今后应该怎么做才好呢？”长公主急切地问道。

钱乙说：

“常言说：‘小儿无冻饿之患，而有饱暖之灾。’‘若要小儿安，须带三分饥和寒。’这是说，小孩子冷一点儿、饿一点儿，一般不会出什么大的毛病；小孩子生病，一般多是由于吃得过饱，穿得过暖而致。要小孩子身体健康，平时不要让孩子吃得次数过多，也不要吃得过饱，因为他们的脾胃比较稚嫩，以免伤及他们的脾胃，影响食欲。平时，穿衣服最好轻薄一点儿，不要穿得太厚太暖，不要整天把他们关在屋子里面，要让他们多到户外参加游戏活动。这样，就可以活动筋骨，畅通血气，增强体质。”

长公主边听钱乙述说，边点头，她把医生的话都深深地记在了心间。长公主的女儿吃了钱乙开的几副药，不久便完全康复了。

我国古代早就有人专门论述过小儿疾病的问题，非常精辟。大意是这样的：

说小儿得病，一般起因有三个：一是“受难于天时”；二是“受难于父母”；三是“受难于庸医”。在谈到小儿得病“受难于父母”时，是这样说的，“人生于温，死于寒”，因此，做父母的“唯恐其儿寒”。又说“人以食为天，死于饥”，因此，做父母的“唯恐其儿饥”。做父母的总是担心孩子受冷，于是就给孩子穿太厚太多的衣服。父母总是担心孩子饥饿，于是就让孩子吃得太多太饱。所以，小孩子生病，除了受难于气候条件和江湖庸医之外，父母给孩子穿得太厚太多而受热、吃得太多太饱而饮食过度是一个重要的原因。

现代医学也认可中国古人的观点。儿科专家说，古人所说的“三分饥”，即不贪食，不要让孩吃得过饱。小儿新陈代谢旺盛，需要的营养物质相对较多，但胃肠道的负担也较大，消化功能经常处于紧张状态，容易出现紊乱，若糖类摄食过多，在肠内发酵过盛，过分刺激蠕动也可以引起腹泻。因此，在添加辅食时，应遵循由少到多，由稀到稠，由细到粗，由一种到多种的原则。不能看孩子对什么嗜好，就一味地让他多吃，更不要强迫孩子进食。

古人说“三分寒”，是因为小儿中枢神经发育未完善，对外来的冷、热、空气等刺激反应比较慢，并易于泛化；呼吸道的发育未成熟，机体免疫功能尚未健全。如果家长平时能持久地让孩子进行耐寒训练，使孩子体内慢慢产生抗寒能力，感冒的患病率同样能降到最低限度。耐寒锻炼就是利用气温与体表温度间的差异作为刺激因子来锻炼身体的，提高肌体对气温变化的适应力，增强抵抗力。日本幼儿，冬天女孩也穿小短裙，男孩穿短裤，冬夏区分仅在于上衣，很少患感冒。

做父母的爱孩子，是人之常情。但究竟怎样施爱才是有益无害的，应当事先有所考虑。让孩子吃好、穿好，是为了孩子的健康；但如何吃，吃多少，如何穿，穿多少，才能使孩子真正受益，必须要讲究科学，要适可而止。可不能盲目行事。

小儿科医生钱先生的话，富有哲理，很值得今天做父母的深思。

37. 幼儿不知开水味儿

六一儿童节前夕，北京某幼儿园举办了一次别开生面的家长与幼儿的联谊活动，内容非常新颖：让孩子们“品尝白开水”。

两代人相向而坐，中间隔着一排小桌，桌上放着一排小水杯。联谊活动开始，教师笑吟吟地对孩子们说：“小朋友们，今天老师请大家品尝一种特别的‘饮料’。大家留神地喝，细细地品尝；然后，请你们把‘饮料’的味道告诉爸爸、妈妈和老师。好吗?”

“好!”小朋友们异口同声地大声说。

老师将事先准备好的白开水逐一注入水杯，小朋友们个个兴致勃勃地喝着，煞有介事地细细地品尝着。家长们在孩子的对面，怀着浓厚的兴趣，等待着孩子们品尝的结果。

一个小朋友抢先举手说：“老师，这水没有果汁甜，可也不难喝!”

另一个小朋友说：“老师，我觉得比可口可乐还好喝呢!”

还有一个小朋友说：“老师，这种饮料挺好喝的。我希望爸爸、妈妈以后经常买这种饮料给我喝。”稍停顿了一下，接着他又说：“不知道这种饮料贵不贵?”

孩子们都不知道喝的是什么，家长们都知道。孩子们天真的话语，引发了家长们阵阵的笑声；同时，也在家长们的心中荡起阵阵涟漪。

是啊，当今的孩子们降生于盛世。改革开放使人们的生活水平大大提高了，家里一般又只有这“绝无仅有”的一个孩子。从一生下来，几乎所有孩子每天喝的都是品牌繁多、经过加工的各种各样的饮料；即或是喝水也是喝“纯净水”，很少喝白开水。难怪他们不知道，这最普通的白开水，竟然是这样好的味道!

眼下，市场上销售的五颜六色的儿童饮料，喝在嘴里甜丝丝的、酸溜溜的，对孩子来说，的确是挡不住的诱惑。但一般都含有糖和碳酸、柠檬酸、乳酸等酸性物质，而这两类物质可以说是儿童健康的大敌。

吃糖过多，会导致儿童体内脂肪堆积而发生单纯性肥胖；导致儿童食欲下降，减少了其他营养的摄入而体质下降、消瘦、营养不良；还有可能会带来近视、软骨症、消化不良病、智力低下等疾患。

健康人体的血液应呈弱碱性，这有利于人体对蛋白质等营养物质的吸收和利用。如再大量摄入酸性饮料，必将使血液酸碱度严重失衡。孩子的血液长期处于酸性状态，不利于血液循环，并容易染上各种疾病。

应当承认，有的饮料是含有多种营养成分和微量元素，如维生素和胡萝卜素等。但过多的色素、香精、添加剂，却会使饮料受到污染而丧失应有的价值。学龄前儿童正处生长发育阶段，肌体排污解毒功能还不够完善，过多的色素积累于体内，可能会干扰体内多种酶的活性，不利于营养代谢；果汁中含有丰富的果糖，过多的果糖会影响人体对铜的吸收，为以后得冠心病埋下隐患，并会造成贫血。

英国科学家近日发现，碳酸饮料是腐蚀儿童牙齿的重要原因之一。研究报告称，常喝碳酸饮料会令 12 岁青少年齿质腐损的概率增加 59%，令 14 岁青少年齿质腐损的概率增加 220%。如果每天喝 4 杯以上的碳酸饮料，这两个年龄段孩子齿质腐损的可能性将分别增加 252% 和 513%。在接受调查的 1000 名儿童中，12 岁孩子饮用碳酸饮料的比例为 76%，12 岁孩子为 92%。而在所有年龄段的被调查者中，有 40% 的人每天喝 3 杯以上的碳酸饮料。英国牙科协会科学顾问利兹·凯对此深表忧虑："尽管喝'无糖'碳酸饮料减少了糖分摄取，但这些饮料酸性仍然很强，也可能导致齿质腐损。"

营养学专家都不约而同地说，其实，最纯净、最养人的还是白开水，白开水是上等的饮品。人的生命离不开六种基本的营养素：蛋白质、脂肪、碳水化合物、维生素、矿物质和水。其中，水是最容易得到的，所以也就容易被人们所忽视。水对人来说比饭更为重要，白开水易于解渴，进入体内即参与新陈代谢，有效地促进新陈代谢，并稀释有毒物质，清理身体内部的"垃圾"，减少肠对毒素的吸收；可调节体温，使人维持正常的体温；水在人体内的流动，还能运送营养……

至于说到“纯净水”是否真的对健康有益，至今说法不一。有的学者说，纯净水是通过反渗透膜的分离等方法除去水中的杂质，以达到水质高纯和基本无菌的境界；可在清除细菌和污染物品的同时，也清除了水中人体所需的微量元素和矿物质。也有的说，人体摄取微量元素和矿物质不光可以通过水，也可以通过吃饭等其他途径，损失掉饮水中的这一点并无大碍；还有的说，长期饮用纯净水，可能会降低人体对各种病菌的抵抗力……沸沸扬扬，没有定论。

有研究表明，人体血液中矿物元素的曲线图与海水中矿物元素的曲线图惊人的相似，这给人们一个启示：人是来源于自然的，所以人们的选择也应该趋于自然。在无污染的情况下，饮用的水越天然越好。可以肯定地说，温白开水是孩子最安全有益的饮品。当然，这并不是说其他饮料不能喝，只是要适量，不能用它代替白开水。

让孩子喝其他的饮料，多一些开销还是小事。若孩子喝惯了饮料，拒绝喝白开水，那将难以适应不断变化的环境。我曾亲眼看到一位家长硬扯着孩子往学校去，那孩子哭哭啼啼地死活不进校门。问其为什么？家长无奈地说：“昨天忘了给他买饮料，今天带的是白开水。”你看，没有饮料，连学都不上了，这怎么得了。

有的家长说：“给白开水，孩子不喝，非要饮料不可。”其实，孩子爱喝饮料，不是天生的，是家长给“养成”的习惯。既然如此，要改变这种习惯，也还要家长去纠正。只要持之以恒地努力，也是可以改变的。因为白开水还是很好喝的，这是孩子们亲口说的。

38. 生命需要运动

当前，社会进入了“少子时代”。孩子越少，养得就越娇贵。特别是独生子女，更为娇贵。家庭生活水平提高了，有条件加强孩子的营养。加强饮食营养，是增强孩子体质和提高抗病能力的物质基础，这的确很重要。但许多家长对孩子体育锻炼，却没有给予足够的重视。

许多孩子，从表面看，都是小脸儿“圆乎乎”，身上“胖乎乎”，着实惹人喜爱；但体质却很差，吃多一点儿就“伤食”，风一吹就感冒发烧，“弱不禁风”，非常娇嫩、脆弱。

有的孩子成天吃营养品、零食，却因营养过剩、消化不良，导致不思饮食，面黄肌瘦，弱不胜衣，经常闹病。

也有的家长，一味地让孩子胡吃海塞，觉得好吃的吃到孩子嘴里比自己吃还甜美，孩子吃得越多越好，就像是占了多大的便宜似的。这就致使孩子不知道饥饱，出现了很多的“小胖墩儿”。年纪很小就“大腹便便，浑身臃肿”，行动困难，未老先衰，刚一活动就气喘吁吁。无论到哪个幼儿园，小肥胖儿比比皆是。这不是健康的象征。

一般家长都很重视孩子的营养保证，却很不重视孩子的身体锻炼。许多孩子“深居简出”，成天大门不出，二门不迈，风天怕风吹，晴天怕日晒，雨天怕雨淋，很少进行户外活动。

营养对孩子身心的成长、发展和健康来说，是必要的物质条件。但只是营养很丰富，很充分，不积极地开展户外体育活动，进行体育锻炼，营养很难被完全吸收，发挥应有的积极作用，弄不好还会因为营养过剩给孩子身心成长、发展和健康带来负作用。

古希腊伟大的思想家亚里士多德有句名言：“生命需要运动。”这话是千真万确。有人曾做过这样的试验：把小动物如兔、狗，长时间关在笼子里，喂最好的食物。从外表看，发育也完全正常，似乎没有什么异样。但如果把它们放出笼子，它们非常兴奋，又跑又跳，跑不多远，就会倒地死亡。为什么会发生这样的悲剧呢？生命只靠营养只能维持一段时间，但不能得到充沛的活力。活力来自运动，运动是延长生命的重要源泉，是保持青春活力的支柱。

参加体育运动有许多的好处，不仅能增强孩子的体质，提高免疫力；而且能培养坚韧的性格，机敏的能力，适应自然界经常出现的反常现象和不正常气温，减少疾病的发生。此外，还能使孩子获得充沛的精力和良好的心态。毛泽东曾经说过：“体育于吾人实居第一之位置，体强壮而后学问道德之进修勇而收效远。”大凡读书人都有这种亲身体验：精力充沛时，一个小时学的东西，比头昏脑涨时几个小时学的还要多，学习效果还要好。这是因为精力充沛，思维就会很活跃，记忆力也好。

著名科学家居里夫人和他的丈夫，经常利用节假日骑自行车远游。有了孩子以后，也很重视孩子的身体锻炼。他们的女儿伊瑞娜刚刚能够站立，便在天气暖和时，被带到河里洗澡。两个孩子上学以后，每天功课完毕，便被居里夫妇带到外面去步行一段路程，并做简单的体育活动。他们还指导孩子学游泳，院子里设有秋千、吊环、滑绳等体育游戏器械，让孩子学习完毕就随时进行体育锻炼。因此，他们的孩子身体都很健康，并且在科学研究事业上取得了丰硕的成果。

鲁迅先生在晚年写的《从孩子的照相说起》一文中，精辟地指出，儿童要“动”，切不可向“静”的死胡同里走。他热切地希望中国的儿童要“活泼，健康，顽强，挺胸，仰面”。

在外国，一般都很重视儿童的身体锻炼。比如，在美国，凡是有孩子的家庭，周六周日的安排都是满当当的。他们认为：“让孩子参加体育运动，对他们的性格、身体、协调能力、自尊心等，都有好处，受益终生。”三四个月的孩子就在很凉的水池中戏水，一两岁的孩子就光着脚在地上玩耍。在日本，孩子们从小就被灌输了“不怕冷，多运动”的思想。幼儿园的孩子，无论多么冷的天，都穿短裤上学，光着脚在外边跑。日本的妈妈说：“孩子送幼儿园就是来让他们得病的。”就连怀里抱着的小孩都要参加幼儿园的运动会。幼儿园到了年长组，女孩子也练踢足球，身上青一块、紫一块的，孩子也不在意。这很值得中国家长学习。

带学龄前的孩子进行体育锻炼，要达到预期的效果，必须注意科学性。否则，会适得其反，甚至会伤害孩子。

第一，要注意儿童的年龄特征。在体育活动项目内容的选择、运动强度、剧烈程度、时间长短等方面，一定要从实际出发，量力而行，循序渐进，逐步增加时间和提高强度，不要超越孩子的体质、体力、耐力的承受能力。

第二，体育活动的内容要多样化，不要只限于一种游戏和体育活动。小孩子的体育活动是通过全面锻炼促使其全面发展，为以后的发展奠定基础，主要还不是为了发展什么特长。参加多种多样的体育活动和游戏活动，可以使身体各部位的机能得到协调而全面的发展。一般情况下，孩子在学龄前阶段不要培养和发展什么体育特长，到小学阶段发展特长也不迟。学龄前儿童的体育锻炼项目，主要有协调性、平衡性、节奏性、柔韧性、机敏性锻炼等项目。

第三，体育活动时间不宜过长，运动强度不要过大，要适可而止，不能使孩子过于疲劳。孩子身体各部位都很娇嫩，千万不要使孩子“精疲力竭”，免得伤害孩子。

第四，要持之以恒，经常化，逐步养成进行体育锻炼的习惯。“三天打鱼，两天晒网”，“一曝十寒”，达不到锻炼的目的。

第五，还要注意体育卫生和安全。孩子的玩具要经常清洗，保持清洁；进行户内外活动以后要洗手；孩子得了病，要终止活动。

只有既加强营养，又加强体育锻炼，孩子的体质才会真正强壮。

39. 美好身姿靠什么

近些年来，电视里经常播放一群女孩子张牙舞爪地为一种叫“背背佳”的“矫姿带”做广告，把功效说得神乎其神，似乎背上捆上一个类似“五花大绑”的“背背佳”，就可以获得美好的身姿。至于效果如何？就连购买的家长都说“万一有作用呢”。花“实实在在的钱”购买“可能性极小的意外效果”，真是让人觉得不可思议。

那么，究竟怎样才能使孩子获得一个美好身姿呢？

人的身姿，也就是身体的姿态，它和健康状况有关系。体质健康的，一般都有个好身姿；体质差的，身姿也不怎么好。但是，身姿好不好不单纯是个生理问题，而是身体健康状况、心理健康状况、文化素养、审美情趣、性格、气质、习惯以及精神状态的综合的外在表现。既然如此，要获得美好身姿，就不能只靠某一个具体措施，而应当在身体、心理、审美、性格、气质、习惯等多方面加强锻炼和修养。

人是高等动物，具有主观能动性。常言说：“爱美之心，人皆有之。”在保持美好身姿的问题上，每个人都有能力根据自身发展的需要和外界提供给自己的语言、图形信息，通过自觉地锻炼和习惯的养成，保持美好身姿，矫正不良身姿。比如，美好身姿获得别人欣赏、羡慕或者当面赞赏时，会更加自觉地保持美好的身姿；如果身姿不大好，受到别人的提醒、提示，或者看到别人的美好身姿时，会有意识地纠正自己的身姿。

小孩子的审美情趣和保持美好身姿的自觉性不像成年人那样强，但在家长的精心培养、教育和训练下，也会逐步提高审美情趣和自觉性，养成良好的习惯，获得一个美好的身姿。

要使孩子有一个美好的身姿，正确的做法是：

第一，要带领孩子经常参加各种体育锻炼，努力增强体质，使身体各部位得到均衡的、协调的发展。

第二，要培养孩子开朗、活泼、随和的性格，心胸要开阔，多与小朋友广泛交往，不要与周围世界相隔绝。

第三，要鼓励孩子增强自信心，相信自己，只要努力，别人能做到、能做好的事，自己同样也能做到、做好。

第四，要指导孩子参加各种文化娱乐活动，提高文化素养和审美情趣，知道什么样的身姿是美的，什么样的身姿是丑的。

第五，要随时提醒孩子，注意保持良好的站、立、坐、行姿势，做到“站有站相，坐有坐相”，自觉纠正不良的身姿，养成良好的习惯。

假如有的孩子已经形成了不大美好的身姿，家长既不要着急，要防止简单粗暴，也不要丧失信心。因为孩子的骨骼还没有发育成熟，尚有很大的可塑性，只要重视起来，矫正方法正确，要矫正，也不是很难的。家长应有这个信心。

广告中所极力推崇的“英姿带”，其实是一种典型的“物理疗法”，也就是人们常说的“理疗”。所谓“理疗”，就是利用电、光、声、热、机械刺激等物理因子作用于人体，以治疗疾病的方法。其原理是，物理因子引起人体的神经系统、血液循环系统、体液、代谢等各方面的反应，改变体内的病理生理过程，从而对许多疾病起治疗作用。“物理疗法”是一种治病的手段，但绝大多数孩子身姿是没毛病的。没有毛病治什么病？那不是多此一举吗？

即或有个别孩子已形成不良的身姿，比如含胸、驼背等，只要不是天生的畸形，属于不良的习惯，用锻炼的方法可以矫正，没有必要佩戴矫正器械。因为那种东西戴得时间长了，很可能会使人产生一种依赖性、惰性，消磨人保持美好身姿的主观能动性。习惯是人在一定情境下自动化地去进行某种动作的需要或特殊倾向。良好习惯往往是经过多次的重复养成的，是大脑皮层暂时联系的形成，即动力定型的形成。一旦养成，便非常巩固。

通过培养习惯而形成的美好身姿，才是靠得住的。而通过外力形成的美好身姿，是靠不住的，很容易“反弹”。就是说，在佩戴着的时候，身姿会好一点儿；而一旦不戴了，就很有可能还会恢复原来的身姿。一个人不可能每天24小时每时每刻都佩戴着矫正器械生活。广告中所说的那种身姿矫正器械，只能“治标”，不能“治本”，不要寄予太大的希望。

要获得一幅“美好的身姿”，究竟是靠锻炼］和习惯，还是靠“英姿带”之类的器械，从深层次看，它反映了两种不同的“体育理念”：中国向来是强调“束”，西方国家强调“放”；中国主张“静”，西方国家主张“动”。

在中国，孩子刚出生的时候，家长为了使婴儿的四肢长得端正，以免成为“罗圈腿”，往往给孩子捆扎成“蜡烛包”，把新生儿的手脚给捆得紧紧的，动弹不得。而在西方国家却不是这样做的，孩子从一生下来就得到一个宽松的环境，手脚就是可以自由活动的。

孩子长大一点，就对他们的坐、立、行姿势有十分严格的要求。从古至今，“立如松，行如风，坐如钟”，就是中国训练孩子美好身姿的规矩。时至今日，中国的幼儿园在上课时，还仍然要求必须坐立端正，而且还要把双手放在背后。而在西方国家，学校和家长都是主张孩子们通过多种体育活动进行锻炼，并不大强调坐立姿势。

事实充分表明，中国儿童虽然从小就注意坐、立、行的姿态，但到成人时，具有驼背倾向的人，绝不少于并不十分强调坐、立、行姿态的西方国家。

“英姿带”之类的身姿矫正器械在中国的出现，并且被许多家长青睐，恰恰反映了中国的“体育理念”上的僵化、保守。“束”、“静”并不符合人的天性，应当改变。客观地说，还是西方国家的“体育理念”比较科学，因为“放”和“动”是符合人的天性的，效果也是好的。

健康的体质，是美好身姿之“本”。加强体育锻炼，增强人的体质，这才是获得美好身姿的根本途径。

40. 注意心理健康

有一位妈妈打电话说，她家一个五岁的小男孩，也不知道是什么原因，常常担心家长不要他了。因此，总是与妈妈形影不离，如影随形，妈妈上哪里他都亦步亦趋，就像个小尾巴似地紧紧跟随着，生怕把他给丢了，甚至不乐意上幼儿园。有时候，就是在妈妈的身边，他还经常有意地讨好家长。比如，见妈妈由于劳累或心烦不想说话，便千方百计地哄你、逗你：“妈妈，笑一个。”“妈妈，我给您讲个故事吧。”

妈妈说：“孩子的这种表现，我感到莫名其妙；同时，也让我心里酸酸的，感到很不是滋味儿。我不想让他这么敏感、多疑。请问，该如何做?”

接到这位妈妈的电话，我心里也感到很沉重。怎么，这么小的孩子心理上就出现了问题？值得庆幸的是，这位妈妈还比较敏感、细心，及时发现了。

小孩子出现这种情况，原因可能是多种多样的。比如，在孩子不听大人话，违背家长的意志或意愿，或是有毛病“屡教不改”，导致家长不耐烦时，家长可能曾简单粗暴地吓唬说：“你要是再不听话，妈妈可就不要你了!”

一般的孩子，听到家长这样吓唬，知道妈妈真的生气了，可能会在行为上有所收敛。但如果孩子从未看到过孩子失去妈妈后的焦急、痛哭、无助甚至悲惨的情形，没有这种视觉印象，也不会反应这样强烈。因为孩子没有亲身体验和感受，一般不会害怕。有的孩子害怕，很有可能是孩子在电视或电影中，看到过父母遗弃孩子的故事情节；或者是亲耳听到大人当孩子面议论这类真人真事；或是在大街上亲眼看到过被家长丢失，孩子声嘶力竭地呼唤家长和号啕大哭的可怜情景，使孩子心灵上受到了严重刺激。

小孩子出现这种心理状态，一般情况是妈妈说“不要你了”的强烈反应。爸爸一般不这样说，就是说了孩子也不怕。因为小孩子都跟妈妈比较亲，对妈妈更依恋、依赖。心理学家在研究小鸭或小鹅的习性时发现，它们通常将出生后第一眼看到的对象当作自己的母亲追随、依恋。孩子出生后，第一眼看到的是母亲，很长一段时间内是与母亲朝夕相处、形影不离，是在母亲的哺育下生存、生活、成长。在这个过程中，孩子势必会产生一种对母亲偏好和追随的反应，视母亲为自己的保护神。因此，母亲说这样的话，会使孩子反应特别地强烈。

小孩子出现这种心理状态，还有可能出于一种自我保护的潜意识，是对外界刺激的本能反应。自我保护是避免被伤害的一种本能，是与生俱来的。而产生这种过于强烈，也就是“过度”的反应，从根本上说，是与孩子的“气质类型”有直接的关系。

“气质”就是我们平时所说的人的脾气、性情，主要是先天的，很小的孩子就表现出不同的气质类型。到妇产医院就会看到，初生的婴儿有的好哭好动，有的则比较安静；有的哭起来没完没了，有的是哭一阵就不哭了。孩子稍大一些，有的好闹好动，见生人不认生，有的则比较平静、安稳、拘谨，害怕生人，气质差异很大。

苏联生理学家巴甫洛夫用高级神经活动类型的学说，把人的气质划分为四种类型：一是强而不平衡型；二是强而平衡、灵活型；三是强而平衡、不灵活型；四是弱型。气质类型本身，并没有好与坏、优与劣之分。但不同气质类型的人，都存在着易于向某些积极的或消极的品质发展的可能。因此，在家长管教孩子时，要特别注意。

在现实生活中，只有少数人属于上述四种典型的气质类型。大多数人属于介乎各种气质类型的中间类型，即综合型。其实，人的气质类型，主要分为强型和弱型两种。现实生活中，有的孩子胆大、勇敢、坚强、开朗，天不怕地不怕，无所畏惧，这属于强型气质。从这位家长描述的现象看，这个孩子比较胆小、怯懦、畏缩，莫名其妙地怕这怕那，他的气质属于典型的弱型。在管教孩子的时候，一定要注意了解孩子的气质类型。在管教时，必须有所区别。

有的家长，由于不了解孩子的气质类型，不太注意孩子气质类型的区别，在日常生活中说话做事比较随意、随便，口无遮拦，没有分寸，不知道要把握尺度，随意吓唬孩子，比如“你要是再烦我，妈妈就不要你了!”要是面对属于“强型”气质孩子，还问题不大（注意：无论对什么气质类型的孩子，最好都不要这样吓唬）。要是面对“弱型”气质的孩子，可能会在无意之中伤害了孩子，造成孩子心理的阴影，时刻担心会被妈妈遗弃。

面对这种“弱型”气质类型的孩子，家长应当言行谨慎，对孩子多一些积极性的评价，甚至可以是夸张的评价，尽量不要给予消极的评价或随意吓唬孩子。要通过多鼓励、表扬、赞赏，以增强孩子的自信心，壮大胆量。同时，加强身体锻炼，增强体质，慢慢就会好的。因为有的孩子胆小、怯懦、畏缩，除了先天的因素以外，一般和身体状况也有重要的关系。

要给这种气质类型的孩子以宽松的生活环境。所谓“宽松”，一是不要管教太多、太严，要有意识地容忍、宽恕，让这种孩子的天性和个性充分表现，尽量少束缚、限制；二是不要事事给予评价。有的家长平时不像是家长，而活像个老师，就是人们常说的那种“教育妈妈”，不论对大事还是小事，事无巨细，一概进行评论。一说话就是教育，就是指导，就是评价。这会让孩子时时刻刻都处于高度紧张状态，从而变得胆小怕事、谨小慎微、畏缩不前。

孩子出现这种敏感、多疑的心理状态，与孩子对家长，特别是对妈妈太过依赖、依恋有直接关系。要克服这种不良心态，家长要注意培养孩子独立、自主的意识和能力，要创造条件试着让孩子离开家长，特别是离开妈妈。多跟别的大人或孩子相处，让孩子亲身获得暂时离开妈妈也很安全的体验，情况就会慢慢好转。

幼则束以礼让

41. 幼则束以礼让

要说现在的小孩子，个顶个地聪明伶俐，两三岁就会唱很多儿歌、背诵古诗、算算术，有的还有外语、钢琴、书法、绘画、舞蹈等特长，一个比一个精灵，着实让人喜欢。

可说到行为习惯，有些孩子的表现却不那么令人满意。比如，没礼貌，不合群，不懂得谦让，不知道分享，唯我独尊，独占欲强，心里没别人，只有自己，“娇骄”二气，霸道蛮横，等等。

这种反差，绝不是天生的。这跟一些家长教育观念片面有直接的关系。有的认为孩子还小，不懂事，管了也没用。也有的认为不要过多地管教，免得压制孩子个性的发展。因此，只抓孩子的智力发展，而置孩子的良好习惯、品行的培养于不顾，放任自流，任其为所欲为。其实，这是一种糊涂认识。

说孩子“不懂事”，就是还处于“蒙昧”状态。“蒙”的意思是被遮盖、包裹。“昧”就是糊涂、不明白。所谓“蒙昧”就是知识未开，不懂得事理。无论多小的孩子在生活中都要遵守一定的规则，不然的话，就会处处、事事受到限制。现实生活需要孩子懂得事理，明白规则。恰恰在这还不大懂事的时候，正是对孩子进行行为规范教育和训练的极好时机。

孩子年龄越小，感受能力就越强，可塑性也越强。也就是说，小时候对孩子进行行为规范训练，作用最明显，效果最好。人们常说："小孩子就像一张白纸，可以画最好的图画。"小孩子是教什么，就学什么，而且一教就会，记忆牢固，容易形成行为习惯。而小时候形成的行为习惯，就像是与生俱来的一样。正如孔子所说："少成若天性，习惯如自然。"特别牢固、持久，给以后的成长打下坚实的基础，终生受益无穷。"幼儿是成人之母"，也说的是这个道理。

抓好早期行为规范的教育和训练具有重要的意义。《易经·蒙卦》中说："蒙养以正，圣功也。"所谓"蒙养"，即开启蒙昧的意思。这是说，对蒙而无知的童子，及早施教，使之不失其正，是圣人之功。清朝末年的《蒙养院及家庭教育法》中也指出："蒙养通乎圣功，实为国民教育第一基址。"这是说早期的行为规范训练是人生成长的第一块基石，要特别地慎重，大方向要正确，不能出任何的偏差；否则，会给孩子以后的成长发展制造障碍。

正如古人所说："求木之长者，必固其根本；欲流之远者，必浚其泉源。"这是说，要想使树木生长得茂盛，必须稳固它的根部，因为根深方能叶茂；要想水流潺潺，经久不息，必须疏通它的源头，"源广"才能"流长"。不论做什么事，都力争开好头。小时候及早进行行为规范教育和训练，是非常必要的。

我们国家向来有重视早期行为规范教育和训练的传统，并且放在首位。古人说："幼则束以礼让，长则教以诗书。"这是说，小孩子的早期教育，首要的任务是进行行为规范的教育和训练，智力开发则是第二位的。就是说，在这基础之上，才进行智力开发。中国过去的家长，恰恰是在孩子正处于"似懂非懂"的这个当口，进行行为规范训练。这种做法是符合事物发展规律的。

古人给我们做出了榜样。流传非常久远的童蒙读物《三字经》，主要是对儿童进行知识和历史教育的教材，但仍把行为规范的教育放在首位。如："为人子，方少时，亲师友，习礼仪。香九龄，能温席；孝于亲，所当执。融四岁，能让梨；弟于长，宜先知。首孝悌，次见闻。"主张从小教育孩子尊师敬长、谦让友爱。

再比如，主要是对儿童进行行为规范教育和训练的《弟子规》，一开头就在总论中明确说："弟子规，圣人训，首孝弟，次谨信，泛爱众，而亲仁，有余力，则学文。"仍旧是把行为规范教育放在首位，并且对儿童的行为规范做出明确的要求。如："父母呼，应勿缓。父母命，行勿懒。父母教，须敬听。父母责，须顺承。""晨必盥，兼漱口，便溺回，辄净手。冠必正，纽必结，袜与履，俱紧切。置冠服，有定位，勿乱顿，致污秽。衣贵洁，不贵华，上循分，下称家。对饮食，勿拣择，食适可，勿过则。""人问谁，对以名，吾与我，不分明。用人物，须明求，倘不问，即为偷。借人物，及时还，人借物，有勿悭"，等等。对行为规范要求得非常具体入微。

任何事物的发展，都是有一个过程的。孩子的不良行为习惯，也是逐步养成的。小时候出现一些不良的行为苗头，及时管教，很容易纠正。但觉得没有什么了不起，视而不见，熟视无睹，不管不教，甚至反而觉得很得意。比如，孩子张口骂人，觉得很好玩；抢夺别的孩子玩具不制止，认为孩子长大了不吃亏；等等。这正如宋朝司马光在《温公家范》一书中批评的那样："若夫子之幼也，使之不知尊卑长幼之礼，每至侮詈（lì）父母，殴击兄弟，父母不加诃禁，反笑而奖之，彼既未辨好恶，谓礼当然；及其既长，习已成性，乃怒而禁之，不可复制。于是父疾其子，子怨其父，残忍悖逆，无所不至。此盖父母无深识远虑，不能防微杜渐，溺于小慈，养成其恶故也。"

这是说，在孩子小时候，不进行尊卑长幼的教育。辱骂父母、殴打兄弟姐妹，家长不但不制止，反而夸奖。孩子不能分辨是非善恶，便误以非为是，以恶为善。这样，便习以为常，养成恶习，即或愤怒地批评、制止，也不能奏效。于是，父母就会与子女相互怨恨，产生对抗情绪。子女便日趋下流，无所不为，越陷越深，无法收拾。这完全是由于父母娇惯溺爱，缺乏远见卓识，忽视早期行为习惯教育，未能防微杜渐所造成的。

为使孩子健康成长，要把行为规范的教育和训练放在早期教育的首位。俗话说："教妇初来，教儿婴孩。"对孩子进行行为规范训练越早越好，家长们可不要坐失良机。

42. 巴掌该打在谁身上

五一节期间，有同事办喜事，一位妈妈特意给三岁的儿子买了一套新衣服，打扮得漂漂亮亮的，兴致勃勃地带上孩子去出席婚礼。

那孩子天真活泼，聪明伶俐，同事们见了都很喜欢。当妈妈的听到同事的夸奖赞赏，觉得儿子给自己争了光，自然是喜在眉梢，美在心里。

婚礼在一个挺有档次的饭店举行，出席婚礼的人也很多。当母子二人听着众人的赞美之词来到了桌旁时，那孩子一看桌子上有那么多好吃的，眼睛一亮，便挣脱妈妈拉着他的手，“蹭”地一下子就爬到椅子上，整个身子往前一扑，两只胳膊那么一拢，就把满桌的糖果搂在自己的怀里，大声向周围的人宣布说：“这统统都是我的，我谁也不让吃！”

众人听那孩子这么一嚷嚷，再看那孩子那个架势，不禁嬉笑着打趣说：“你看，这孩子真有意思。哈哈哈哈……”

说这话的人，不见得有什么恶意。小孩子，哪个不是天生地喜欢好吃的呢！如唐朝诗人卢肇的《嘲小儿》诗中说：“贪生只爱眼前珍。”宋朝王安石的《赠外孙》诗中说：“年小从他爱梨栗。”都是对小孩子贪吃持宽容谅解的态度，不要多管。

可在大庭广众、众目睽睽之中，孩子这种表现，可真让妈妈丢尽了脸面。为参加这次婚礼，妈妈还特意给儿子买了新衣服，本来是要显摆显摆体面的儿子，没料到可恶的儿子很不体面的表现，让人大跌眼镜，妈妈脸上实在有点儿挂不住。

只见那位妈妈瞪起眼睛，一个箭步就急忙冲了过去，一下子就把那孩子从椅子上给扯了下来，声嘶力竭地吼道：“这孩子，怎么这么没出息！”妈妈尴尬极了，实在是忍无可忍，当着众人的面，抡圆了大巴掌，“啪啪啪”，狠狠地朝孩子那细嫩的小屁股上，盖上了几个大手印！揍得那孩子直哇哇乱叫。

妈妈的吼声和孩子哇哇的哭声，与当时的气氛极不协调，一下子就把众人的注意力吸引了过来，纷纷劝说：“小孩子不懂事，你打他干什么！”

同事们劝妈妈，哄孩子，事情这才平息了下来。那不懂事的孩子当着这么多人的面给妈妈“现了大眼”，让妈妈下不了“台”，估计回到家也轻饶不了他。

要说那孩子可真是不给妈妈“留面子”，让谁遇上，那“火气”也得顶脑门子。

可话又说回来了，孩子在婚礼上的这种“临场表现”，恐怕不是“即兴发挥”，大概与家长平时太娇惯溺爱，惯得实在“没样儿”有直接关系。

可以想象，平时在家里，妈妈买回吃的东西，大约总是这样说：“这好吃的东西全是我宝贝的，咱们谁也不让吃！”不仅不让爷爷奶奶吃，如果爸爸“馋嘴”想吃一口，也得当着儿子的面，遭到妈妈毫不留情的拒绝和凶恶的训斥。像这种教养方式，能不给孩子养成“独霸”、“独占”、“独吞”的毛病吗？

看来，孩子在众人面前的这种表现，并不是偶然的。

要说孩子的这种表现是令人“窜火”，可我却认为因这事打孩子，这不大公平，孩子还真有点冤枉。要是让我说，这巴掌打是该打，但不该打在孩子身上，而应该打在家长自己的身上。因为没有家长错误的教养方式，孩子不会有这样的毛病，也不会给家长“现眼”。家长必须首先“拷问”自己，对孩子不良行为的养成承担责任。

毛病是表现、反映在孩子身上，追根溯源，“根子”还是在家长身上。家长不能把责任推到孩子身上。“孩子是家长的镜子。”家长正确的教育，会在孩子的身上反映出来；同样，家长错误的教育，也会在孩子身上反映出来。这是毫无疑问的。

比如，孩子不正经吃饭，家长生气着急。什么原因？你总是给孩子买那么多好吃的零食吃，他已经吃饱了，到吃饭时还能有胃口吃正经饭吗？

孩子没大没小，对大人没礼貌，你生气。是怎么造成的？你反躬自问，平时你对孩子尊重不尊重？你们夫妻相互之间尊重不尊重？你对老人孝敬不孝敬？

孩子说脏话、骂人的话，你不爱听。你想想，家长说话是不是文明？是不是一不留神就出口成“脏”？

孩子在幼儿园动不动就上手打人，老师经常告状。家长在家里，是不是经常跟孩子练“全武行”，动手打孩子？

孩子有撒谎的毛病，好说谎话，家长生气。做父母的平时对孩子的管教方式，是不是太过粗暴？等等。

错误的教养和管教方式，必定使孩子形成不良的行为习惯和思想品德。要改变孩子，得先改变家长，家长要从自我做起。

有一个四岁的男孩子，机敏、伶俐，能唱会跳，还会背诵歌谣，朗诵诗歌。在幼儿园里可称得上是人见人爱的聪慧儿。忽然有一段时间，孩子的爸爸就隔三差五地托人带口信为这孩子请假。老师布置的手工作业也完不成，快有点儿跟不上班了。后来，听这孩子说，他爸爸为了让更多的人知道他儿子的才华，经常带儿子到同事家参加生日宴会，在宴会上让这孩子尽情表演唱歌、背诵诗歌。这个孩子到幼儿园后，还经常骄傲地对小朋友说：“人家都夸我是小诗人、小歌唱家，是神童，还给我好多好吃的好玩的。”

这件事后来传到孩子的爷爷耳朵里。爷爷是这个幼儿园的勤杂工，朴实、厚道，为人正直，平时喜欢阅读一些中外历史故事。爷爷虽然很生气，但并没有发火，当晚就“传唤”了儿子，平心气和地给儿子讲述了北宋文学家王安石《伤仲永》的故事。最后，语重心长地对儿子说：“古《三字经》说：‘玉不琢，不成器；人不学，不知义。’千万不要只看到孩子天资聪颖就忽视了品德教育。”一番苦口婆心地开导，使儿子惭愧地低下了头。从那以后，孩子再没有请过一次事假。

中国古人说：“课子课孙先课己。”管教孩子，家长要先把自己管好。孩子做了错事，当你扬起大巴掌时，别急于落下来，想一想：看看这巴掌究竟该“打”在谁的身上。

43. 家宴风波

奶奶从农村老家来看望五岁的大孙子小明。奶奶看孙子长高了，懂事了，打心眼儿里高兴。你看，小明扑奶奶怀里，祖孙俩那个亲昵劲儿，奶奶像吃了蜜糖一样甜蜜。

奶奶的到来，给全家人带来了愉悦。妈妈做了一桌子丰盛的美味佳肴，设家宴欢迎奶奶。吃饭时小明紧挨着奶奶，一个劲儿地给奶奶碗里夹菜。爸爸妈妈看着懂事的儿子，也是打心眼儿里高兴。一家人边吃边说边笑，整个饭桌充满着欢乐、祥和的气氛。

小明显得特别懂事，看奶奶吃完了一碗饭，主动地要孝敬奶奶一回，对奶奶说："奶奶，您还要饭吗？我给您盛……"

小明的话还没说完，只见奶奶一愣，一直荡漾着笑容的脸，一下子阴沉下来。爸爸妈妈也愣了，怎么回事？奶奶放下手里的碗筷，有点儿生气地说："你这孩子，是怎么说话？我到你们这儿来，难道是来'要饭'的么？我不吃了，吃饱了。"

小明的爸爸妈妈面面相觑，很是尴尬，气氛一下子似乎凝固了。妈妈很快觉察到，是儿子的一句不得体的话惹奶奶生气了，赶紧批评小明不会说话，劝奶奶别跟小孩子一般见识，奶奶就是不吃饭了。本来是一顿喜庆的家宴，就因为孙子的一句不当的话，闹得全家人不欢而散。

这也许是奶奶多心，误解了孙子的话，或是勾起奶奶什么伤心的事。但从这个"意外事故"中可以看到，是由于父母平时对孩子缺乏礼仪启蒙教育造成的。

所谓"礼仪"，是指表示礼貌的具体礼节，包括言谈举止的诸方面细节。我国是文明古国，向来重视对儿童进行礼仪教育。比如，古代的童蒙读物《弟子规》，就是传统的待人接物的礼仪教材，几乎是家喻户晓，人人皆知，流传久远。

在待人接物时，如果只知道"应该"对人尊敬有礼貌，而不懂得"如何做"才能表示、体现出尊敬有礼貌，弄不好会适得其反，伤害对方，惹人反感。比如，小明对奶奶说的话，就属于这种情况。

民国年间广东省长朱庆澜先生的《家庭教育》一书中，专门对家庭礼仪教育做过详细的论述。他说：

"小孩要知道的礼，第一就是长幼的次序。不但教他对着父母伯叔该怎么尊敬，对着哥哥姊姊该怎么让；并且做父母的，对着儿子，如果爱说伯伯叔叔的长短，就是教儿子看不起伯伯叔叔。……就是寻常分个果子、饼子，也得要先给哥哥姊姊，后给弟妹，大的给哥哥姊姊，小的给弟妹。

叫小孩知道长幼的次序……出门遇见先生、长辈等，自然也不会错了。

“第二就是礼的意思与样子。比如脱帽，是现在行礼的样子，脱帽的时候，眼睛定要对着行礼的人。这就是行礼的意思。如果不教小孩知道样子，见人不脱帽，是不合礼了。就是脱了帽，如果小孩不明白礼的意思，一面脱帽，一面眼睛望着别处，仍然是不合礼。

“第三就是礼的种类甚多，无论吃饭睡觉说话走路，无论在何地方，是何时候，对着何人，做着何事，都有各样的礼节。做父母的随时随地，遇人遇事，都得一一二二去教。不可只教他见了脱帽鞠躬，只教他懂得一个见面礼，其余都听他自便，那就不合了。”

我国著名的画家和音乐教育家丰子恺先生，很重视对儿女进行礼仪启蒙教育。丰子恺的儿子陈宝小时候，特别怕生人，在客人面前常常显得不懂礼貌。有一次，丰子恺到上海为开明书店编一本书，他把小陈宝也带了去。一是必要时让他当个帮手，二是也让他借此机会见见世面，开开眼界。一天，来了一位小陈宝不认识的客人，同丰子恺谈完事告辞后，转过身来也同小陈宝打了个招呼。小陈宝一下愣住了，不知如何是好。父亲送走了客人，便循循善诱地对小陈宝说：“客人同你打招呼，你也应该说‘再见’。”

每逢家里有客人来，丰子恺先生总是不厌其烦地跟孩子们强调：给客人倒茶、添饭，一定要双手捧上。他打个比方说：“如果用一只手给客人倒茶、添饭，就好像是皇上对臣子的赏赐，或者像主人对乞丐的施舍，又好像是父母给小孩喝水、吃饭。这是非常不恭敬的。”他还告诉孩子们说：“客人送你什么东西，你们要躬身双手去接。躬身表示谢意，双手表示敬意。”

还有一次，丰子恺先生在菜馆里宴请一位朋友，把他几个十来岁的子女都带去作陪。宴席刚散，有的孩子就嚷嚷着想先回家，丰子恺立即悄悄制止。事后，他耐心地对子女们说：“孩子们，我们家请客，全家人都是主人，你们也是主人呀。主人比客人先走，那是对客人不敬。以后可不许这样做。”

丰子恺先生对孩子进行的这些教育，看起来都是些不起眼的“小事”，是日常生活中的“细枝末节”，就是有什么不妥也“无伤大雅”。其实这都是非常重要的。

我们中国是世界著名的礼仪之邦，待人接物的礼仪从来是很有讲究的，有些“细枝末节”做得不得体，都不能表示、体现出对人尊重有礼貌。比如，别人跟你说话或你跟别人说话时，眼睛都要看着对方，若是东张西望，就表示心不在焉，忽视或轻蔑对方；用手势招呼人或介绍人，手要五指并拢，若只用一个手指头，就好像是在命令或指责人家似的；请客人吃饭，要是在客人还没有吃完时离开饭桌，就好像嫌客人吃得太多，令客人不快；等等。至于和别人说话时，更要注意时间、地点、场合、环境、氛围，掌握态度、分寸、尺度、表情以至声调语气、声音大小、语速快慢等，讲究表达方式。可不能像相声里所说的那样：帮人家换煤气罐时，说“你们家又断气儿了”；给别人代修完钟表送还人家时，就说“给您送钟（终）来了”。

虽说是“童言无忌”，小孩子说出不得体的话，不必计较。但是如果平时缺乏具体的指导，小孩子嘴上可是没有把门的，一不留神，就很可能会说出令家长和对方都很尴尬的话来。

44. 绝不能吃亏

据报道，一所幼儿园的小班，在新学期安排的第一节集体活动课是让孩子们玩玩具。老师把装玩具的箱子搬到活动室以后，对孩子们说：“小朋友们，今天我们玩玩具，好吗?”“好——”小朋友们齐声回答。

老师继续提出要求：“小朋友们，等一会儿，大家按照先后顺序，一个人一个人地到前边来取玩具。每人只取一个玩具，记住了吗?”“记住了——”孩子们大声说。

谁知，孩子们嘹亮的“记住了”的话音还没落，全班30个孩子，就一窝蜂似地争先恐后地上前去抢玩具。尽管孩子们的家里都有许多许多好玩的玩具，但在孩子们的心里，总认为别人家的东西是好的，别人家的玩具一定是很好玩的。那五颜六色、各式各样的玩具，对孩子们可以说是“挡不住的诱惑”。刚才老师的要求全都当成耳旁风，有的孩子一下子拿了好几个。剩下的玩具没有什么好玩的了，后边的孩子没有拿到，上手就夺，拿到几个玩具的孩子就紧紧抱着不放。孩子们扭成一团，玩具也散落了一地。

出现这种局面，是老师始料未及的。老师一个劲儿地大声说："小朋友们，不要抢，不要抢！"但孩子们似乎什么都没有听见，继续玩命地争抢。当时，竟然有十多对孩子，为了争夺玩具双方僵持着，各不相让。有的小孩子为争抢自己喜爱的玩具，甚至对其他小朋友玩起了"全活"——连推带打、又踢又抓等。有哭的，有闹的，哭声吵闹声交织在一起，活动室一下子就乱成了一锅粥。

更使在场老师惊讶的是，当一个小女孩的玩具被一个小男孩硬抢走时，那小女孩毫不示弱，竟然上手就"啪"地一声，给了那个小男孩一个干脆、响亮的耳光！把老师吓了一跳。

当老师赶紧把那个小女孩叫到旁边，低声但很严肃地问她为什么打小朋友时，她竟然振振有词，理直气壮地说："我妈妈说了，谁要欺负我，就让我打他，可不能吃亏！"

听了孩子这样一番辩解，老师不知道说什么好。

据幼儿园小班老师反映，现在的家长和过去的家长可不一样。过去，家长教育孩子都是说遇事要互相谦让，不要争抢，让着小朋友的乖，是好孩子。

现在可好，九成以上的新生家长，都曾经直接告诉或者暗示过孩子："该争的时候要争，该抢的时候要抢，不要怯阵。不争不抢就要吃亏。"甚至指使说："遇到有人打你，你就要更厉害地打回去！不要手软！"

坦率地说，我是不赞成这样教育孩子的。小孩子进入幼儿园过集体生活，这是为将来进入社会，参与社会生活的"演习"，幼儿园应当是个"演习场"。要与别人和谐相处，没有谦让的品格是不成的。

有的家长给孩子灌输"不能吃亏"、"不要手软"的意识，这至少有两个方面的原因。第一，跟年轻父母的"身份"和经历有直接关系。

现在的学龄前儿童家长身上，有两个令人瞩目的标签：一个是"80后"，一个是"独一代"。基本上是20世纪80年代以后出生，绝大多数是第一代独生子女。出生在特殊年代，具有特殊的身份，是一个很特殊的社会群体，身上带有鲜明的时代印记。

他们出生在盛世，很早就享受改革开放的成果；受教育年限多，文化程度高，思想解放不保守，善于接受新事物新思想。但没有经历过风雨，对己对人没有承担过责任，社会责任意识差，心理年龄与实际年龄不相符。他们成长的年代，陈旧的道德传统被打破，新的道德思想体系还没有建立起来。他们对传统美德并不很了解，盲目地全盘否定，道德思想状况比较混乱。

他们是家里“绝无仅有”的一棵“独苗”，没有兄弟姐妹，没有共处、合作、谦让、友爱、团结、互助的经历。在家里的地位是“至高无上”，是在“被关注”、“被呵护”、“被恭维”中长大的，自我中心意识突出，眼里没有别人，只有自己。面对“独二代”，他们自身的经历和道德修养状况，不能不影响他们的教育思想和教养态度。

第二，跟孩子数量少也有关系。

过去，家里孩子多，家长没有心思把孩子看得那么珍贵。家长把孩子送到幼儿园，终究有人替自己看孩子，获得了解脱，感到非常放心。

现在可不同了。绝大多数家庭还是只有一个孩子。常言说：物以稀为贵。孩子少更宝贵。在许多年轻父母眼里，孩子是不可多得的宝贝疙瘩，“放在手里怕掉了，含在嘴里怕化了”，不知道怎么爱才好。家长把孩子送到幼儿园，虽然能学到在家里学不到的知识和能力，但很不放心。生怕孩子过不惯集体生活，受别的孩子欺负。为了避免在家长看不到的时候受委屈、遭磨难，便告诫孩子遇事不要示弱、谦让，该争要争，该抢要抢，不能吃亏。

其实，这样教育孩子，不见得能占什么便宜。现在有的独生子女真够可以的，小霸王似的，不管什么好处和利益，就得自己是头一份，别人都得让着他，完全是以自我为中心，谁也不能侵犯。该出手时出手，不该出手时也出手。在家里，大人可以让着，到幼儿园，差不多都是独生子女，谁让谁呀？要是遇上势均力敌的对手，会两败俱伤；要是遇上比自己弱的对手，大打出手，那是以强凌弱，不道德，要受到谴责；要是遇上比自己凶猛的、不要命的，最后吃亏的还是自己。

家长在孩子幼年时期就灌输“绝不能吃亏”的思想，鼓动孩子“以牙换牙，以眼还眼”，这不仅不是对孩子的爱护，还会埋下别的隐患。比如，有一个小孩子特别地任性，当着外人的面让妈妈下不了台，把妈妈给气急了，妈妈打了他一巴掌。没想到，孩子反手就给了妈妈一个响亮的耳光。妈妈一下子愣住了，捂着火辣辣的脸，气势汹汹地质问为什么敢打妈妈？孩子理直气壮地说：“不是你教我说，谁要打我，我就打谁吗？”

妈妈瞠目结舌。自己种下的苦果，还得自己吞咽。我希望孩子的这个耳光能让家长明白点什么。

45. 教孩子学会分享

邻居家有一个四岁的小男孩叫壮壮，长得虎头虎脑，聪明伶俐，招人喜爱，谁见了都喜欢逗逗他。父母视若掌上明珠，更是疼爱有加。

可有一天，不知为什么，他家的宝贝儿子壮壮却和爸爸大闹起来，导致爸爸妈妈两人也吵得不可开交，吵得鸡犬不宁，四邻不安。这是怎么回事呢？

那天，我一问才得知：

原来壮壮妈妈买回来一些香蕉、苹果，一进门，就高高兴兴地洗了一个又红又大的苹果，准备给儿子壮壮吃。这时候，壮壮爸爸随口说：“听说这种苹果样子好看，味道不见得怎么样。”爸爸边说，边从壮壮妈妈的手里接过来尝了一口。

谁知，儿子壮壮一看，却大闹了起来，竟然用小手直指着爸爸的鼻子，声嘶力竭地高声喊道：“谁叫你咬的？不行！这是我的，你得赔我！”

他妈妈连忙又递过来一个，可壮壮却死活不要，说这个没有爸爸吃的那个个儿大，非要爸爸赔他不可。他爸爸看儿子这么霸道、浑不讲理，一气之下，干脆把这个苹果给扔到垃圾桶里了。

壮壮是说什么也不干了，躺在地上哭闹、撒泼。妈妈又跟爸爸吵了起来，指责爸爸那么大人了，为什么那么嘴馋，跟孩子争吃的！爸爸反过来指责妈妈：“都是你把孩子惯得没样儿！”大人吵，孩子哭，家里乱成了一锅粥。

这种场景并不是绝无仅有。好吃的吃独食，好玩的玩具独占，凡是好事都独霸，一切好处都是孩子独享。凡是孩子喜欢的东西，一旦到了手里，就别想再要过来，心里没有别人，谁也甭想分享。这样的现象在许多孩子身上不同程度地存在，独生子女更为严重一些。

很多家长反映，孩子刚刚学会说话，就总是把“这是我的”、“那是我的”挂在嘴边。家长很担心孩子从小就这样自私，不知道与别人分享，将来到社会上怎么能与人共事、合作、立足。这个担心不是杞人忧天。

然而，孩子总是把“我的”挂在嘴边，我们不能简单地给孩子扣上“自私”的帽子加以批评、斥责。因为：一是简单地予以批判、斥责，孩子并不知道错在哪里，就是讲一些不能自私的大道理，那也等于“对牛弹琴”，孩子也听不懂；二是孩子总说“我的”，并不都是因为“自私”。也就是说，小孩子总说“我的”不都是品性问题，也是年龄特征决定的。

家长们从抚养孩子的经历中可能也注意到了：孩子一般从两岁起，就爱说“我的”或“这是我的”等。其实，两岁的孩子还不大懂得“我”字的含义。儿童最初的心理世界完全是以他自己的身体和动作为中心的“自我中心主义”。儿童心理发展的初期，自我和外部世界还没有明确分化开来，孩子所体验和感知到的印象是浑然一体的，它既不是内部的，也不是外部的，一切体验或感知的事物都成为主体本身的活动，把每一件事物都与自己的身体关联起来，好像自己就是宇宙的中心一样。

你看，是自己的东西，小孩子说“是我的”，他从别人手里抢过来的东西，也说“是我的”。这足以证明，两三岁、四五岁的孩子总是说“我的”，并不单纯就是自私的品性，而是这个年龄阶段必然产生的心理特征。

两岁左右的孩子刚刚开始意识到有个“自己”，“我”这个词进入他的生活以后，就会不断地试着运用。他会逐渐地通过大人的启示，对自己的“所有权”有点儿模糊概念了。大人们在生活中，常常是不自觉地暗示他们，比如“这个娃娃是给你的，要收好，可别弄坏了！”这样，孩子自己的玩具当然不能给别的孩子玩。而见到别的孩子拿着与自己的玩具不同的玩具，他也要去“抢夺”。在大人的眼里，那是叫“抢夺”；在孩子眼里，那不是“抢夺”，而是经不住诱惑“拿”过来。可被“拿”的孩子的感受就不同了，“这是我的”，当然要紧抱着不放。这是这个年龄阶段的孩子十分正常的现象。你看，幼儿园里总是准备许多相同的玩具，为的是人手一个，孩子看到别的孩子手里的玩具不新鲜，冲突也就不会发生了。

两三岁的孩子正处在“自我中心”的年龄阶段，面对孩子不能与别人分享的情况，切不可操之过急。小孩子既不是天生的自私，也不是天生的大方。要培养孩子心里有别人，能与别人分享快乐，主要是靠家长在日常生活中加以引导。比如，买了好吃的东西，让孩子主持进行“分配”，大人孩子每人一份，并鼓励孩子把大个的、好的给爷爷奶奶。如果爸爸还没下班，要启发孩子主动地给爸爸留一份。孩子这样做了，就给予鼓励。有小朋友到家里来做客，事先教孩子主动拿自己的玩具给小朋友玩，并鼓励孩子与小朋友一块玩，或交换玩具玩。孩子这样做了，就给予表扬。这样不断地加以强化，孩子随着年龄增长就渐渐地心里有别人，学会与人分享了。

学会分享，有利于密切人与人之间的感情，建立和谐的人际关系，增强团队意识，融入集体生活。

有的孩子特别自私，这跟家长的引导和教育有直接关系。比如，买了好吃的东西总是说“这好吃的是专给你买的”；家里来小朋友做客，家长教孩子把最好的玩具藏起来不让小客人见到；等等。家长这样做，孩子没法不自私。

对孩子是要培养竞争意识和能力，但首先还是培养分享意识。特别是很小的孩子，要先进行基础性的行为规范和道德品质的教育，在此基础上再进行竞争意识和能力的培养。因为要在竞争中取胜，就需要合作，而合作的前提还必须能分享利益。不能只教孩子知道竞争，而忽略分享。小孩子还不懂得竞争的规则在什么场合运用，一味地灌输竞争意识，孩子很容易滥用。而生搬硬套竞争规则，不分时间、地点、场合地滥用，会破坏人际关系的和谐。

中国的古人向来重视培养孩子谦让、分享的品质，如“孔融让梨”的故事，几乎是家喻户晓，老幼皆知，流传久远，谦让、分享的意识深入人心，应当继承发扬。

任性的孩子最痛苦

46. 究竟谁对孩子好

鲁迅先生在一篇名为《琐记》的文章中，曾经记述过他幼年时遇到叔祖子传的妻子衍太太的情况。文章中说：

衍太太现在是早已经做了祖母，也许竟做了曾祖母了；那时却还年青，只有一个儿子比我大三四岁。她对自己的儿子虽然狠，对别家的孩子却好的，无论闹出什么乱子来，也决不去告诉各人的父母，因此我们就最愿意在她家里或她家的四近玩。

举一个例说罢，冬天，水缸里结了薄冰的时候，我们大清早起一看见，便吃冰。有一回给沈四太太看到了，大声说道："莫吃呀，要肚子疼的呢！"这声音又给我母亲听到了，跑出来我们都挨了一顿骂，并且有大半天不准玩。我们推论祸首，认定是沈四太太，于是提起她就不用尊称了，给她另外起了一个绰号，叫作"肚子疼"。

衍太太却决不如此。假如她看见我们吃冰，一定和蔼地笑着说，"好，再吃一块。我记着，看谁吃的多。"

但我对于她也有不满足的地方。一回是很早的时候了，我还很小，偶然走进她家去，她正在和她的男人看书。我走近去，她便将书塞在我的眼前道，"你看，你知道这是什么？"我看那书上画着房屋，有两个人光着身子仿佛在打架，但又不很像。正迟疑间，他们便大笑起来了。这使我很不高兴，似乎受了一个极大的侮辱，不到那里去大约有十多天。

一回是我已经十多岁了，和几个孩子比赛打旋子，看谁旋得多。她就从旁计着数，说道，“好，八十二个了！再旋一个，八十三！好，八十四！……”但正在旋着的阿祥，忽然跌倒了，阿祥的婶母也恰恰走进来。她便接着说道，“你看，不是跌了么？不听我的话。我叫你不要旋，不要旋……。”

虽然如此，孩子们总还喜欢到她那里去。假如头上碰得肿了一大块的时候，去寻母亲去罢，好的是骂一通，再给擦一点药；坏的是没有药擦，还添几个栗凿和一通骂。衍太太却决不埋怨，立刻给你用烧酒调了水粉，搽在疙瘩上，说这不但止痛，将来还没有瘢痕。

父亲故去之后，我也还常到她家里去，不过已不是和孩子们玩耍了，却是和衍太太或她的男人谈闲天。我其时觉得很有许多东西要买，看的和吃的，只是没有钱。有一天谈到这里，她便说道，“母亲的钱，你拿来用就是了，还不就是你的么？”我说母亲没有钱，她就说可以拿首饰去变卖；我说没有首饰，她却道，“也许你没有留心。到大橱的抽屉里，角角落落去寻去，总可以寻出一点珠子这类东西……。”

这些话我听去似乎很异样，便又不到她那里去了，但有时又真想去打开大橱，细细地寻一寻。大约此后不到一月，就听到一种流言，说我已经偷了家里的东西去变卖了，这实在使我觉得有如掉在冷水里。……

这是《朝花夕拾》一书中的一篇散文，发表于1926年。事过几十年后，小时候遇到的人和事，鲁迅先生还记忆犹新，可见印象颇深。

在鲁迅先生笔下，这个衍太太是个心术不正的女人。她怂恿孩子们做不好的事，甚至教唆孩子做错事，然后又冒充好人，很能迷惑不谙世事的孩子。沈四太太制止他们冬天吃冰，他们认为她“坏”，给她起外号表示反感；而衍太太呢，孩子们做了错事，她也不“告状”，受伤后还给上药，“关心备至”，孩子们认为她“好”。于是，便很喜欢她，乐于在她家或附近玩。

鲁迅先生成年以后回忆儿时这样的一件事，其用意是什么呢？我们重读这段文字，会有什么样的感想？受到什么样的启发呢？

我想，就是告诉我们做父母的这样一个道理：小孩子由于年龄小，分辨能力比较差，有时候将是非、善恶、美丑、荣辱颠倒，本来不好的事误认为是好事，该“反感”的，反倒“喜欢”，该“疏远”的却反倒“亲近”。这是不懂事的孩子们的眼光，反映孩子的幼稚无知。通过对儿时经历的回忆，他是要提醒家长们，不要完全以不懂事的孩子的眼光作为判断是非曲直的标准，做父母的应该对事和人有个判断，要有主见。

世界上的人和事是很复杂的，现象和本质往往并不一致，人们直接感觉到的现象和现象背后的本质往往并不是一码事。成年人有时候还会上当受骗，更何况不大懂事的孩子，难免被表面现象所迷惑。做父母的应该在日常生活中，利用遇到的一些典型事件，引导孩子遇事要动脑筋思考，学会分析、辨别，透过现象看本质，不断提高分辨能力，不要被表面现象所迷惑。

小孩子由于知识、经验比较贫乏，第二信号系统（即用词语作为条件刺激所形成的条件反射系统）还不够发展，只能通过第一信号系统，即指由现实的、具体的刺激物的刺激形成的条件反射系统，形成对现实的直接反应。就是说，对客观事物的判断，主要是依靠感觉、知觉，缺乏抽象思维能力。因此，就出现鲁迅先生文章中所说的，衍太太鼓励孩子冬天吃冰是对他们“好”，而沈四太太制止他们吃冰，他们却认定是“罪魁祸首”，把是非、善恶全颠倒了。

由此，不禁使人联想到中国的有些父母，太“护犊子”。所谓“护犊子”，本意为老牛保护小牛犊子。比喻长辈保护晚辈，上级保护下属。现在，多指家长庇护自己的孩子，一般为贬义。有的父母不大乐意听别人反映自己孩子的问题和毛病，更不愿意让别人管教自己的孩子，认为是“无中生有”，是“吹毛求疵”，极个别的甚至骂人家是“狗拿耗子——多管闲事”。这样，就是心胸太狭隘了，对孩子也没有什么好处。

父母必须明白，只有那些心地善良、纯洁厚道、真正对孩子们好的人，才向家长反映孩子们的情况和问题。要不，人家何必要多管闲事，惹家长不高兴呢？

所以，当家长听到别人反映自己孩子的问题或毛病，或管教自己孩子的时候，应当由衷地表示感谢，感谢人家的善意和诚意。这才是明白的家长。

47. 任性的孩子最痛苦

现在，家长们把孩子看待得特别地珍贵，养得也太娇。特别是独生子女的家长，简直不知道怎样爱孩子才好。在日常生活中，不管孩子在物质生活和精神生活上的要求是否合理，是有害还是有益，一概给予满足，以为孩子的任何要求都是“天然的合理”。

有的家长认为这样做是真正地爱孩子，会使孩子免受磨难，获得“幸福”；而违背孩子的意愿，就会使孩子受到伤害，带来痛苦。其实，这是一种糊涂认识，是在害孩子，给孩子“制造痛苦”。

儿童时期孩子的可塑性相当强，对孩子进行什么样的教育，会很容易产生相应的效果。家长若无原则地迁就、放任、姑息，久而久之，就会使孩子的思想上形成错误的观念，认为天下没有自己做不成的事。于是，便常常向家长提出非分的要求，比如，认准了非要某某人喂他，他才吃饭，换了人喂他就不吃；喜欢穿的衣服，穿上了就不脱，弄脏了也不换；吃东西挑食、偏食，爱吃什么就吃个没够，不爱吃的东西，就一口也不吃；到了商店，是见什么就要买什么，不给买他就撒泼、打滚、哭闹；等等。像这样的孩子，就是养成了任性的毛病。

所谓“任性”，就是放任自己的性子，不加约束。任性的孩子，一般非常固执，为所欲为，完全没有自我克制的能力，不能忍受外来的任何的约束。他们的愿望和要求，带有极大的主观主义的色彩。不管正确与否，也不管是合理还是不合理，是有益还是有害，客观条件允许还是不允许，可行不可行。只要是他想做的事，就非得做不可。

然而，周围的一切不都是为满足他们的种种需要和要求而存在的，周围的人也不能完全听从他们的“调遣”和“支配”，他们不可能随心所欲、为所欲为。因此，任性的孩子在日常生活中会经常碰钉子，遭到挫折，受到“打击”。事事都不顺心，觉得好像人人都有意跟他们作对，非常痛苦，身体和心理都会遭到磨难。而他们又不能主动地、自觉地调整自己的心理状态，总是与周围的人和事处于对峙、僵持的状态，时间长了，就很可能造成心理的疾病，如忧郁、偏执、狂躁等类病症。

法国教育家卢梭在《爱弥儿》一书中，曾对这个问题进行过专门的论述。他对做父母的说过：

“你知道不知道用什么方法准能使你的孩子得到痛苦吗？这个方法就是：百依百顺。因为有种种满足他欲望的便利条件，所以他的欲望将无止境地增加。结果，使你迟早终有一天不能不因为无能为力而表示拒绝；但是，由于他平素没有受到过你的拒绝，突然碰了这个钉子，将比得不到他所希望的东西还感到痛苦。”

卢梭认为，家长过分放任、迁就孩子，就会助长孩子不合理的欲望，强化他们的为所欲为。而屡屡遭受挫折，所得到的只能是痛苦。他曾经举例说：“起初，他（孩子）想得到你手中的手杖，转眼之间他又想要你的手表，接着，他又想要空中的飞鸟，想要天上闪烁的星星；他看见什么就要什么。”他还列举说：“有的孩子竟想叫人一下子把房子推倒，竟要人把钟楼上的风标拿下来给他们，竟要人拦住正在行进中的军队，好让他们多听一会儿行军的鼓声……他们偏要那些不可能得到的东西，从而处处遇到抵触、障碍、困难和痛苦。成天啼哭，成天不服管教，成天发脾气，他们的日子就是在哭泣和牢骚中度过的；像这样的人是很幸福的吗？”

的确，任性的孩子每天都生活在痛苦之中。家长要是真正爱孩子，就要从小严格要求、训练，不要养成任性的毛病。

如果孩子已经养成了任性的毛病，怎么办？有的家长认为，对付任性的孩子，就得要针锋相对，“寸土不让”。孩子要怎么做，我偏不那样做；孩子要什么，我就偏不给，只有这样才能把任性的毛病给“整治”过来。其实，不见得。

家长采取针锋相对的态度，可能会在一时一事上起点作用，但不可能从根本上解决问题。因为孩子的任性，是家长迁就放任给“引发”出来的，有的则是家长跟孩子“较劲”给“激发”出来的。家长跟任性的孩子“较劲”，很可能由于“暗示”的作用，使孩子更加任性。家长运用自己的权威强行征服孩子，思想并没有打通，情绪没有被调整过来，屡屡被强权所压制，孩子会感到很压抑、憋屈，弄不好还会发生心理疾病。最好不用这种方式方法。

儿童的注意力不太稳定，只要有另外的刺激或条件，他们就很容易将注意力转移到另外的对象或活动上去。当孩子任性发作时，道理讲不通，说也说不服，家长可以根据孩子的需要或兴趣，以另外的对象或活动吸引他，满足孩子另外的需要和欲望。等他情绪平静下来以后，另谋教育机会再说服教育。

比如，在玩具柜台前，孩子见什么就要买什么，不给买，孩子不干，赖在那里不走，甚至躺在地上打滚、撒泼。怎么办？你打他，他会当着众人的面有恃无恐地给闹个没完，最好是采取转移注意力的方式方法。比如，可以对孩子说："你这样闹，你看人家叔叔、阿姨、小朋友都笑话你了。"或者说："你看你的衣服给弄脏了，明天怎么上幼儿园呢？"或者说："妈妈今天钱带得不够，下星期咱们再买好吗？"这样，就很可能诱导孩子放弃原来的要求。事后，回到家再对他进行教育，效果会好一些。

矫正孩子任性的毛病，要原则性和灵活性相结合。有时候孩子和家长真的"较"上劲了，说不服，劝不听，怎么办？不能总是无休止地"对峙"下去吧？家长可以主动地采取让步的策略，暂时先答应孩子不合理的要求，以舒缓孩子的对立情绪，让孩子心境平静下来，再讲道理，指出孩子任性的毛病，也许效果会好一些。

孩子养成任性的毛病，不是"一日之功"。要纠正也不能指望一次就给"整治"过来，要做艰苦细致的工作。当然，最好是从小就严格要求，防患于未然。

48. "护短"终更"短"

何谓"护短"？这个词来源于一个典故。

有一次孔子带领弟子外出游学，正走在路上时，天气突然发生变化。一阵狂风之后，聚集起了乌云，很快就下起雨来。一位弟子说："先生，子夏的家离这儿不太远，咱们先去他那儿借把雨伞再走吧！"孔子连忙摆了摆手说："不，不，别去找他了。"

看弟子不理解的神情，孔子解释说："我听说过这样的话：与人交朋友就应该尽量发挥人家的长处，而避开人家的短处，这样朋友才能长久。子夏是比较吝惜财物的，这正是他的短处。我们去向他借东西，不正是没有避开他的短处吗?”

后来，到了晋朝，有一位叫嵇康的文人在给朋友写信时，就提起孔子不向子夏借伞的事。他信中写道：“仲尼（即孔子）不假盖（借伞）于子夏，护其短也!”这话的意思是，孔子不向子夏借伞是维护、原谅他的短处啊!

嵇康说的“护其短也”，后来经过缩略，就成了“护短”这个词。“护”就是保护、掩盖、回避，“短”就是短处、缺点。“护短”就是掩护自己或自己人的短处、缺点。

有一些做父母的，看着自己的孩子像一朵花似的，十全十美，完美无缺，成天是赞不绝口，逢人便夸个不停，生怕别人不知道；而明明是孩子的缺点和毛病，却是视而不见，充耳不闻，听之任之，放任自流。有时老师、邻居都给指出来了，家长不仅不管，反而替孩子遮遮掩掩。这些做父母的，自以为是在爱孩子，其实恰恰是在害孩子。

有一对夫妇，连续生了两个女孩子，就想再要一个男孩子。天随人愿，后来他们还真的生了一个男孩。常言说：物以稀为贵。这对夫妇又到中年，自然非常疼爱这个“唯一”的男孩。他们视男孩为“稀世珍宝”，含在嘴里怕化了，顶在头顶怕掉了，谁也不许管那个男孩，任其为所欲为。他从小就被父母娇生惯养，百般袒护，养成了很多的坏习惯。谁要是一管，父母就跟谁急。他经常欺负他的姐姐们，姐姐们要是反抗，他就跟姐姐们打架。姐姐们向父母告状，父母从来不问青红皂白，都是站在那男孩一边，极力袒护、包庇。久而久之，那男孩就养成了专横跋扈、横行霸道、肆无忌惮、无恶不作的毛病。上了学，经常无故旷课，还经常欺负同学，老师批评他，他就跟老师顶撞；同学向老师反映他欺负人，他就变本加厉地欺负同学。老师实在没有办法，就找到他的家长反映情况，家长不但不管，反而说老师偏向别的同学，怪老师不公平。就这样，那孩子加入了流氓集团，由于打群架被送去劳动教养。

像这样的教训，我国古时候就有。据《颜氏家训》一书记载，梁朝有一个学士，从小就聪敏有才，为父所宠爱。儿子要是说对了一句话，做对了一件事，父亲逢人便夸，到处张扬，从早到晚，从年初到年末，一直夸个不停；而要是做了错事、坏事，父亲就极力掩盖，替儿子百般辩解，指望儿子能“偷偷地改正”。由于父亲的袒护、姑息，儿子不认为自己身上的毛病是毛病，自是“以非为是”，渐渐养成了骄横无理、肆无忌惮的毛病。长大以后，由于出口伤人，结果惨遭别人的陷害。

《楚辞·卜居》中说：“夫尺有所短，寸有所长。”这是说，尺比寸长，但和更长的东西相比就显得短些；寸比尺短，但和更短的东西相比就显得长些。比喻人或事物各有短处，也各有长处。小孩子在某一方面跟别的孩子相比，会有长处；在另外一方面相比，也会有些短处，这是正常现象。

常言说：“金无足赤，人无完人。”金子没有绝对纯的，人也没有十全十美、完美无缺的。小孩子也不例外。小孩子有短处、缺点，不能讽刺、打击，不给改正的机会；但也不能刻意掩饰、辩护。为孩子的缺点、短处打掩护，就是人们常说的“护短”。短处是“掩护”不住的，越护越短；为孩子的缺点辩护，实际上是在助长。

孩子确实有短处和缺点，家长要正视，给予批评、教育、诱导，促其纠正。缺点和短处克服了，这本身就是一种进步，也有利于发扬长处和优点。对孩子的缺点和短处，漠然置之，不管不教，就等于默许。缺点和短处克服不了，就不能进步，优点和长处也保持不住。假如是有意替孩子掩饰缺点和长处，孩子就会以非为是，有恃无恐，肆意放任，实际上就是助长他们的缺点和短处，弄不好将来会酿成大错。如俗话所说：“小洞不补，大洞吃苦。”

古人说：“慈母有败子，严家无悍虏。”是说若父母对孩子娇惯溺爱、袒护姑息，就会养成败家之子；而家法比较严格的家庭里，孩子有短处或缺点不放任、姑息，就不会出现不服管教的孩子。中国古代，许多有见地的父母对子女从不护短，发现了问题和毛病，就严加管教。不仅对年龄小的子女严加管教，就是已经长大成人的子女，也从来不放任、不姑息、不护短。

比如，春秋时期楚国大将子发率领军队同秦国作战。在前线，子发不能与士兵同甘共苦，而是在生活上搞特殊化。尽管他带兵打了大胜仗，母亲在儿子子发凯旋归来时，将家门紧闭，不让他进家门，狠狠地教训了儿子。

战国时期，赵国大将赵奢的儿子赵括不刻苦学习兵法，只会纸上谈兵，根本不会指挥作战。赵孝成王受了卖国权臣的挑唆，派赵括领兵出征同秦国作战。赵括的母亲得知后，力谏赵孝成王不要派她的儿子上前线，毫不隐瞒自己儿子只会纸上谈兵、没有真正本领、对人粗暴、贪图钱财等毛病。

梁朝车骑大将军王僧辩的母亲魏夫人，“性甚严正”，从儿子小时候就管教得特别严格，毫不娇惯溺爱。以至儿子王僧辩“为三千人将，年逾四十”的时候，其母亲魏夫人只要看到他在执行公务中有过错，就拿拐杖打他。因此，王僧辩“能成其勋业”，很有作为，受到人们的称赞。

当然，父母殴打子女，这种管教方式不能提倡。但对子女严格管教，不放任，不护短，这种教养态度还是值得称道的。

49. 无原则夸奖有害

“好孩子是夸出来的。”“批评是孩子的杀手。”

这是近来在社会上常常听到的一种说法，让人觉得很新鲜。

受这种说法的影响，一些平时严格管教孩子的家长，一反常态，改弦更张，从此再也不批评孩子了。就是发现了孩子身上的毛病、缺点，也熟视无睹，不指出，不批评，而是采取“一味地夸奖”的教育方式。无论孩子怎么做，不问是非曲直，也都说“好好好”、“棒棒棒”，一心只求相安无事，家长简直成了“好好先生”。即或是批评，也是轻描淡写，蜻蜓点水，隔靴搔痒，不痛不痒地应付几句，不触及孩子的“疼处”。

家长总是一味地批评孩子，孩子总是被家长否定，孩子必定会觉得自己一无是处。久而久之，孩子就会丧失自信心、上进心。越批评，孩子就越疲沓，越反感，越抵触。最后，给家长来个“破罐破摔”、“死猪不怕开水烫”，到那时候，可就谁也没辙了。总是一味地批评孩子，看不到孩子的进步、长处和优点，从来也不夸奖孩子一句，这样“走极端”，那的确不是教育孩子的好的方式方法。

但是，反其道而行之，走向另外一个“极端”，主张无原则地夸奖，一味地夸奖，滥用夸奖，也是不可取的。

更有甚者，有人公开主张有的孩子把人的头给打破了，还要为他鼓掌、叫好，表示赞赏，而不进行任何的批评教育。旁人不解，怎么把人打破头了还要叫好呢？说是因为他昨天打破了两同学的脑袋，今天他只是让一个脑袋“开了花”，有了进步。所以，应该大大地夸奖他，赞赏他。过了一天，那孩子又欺负了小朋友，还是不进行任何的批评教育，要继续夸奖他，赞赏他。为什么？因为这次虽然打了小朋友，但没有打破，没有造成流血事件。这种做法，这哪里是在教育？完全是在纵容。

“无原则的夸奖”不能作为教育好孩子的“万应灵药”，加以推广应用。

第一，从方法论的角度说，家长的眼睛只是看到了孩子身上的缺点和毛病，只看到“一点”而不顾其余，那是片面性，是“形而上学”；同样，家长要是只看到孩子身上的优点和长处，看不到或有意掩盖孩子身上的缺点和毛病，也不是全面看待孩子，照样也不符合“辩证法”。过去信奉“不打不成材”的教条，采取打骂手段，或一味批评，那是违背教育原则的，不会有理想的教育效果；说“好孩子是夸出来的”，一味夸奖，也有片面性，同样也不符合教育原则，自然也不会有什么理想的教育效果。

第二，只是一味地夸奖孩子，从不批评孩子，那势必就得有这样一个必不可少的前提：“孩子所有的言行举止，所作所为，都是正确无误、无可挑剔的。”而这样的前提是根本不存在的。“人非圣贤，孰能无过？”人不可能没有过错，更何况是不懂事的孩子。如果孩子所做的一切天生都是正确无误、无可挑剔的，没有任何的过错，那还要我们教育者做什么呢？家长和教师不都成了多余的人了吗？家庭教育和学校教育不都是“画蛇添足”、“多此一举”了吗？

第三，任何孩子，身上不可能没有缺点或毛病。“人无完人，金无足赤”，更何况是不大懂事的孩子。有缺点或毛病，怎样才能去掉呢？毛泽东曾经说过这样一句至今人们都耳熟能详的经典话：“扫帚不到，灰尘照例不会自己跑掉。”有缺点或毛病，不指出来，不批评教育，孩子不知道是错的，有什么危害，那怎么能改正呢？通过批评教育改正了，就像是通过吃药治好了病，身体就健康了，有什么不好？“批评是孩子的杀手”，简直是奇谈怪论。当然，批评要讲究方式方法，和风细雨，留有余地，以尊重孩子的人格为前提。

第四，说“好孩子是夸出来的”，主张只能是一味地夸奖孩子，说“好、好、好”、“棒、棒、棒”，就是不能批评。那么，这种夸奖就是无原则的，那不就是典型的迁就、姑息、放任、纵容、恭维和吹捧吗？现在，已经有许多孩子只能听表扬，不能听批评，傲慢骄横，唯我独尊，就已经是“老虎屁股摸不得”了。本来就够难管难教了，还要无原则地夸奖。难道娇惯得“火候”还不够，还要加温吗？真是咄咄怪事！真不知道提出这种主张的人，究竟要把孩子引向何处？

第五，一味地夸奖，从长远看，会对孩子带来许多消极的影响。孩子从小时候起，就经常获得“廉价”的无原则的夸奖，久而久之，便对夸奖习以为常、无动于衷，从而丧失为获得夸奖去完成各种任务的兴趣。这样的孩子长大以后，会变得冷漠孤僻，谨小慎微，缺乏开拓、创新、冒险的精神。因为唾手可得的夸奖，在一定程度上会成为一种精神负担，一种足以使之“自我窒息”的压力；或者是非不分，善恶不辨，盲目自满，停滞不前。

古今中外的教育家，历来都是主张教育孩子要以表扬为主，批评为辅。这是“放之四海而皆准”的科学的教育原则，永远不会变，谁也别想推翻。

“好孩子是夸出来的”，这既不是什么教育原则，也不是什么教育艺术，更不是适用于所有孩子的教育“绝招”。要说对那些聋、哑、盲、弱智和学龄前儿童等，因为他们属于弱势群体，缺乏自信和勇气，又缺乏自我评价能力，可以尽量多地使用夸奖的教育方式方法，以至夸张地大张旗鼓地夸奖，以增强他们生活上的自信和进取的勇气，那是有必要的。这可以增强他们的自信心、自尊心和上进心，促使他们不断地进步。

而对正常的小孩子，还是坚持实事求是的原则，该表扬则大力表扬，该批评则严肃批评，既不能打压，也不能姑息，坚持表扬和批评相结合。通过正常的表扬和批评，使孩子们从小学会明辨是非、曲直、善恶、美丑，逐步形成一个正确的行为标准，提高自我评价的能力。当然，要以表扬为主，批评要注意方式方法，不要轻易伤害孩子就是了。

50. 偏疼偏爱，无益有害

父母不能对子女一视同仁，偏疼偏爱某个子女，忽略或歧视其他子女，这是古今中外多子女家庭教育中常见的问题。

南北朝时期教育家颜之推在《颜氏家训》一书中专门论述了这个问题。他说："人之爱子，罕亦能均；自古及今，此弊多矣。"

颜之推在书中列举了中国历史上由于偏疼偏爱导致的血的教训。

据《左传·隐公元年》记载，周朝时郑武公妻姜氏生有二子。生长子庄公时难产，姜氏遂很不喜欢他；生次子共叔段时很顺利，姜氏就偏爱共叔段。她请求立次子共叔段为嗣。古时候一般是确立长子为继位者，因此郑武公不允许，还是要立庄公为继承人。庄公继承王位。其母姜氏不甘心，破例强行让共叔段掌管京城大权，他多行不义，后终被庄公所克。

据《史记·吕后传》记载，汉高祖刘邦的戚姬生赵隐王如意，戚氏偏宠偏爱。她日日夜夜地啼啼哭哭，非要汉高祖将其亲生儿子如意立嗣，代替太子刘盈。刘邦不允。刘邦死后，吕后乃下令把戚夫人囚禁起来，又毒死了赵隐王如意。

据《后汉书·刘表传》记载，刘表有两个儿子：一个叫刘琦，一个叫刘琮。刘表见刘琦的相貌酷似他自己，尤为爱之。于是，刘琦、刘琮之间就发生了矛盾。刘琮依靠母族的势力，诬蔑、攻击刘琦，并将他排挤到外地做官。刘琦是长子，本应立他为嗣，结果反立刘琮为嗣，刘琦受到陷害。就在他们兄弟之间争权夺利时，曹操趁机进攻，刘琦逃走，刘琮投降，造成"刘表倾宗覆族"，彻底失败。

据《后汉书·袁绍传》记载，袁绍有三个儿子：长子袁谭、次子袁熙、三子袁尚。袁谭、袁熙德行好，袁尚长得英俊漂亮。袁绍的后妻刘氏偏爱袁尚，排挤袁谭、袁熙。官渡之战，袁绍失败，发病而死，未来得及立嗣，他们兄弟之间就相互争执不下，自相残杀，遂在曹操攻击下，"地裂兵亡"，惨遭失败。

从这四个历史故事中，可以清楚地看到，父母任何的偏宠偏爱，都是有百害而无一利。尤其是掌权者的家庭里偏宠偏爱，既害家，又害国。

今天，在那些非独生子女家庭里，偏宠偏爱子女的现象，仍旧不同程度地存在。

有的偏爱子女中的最幼者，就是人们常说的“老疙瘩”。子女中的最幼者往往是父母所生子女的最后一个，“不可多得”，又是弱者，在父母心目中地位很重要。

有的偏爱性别不同的多子女中那唯一特殊的性别者。如只有一个男孩，其他均是女孩；或是只有一个女孩，其他均是男孩。这唯一的男孩或女孩，对父母来说，都是“绝无仅有”的一个，“物以稀为贵”，父母往往给予特殊地位，倍加疼爱。

有的偏爱子女中的聪明伶俐者。学习好，功课拔尖，有特长，在兄弟姐妹中出类拔萃，能给父母脸上增光添彩，这样的孩子，父母往往另眼看待。

有的偏爱子女中身体有残疾或体弱多病者。父母往往由于可怜他（或她），在思想行为和道德品质上也降低要求，有缺点、错误舍不得管。

有的偏爱子女中的相貌出众者。有的孩子是英俊漂亮，有的并不太漂亮，只是相貌酷似父母，或是相貌继承了父母相貌的长处，这都有可能成为父母偏宠偏爱的对象。

在重新组合的家庭里，有的继父或继母，对自己的亲骨肉偏宠偏爱，也有的为了取得对方子女的信任和爱戴，而有意偏宠对方的子女。

父母偏宠偏爱孩子，一般是在物质生活上特殊化，在思想品德、行为习惯上要求很低，甚至没有要求。因此，被偏宠偏爱者，在学业和事业上有成就、能成才的非常鲜见，有的甚至走上犯罪的道路。偏宠偏爱某个孩子，父母以为是为孩子好，其实恰恰是害孩子。

比如，有一个中学生，患有先天性的小儿麻痹症，又是家里唯一的男孩。一家人从爷爷、奶奶到爸爸、妈妈，都娇他宠他，不管不教，生活上特殊化。姐妹们平时谁的手里也没有零花钱，他却是花钱如流水。他不思上进，不好好学习，还结交了一些不三不四的朋友，经常结伙打架斗殴。他蛮横无理，性情暴躁，动不动就用他的手杖打人致伤，被称为“打架大王”，后终因打人致残而违法。

再比如，某铁路局一位干部，生了三个姑娘，年近50岁时终于得了一个宝贝儿子。中年得子，又是传宗接代的“香火”，自然倍加疼爱。在物质上一切满足，在学习上没有要求，从来不管不教，任其为所欲为。不管儿子多么无理，父亲从来都是训斥姐姐们。久而久之，就把儿子惯得实在不像样子了，打姐姐，骂爸爸妈妈，成了家里的一霸。小时候舍不得管，上了中学，想管又管不了了，经常向父母要钱买烟抽。有一次，他要买一件衣服，其实他有衣服，父亲拒绝了。不料，儿子竟恼羞成怒，愤怒地用正在燃烧着的烟头烫伤他父母的脸。一向为父母所偏宠偏爱的爱子，竟如此野蛮残暴，父亲愤怒至极，忍无可忍，当即抄起一把斧子，就劈向儿子，儿子当场死亡。当然，那位父亲也受到了惩罚。

在多子女家庭里，偏爱往往和偏憎同时并存，对于偏爱者和偏憎者都有害。对偏爱者，貌似在“施爱”，实则是一种不清醒的爱，是溺爱，是在“害”。如颜之推所说：“有偏宠者，虽欲以厚之，更所以祸之。”许多事实都印证了颜之推的判断。

受冷落、歧视、虐待的子女，由于无端地受到不公平、不合理的待遇，精神上受到刺激，心情苦闷、压抑、愤怒，感到是一种极大的伤害。逼急了，或是离家出走，到社会上去寻求家里得不到的同情和温暖；或是采取报复行为，报复对象，一是被父母偏宠偏爱的兄弟姐妹，二是冷落、歧视、虐待他们的父母。

对所有子女一视同仁，是多子女家长教育成功的必要前提，必须始终坚持。

把抱着的孩子放下来

51. 把抱着的孩子放下来

中国年轻父母有个习惯，就是总爱把小孩子抱在怀里。在孩子出生后，还不会坐、不会走的时候，间或抱一抱，让孩子换换姿势，开阔开阔视野，还是很有必要的，也是有好处的。另外，小孩子需要和大人亲昵，进行皮肤接触，可以满足孩子与大人接触的欲求。抱一抱，可以排除孩子心理上的孤独感，加深母子、父子亲情，使孩子感到有安全感。

问题是，在孩子已经学会走路以后，中国的很多父母还是常常把孩子抱在怀里。在城市，这种情况还少一些，在农闲的时候要是到农村街头看一看，你就会发现一种奇特的“文化景观”：几乎每个年轻母亲怀里，都抱着个孩子。母子就像是不可分隔的“连体人”，让人觉得似乎怀里若不抱着个孩子，身体就失去了平衡，双手也不知道往哪里搁。

我曾带着好奇和疑惑，询问过那些总爱抱着孩子的父母：“孩子已经学会走路了，为什么还要总是抱着呢?”

他们几乎是不约而同地对我说：“抱着省心、省事、省力，免得孩子乱跑磕着、碰着、摔着，让车给撞着。孩子缺乏安全意识和防范危险的能力，满世界乱跑，还得费劲去追他们。抱着，既省力又安全，一举两得。”

要是从保护孩子安全的角度说，“抱”在怀里是更为保险。可这些做父母的却没有想到：总是“抱”在怀里，拢起的双臂就像一条“绳索”，把孩子的手脚给牢牢地束缚住了，使他们有手不能活动，有脚不能走路。这不仅使孩子的手脚和大脑的功能得不到充分发展，无形中也会强化孩子对父母的依赖性，有意无意地压制了独立自主、自立自信意识和独立活动能力的发展。总在父母“怀抱里”生活的孩子，活动机会少、范围小，社会交往面和视野狭窄，往往性情呆滞、孤僻、怯懦、自卑、无能，交往和社会适应能力差，缺乏儿童特有的天真、烂漫、活泼、热情、勇敢、坚强和蓬蓬勃勃的朝气。

孩子总要长大，终归要离开父母的怀抱。总是被父母“抱着”，孩子就总也不会有自我保护意识和自我保护能力。孩子不能总让父母保护，终究还是要靠自己保护自己。与其总是“抱着”，不如早一点儿把他们从怀里放下来。

小孩子在初学走路的时候，不可避免地要摔一些跟头。不论是人，还是动物，都是在不断地摔打过程中，学会站立、行走、奔跑的。你看，那刚刚生下来的小马、小牛、小羊、小狗，刚刚孵化出来的小鸡、小鸭、小鹅、小鸟，不都是在“摸爬滚打”中站立起来的吗？企图让小孩子一个跟头也不摔，就能学会站立、行走、奔跑，那是不实际的。“庭院里练不出千里马，花盆里长不出万年松。”父母的怀里养不出经得起风雨的现代人来。

中国人总爱“抱着”孩子，表面看是一种传统习惯。深入地思考一下，恐怕也是一种文化现象。总是把孩子“抱”在怀里，它不仅反映了父母保护孩子的心态，也非常形象地反映了我们中国父母与子女之间传统的“人身依附关系”——子女是父母的一部分，是父母的附属品，而不是独立的个体。在中国父母的潜意识里，不愿意让子女长大，离开父母，独立于父母束缚和制约之外，总要保持一种隶属和支配的关系。

这是一种陈腐的文化观念，不符合时代要求，也违逆人的天性。早在80多年前，鲁迅先生就在《我们今天怎样做父亲》一文中说过：“子女是即我非我的人，但既已分立，也便是人类中的人。因为即我，更应该尽教育的义务，交（教）给他们自立的能力；因为非我，所以也应该同时解放，全部为他们自己所有，成一个独立的人。”

总爱把孩子“抱”在怀里，也是长期以来形成的中国“家庭教养模式”的反映。不仅在孩子小时候“抱在怀里”，就是长大了，也是照样“抱着”——“包办”孩子的一切。有事，父母替他们做，有问题替他们想，有困难替他们克服，有危险替他们排除。孩子不会走路的时候，父母搂在怀里睡觉；会走路了，父母“抱在怀里”；该生活自理了，父母“包办代替”，父母就像是开了“三替公司”。难怪有人说：我们中国的孩子是“抱大的一代”。“抱大的一代”是很难适应市场经济社会的。

教养方式本身就是一种教育。“总把孩子抱在怀里”，肯定对孩子是有影响的。外国父母对孩子的教养方式，与我们中国大相径庭。小孩子一生下来，就独自睡在一个小床上，再大一点儿，就睡在另外一个房间里，与父母分开居住。父母很少把孩子抱在怀里，不是躺在童车里，就是独立行走。摔了跟头也不大惊小怪，大呼小叫，而是鼓励他们自己爬起来。父母外出参加成年人的社会交往活动，也很少带孩子去，把孩子放在家里，饿了自己取食品吃，渴了自己倒水喝。孩子玩什么游戏和玩具，都由他们自己选择，家长很少直接干预。

再看一看我们中国的父母，孩子一生下来，就把孩子用小被窝给捆得紧紧的，手脚都不能动弹；有的把孩子装在“沙袋”里，像是上了“刑”。孩子从一出生就和爸爸妈妈在一个被窝里，让妈妈搂着睡。孩子小时候，在爸爸妈妈手里传来传去，不让孩子的双脚沾地。孩子大一点了，爸爸妈妈不论到哪里去，都要把孩子带在身边，就像个小尾巴似的，如影随形，形影不离。孩子做什么事，包括他们要玩什么游戏和玩具，家长都要干预、支配……

两相比较，不难看出，外国孩子的个性、独立意识和能力以及社会适应性一般比较强，原因就不难理解了。

为了使孩子减少依赖性，增强独立性，成为有所作为的一代，还是早一点儿把怀里“抱着”的孩子放下来，让他们独立站立、行走、活动、奔跑。

52. 别忘了介绍你的孩子

在外国，有客人第一次要到家里来做客，一般是一家人全都在门口迎候。在客人到家的时候，主人先介绍客人，然后介绍家人。父母先是向客人介绍他们自己，如丈夫介绍妻子说："这是我的夫人某某某。"或妻子介绍说："这是我的先生某某某。"然后，便郑重其事地逐一向客人介绍自己的孩子，比如说："这是我的大儿子汤姆，这是我的二儿子杰恩，这是小女儿斯蒂芬……"

在外国的家庭里，不论孩子年龄多小，哪怕是还抱在怀里的婴儿，都一个不遗漏地、郑重其事地介绍给来访的客人。不仅介绍孩子的身份，还把孩子的名字一一说出。孩子们也都很懂事，当介绍到孩子时，每个孩子都是主动、热情地伸出手，大大方方地跟客人握手问好，表示欢迎。这是我们经常在电影或电视节目看到的情形。

而在我们中国，许多家庭做父母的做法却与外国不同：有客人第一次到家里来做客，父母只是向客人介绍家里的成年人，家里另外的正式成员——孩子，往往有意无意地被忽略了，即或孩子就在眼前，也被忽略不计，就好像他们并不存在。有的父母即或介绍自己的孩子，也只是说"这是我的儿子"或"这是我的女儿"，似乎孩子还没有属于他们自己的姓名。更有甚者，当家里要有客人来访时，把孩子们关在别的屋子里，一再叮嘱不要出来；有的干脆把孩子统统都轰到大街上去，免得孩子们给添乱。

这种现象在中国的家庭里相当普遍。这是父母一时的疏忽吗？我以为不是。

这首先反映了我们中国的父母缺乏家庭交际的礼仪素养。在把自己的家庭成员介绍给客人时，应尽量避免称谓上的含混。比如，介绍自己的子女时，只是介绍说"这是我的大儿子"，"这是我的小女儿"，而不介绍他们的名字，如果客人与孩子们交谈，会使客人不知道怎样称呼才好；不向客人介绍子女的名字，也不会跟客人增强亲近感。

中国的有些父母忽略介绍孩子，从根本上说，表明父母的思想上，没有把孩子看成是一个个独立的个体，而当成家长的“附属品”；在家长观念上，没有把孩子看作是家庭的正式成员，而看作是依附于父母而存在的，是无关紧要的。

从家里接待客人这件事上，就表明中国的父母不像外国的父母那样，给孩子的独立人格以应有的重视和尊重。就像中国过去，“夫为妻纲”，妻子是丈夫的附属品，就连自己的姓氏也不能独立使用，只能称某人的妻子为“某门某氏”。致使有的老年妇女在故去以后，子孙后代都不知道这个长辈叫什么名字。比如，著名新闻记者、政论家、出版家邹韬奋曾经写过一篇名为《不知名字的母亲》，他就是一生都不知道母亲的名字。中国的家长对孩子“忽略不计”，不正是“父为子纲”的具体体现吗?

外国的孩子，在客人到家里来做客时，一个个都俨然像个大人似的，那样充满自尊、自信，懂文明，讲礼貌。而我们中国的孩子，有的见了生人萎萎缩缩、扭扭捏捏地藏在大人的身后，见不得世面；有的在客人面前乱折腾、瞎胡闹，任意搅乱，打断大人的谈话，就是被人们称为“人来疯”的现象。也有的没大没小，没有礼貌，没有规矩，没有教养，在父母身边腻腻歪歪，纠缠不休，弄得父母急不得，恼不得，甚为难堪，客人也很尴尬，不知道说什么好。

出现这种情况，不是偶然的。家里接待客人，这是一种社会交往，本来是培养孩子自重、自信、自尊和人际交往能力的极好机会。然而，我们许多家长头脑中缺乏教育意识，忽略了、白白地浪费了大好的教育孩子的时机。如果把孩子郑重其事地一一介绍给客人，不仅介绍他们的名字，还借机把孩子在哪所幼儿园或学校读书，有什么兴趣爱好和特长介绍给客人，那一定会大大强化孩子的自尊心和自信心。

家长不向客人正式介绍孩子，孩子就会觉得自己无足轻重，不会也把自己看成是接待客人的主人；家长忽略孩子，只顾与客人谈话，小孩子耐不住寂寞，就要设法胡闹或撒娇引起家长和客人的注意；家长没有给孩子独立人格应有的重视和尊重，当然他们也不会自尊、自重、自信、自爱。所以，当客人来到家里时，不是怯懦地躲躲闪闪，上不了“台面儿”；就是给你胡闹、撒娇、折腾，旁若无人，为所欲为，总也学不会与人进行正常的交往。这完全是由于我们许多做父母的，缺乏强烈的教育意识，不尊重、重视孩子的独立人格造成的。

记得鲁迅先生的朋友、著名的现代女作家萧红在《鲁迅回忆录》一书中记述过鲁迅一家人招待客人吃饭时的一个细节：

从福建菜馆叫的菜，有一碗鱼做的丸子。

海婴一吃就说不新鲜，许先生不信，别的人也都不信。因为那丸子有的新鲜，有的不新鲜，别人吃到嘴里的恰好都是没有改味的。许先生又给海婴一个，海婴一吃，又不是好的，他又嚷嚷着。别人都不注意，鲁迅先生把海婴碟里的拿来尝尝，果然不是新鲜的。鲁迅先生说："他说不新鲜，一定也有他的道理，不加以查看就抹杀是不对的。"

……后来，萧红跟鲁迅夫人许广平私下谈过，许先生说："周先生的做人，真是我们学不了的。哪怕一点点小事。"鲁迅先生对孩子的事，从来是不忽略的，他认为孩子再小也不是无足轻重的，要给予尊重。这是很值得今天做父母的学习的。

家庭是孩子进入社会生活之前的"演习场"。家长心里要有孩子，应当具有强烈的教育意识，注意抓住有益的教育时机，充分利用家庭的日常生活，对孩子进行相应的教育。接待客人，是教孩子学习交往的重要时机。为了培养孩子的自尊、自信、自重、自爱，提高社会交往的能力，在家里来客人时，家长不要忘记郑重其事地向客人介绍你的孩子。

53. 孩子不需要代言人

大概是出于职业的原因，我特别喜欢孩子。不论在哪里，只要见到孩子，我就是像见到多日不见的老朋友似的，总是笑吟吟地，主动上前打招呼，要与孩子说说话，聊聊天。

喜欢跟小孩子谈话，表明我童心未泯，备感欣慰；小孩子能接纳我，能跟他们沟通，也表明我跟小孩子有共同的语言和情趣，还不算老。经常跟小孩子谈话，能洞察他们的内心世界，了解他们的喜怒哀乐，密切与小孩子之间的关系；同时，在交谈中，被孩子的天真烂漫感染，也会使人变得年轻。因此，我乐此不疲。

要是没有家长的参与，小孩子跟我交谈会无拘无束，畅所欲言，一问一答，你来我往，没有年龄差异的障碍，谈得很好，很融洽，很有意思，其乐无穷。

若是有家长在身旁，情况可能就大不一样了：家长往往强行“插足”于我和孩子中间，常常无端地打断我与孩子之间十分愉快的谈话，破坏和谐融洽的谈话气氛，就像不受欢迎的“第三者”。

比如，在小区的院子遇到孩子，我蹲下身子，笑眯眯地问道：“小朋友，你好！告诉爷爷，你叫什么名字呀？”还没等孩子开口，家长往往抢先代替孩子回答说：“他叫某某某。”我又问：“小朋友，你几岁了？”孩子刚要开口说，家长又都多嘴多舌：“他四岁了。”就像是电视节目中的“抢答”，每每都是妈妈反应灵敏，嘴快，抢占先机。我很不赞成有些家长的这种做法。

我真不明白：这些做父母的，难道你的孩子连自己的名字和年龄也不知道，非得要家长“代言”？实在搞不懂。

有时候，年轻的父母带孩子到我家来玩儿，就像是久别重逢的“老朋友”莅临，我感到像是喜从天降，更是喜出望外，笑逐颜开。赶紧热情地迎进家里，拿出糖果、点心、巧克力等孩子喜欢吃的东西热情招待，诚心诚意、和颜悦色地对孩子说：“小朋友，你要吃什么呀？想吃什么，就自己拿，到爷爷家里来，不要客气。”

还没等孩子点头答应、伸出小手去拿，父母就连忙抢着替孩子说：“他什么也不吃，什么也不吃。谢谢，谢谢。”赶紧把孩子拉开，搂在自己怀里。

面对家长这种过分的客气，有时弄得我很尴尬。孩子究竟想吃还是不想吃，孩子自己最清楚，家长为什么不让孩子自己表达？家长似乎是孩子的“代言人”。

我真不明白，为什么有些做父母的，怎么不让孩子自己说话？在大人身边，孩子就连自主表达自己意愿的权利都没有。

是怕孩子说错话？孩子说了什么样的错话，大人们都是会原谅的，童言无忌嘛。

是怕孩子泄露了家里的秘密？我从未有过打听人家隐私的嗜好。

是怕孩子说不好，给家长丢脸、现眼？我不得而知。

像家长这样总是“抢嘴”，无意之中就等于给孩子的嘴上贴了“封条”，那他就总也学不会说话，总也不会和别人交谈、沟通和交流。

孩子到家里来做客，主人拿出糖果招待，表示对孩子和大人的欢迎。家长不让孩子吃，是嫌人家的糖果不好？“档次”不高？还是嫌人家不卫生？要不就是觉得主人是“虚情假意”？家长代孩子谢绝，难免使主人不快。

小孩子就是小孩子，能有不“贪吃”的？古今中外，概莫能外。

唐朝诗人卢肇的《嘲小儿》一诗中说：“贪生只爱眼前珍。不觉风光度岁频。昨日见来骑竹马，今朝早是有年人。”

宋朝王安石在《赠外孙》一诗中也有诗句说：“南山新长凤凰雏，眉目分明画不如，年小从他爱梨栗，长成须读五车书。”

古人都知道小孩子贪吃是天性，是正常的现象。而且，还往往有这样一个嗜好：就爱吃别人家的东西。同样的食品，家里有，不爱吃，总觉得别人家的比自己家的好吃，这是小孩子的天性。小孩子就是这样，家长没什么不好意思的。如果你是怕孩子吃别人家的东西没完没了，被人笑话，那你应当在家里进行教育和训练，培养孩子拒绝“诱惑”的能力。平时不注意教育，到人家里做客时，你代替孩子说“什么也不吃”，可孩子还是想吃。当着家长的面，虽不敢贸然伸手去拿东西吃，可眼睛总是直勾勾地盯着人家的糖果，那可就更是“现眼”了。

要让孩子自己说话，自主表达自己的意愿。孩子是独立的人，不管是多小的孩子，都有自己的意愿，有权自主表达自己意愿，这是法律赋予儿童的权利。联合国制定的《儿童权利公约》第十三条第一款明确规定：“儿童应有自由发表言论的权利；此项权利应包括通过口头、书面或印刷、艺术形成或儿童所选择的任何其他媒介，寻求、接受和传递各种信心和思想的自由，而不论国界。”孩子不需要“代言人”。

有的家长经常抱怨孩子胆子小，憷见生人，在公开场合“怯场”，总是扭扭捏捏的，不敢、不会与人交往。其实，这不是天生的。凡是这种不善言谈、交往的孩子，大约都是家长的“话”太多了，把孩子说话的机会都给无情地剥夺了。就像演戏一样：你夺了孩子的“戏”了，孩子没有

“戏份”了。把孩子推到第一线，创造条件让孩子与人交往，慢慢地就胆子大了，就不“怯场”了。

现代社会是开放的社会，“会交往”是现代人必备的能力。这种能力要从小培养。孩子小时候，与家长形影不离，家长可以“代”他说话；可孩子总会要长大，离开家长、父母，要独立生活，要自主与别人交往。你总不能永远充当孩子的“代言人”吧？在孩子小时候，家长就要利用与人接触和做客的机会，让孩子自由地与人交谈，进行沟通，以培养孩子的口头表达能力、自主精神和落落大方的交往仪态。开始，孩子可能胆子小，不敢说，说不好；接触人多了，胆子就大了；说得多了，就学会了交往。

我奉劝做父母的，最好不要充当孩子的“代言人”，因为孩子并不需要。

54. 离开你的孩子

一天下午，我到校医院去打针，遇上一个幼儿园的小男孩在老师带领下也去打针。老师拉着那孩子的小手走进注射室，亲切地说：“龙龙是个男子汉，是个勇敢的孩子！不怕疼，打针不哭。”尽管那孩子的脸上充满着惊慌、惧怕的神色，但嘴里还像背书那样，不停地喃喃地说：“龙龙不怕疼，龙龙打针不哭……”俨然真的是个“小男子汉”！

看那孩子的样子，打针的护士捂着嘴直想笑，可又好像怕什么似的强忍住没笑出来，也附和着连忙鼓励说：“龙龙真是个勇敢的孩子，打针不哭。”虽然在护士打针时，那孩子分明微微地咧着嘴，眼睛里含着泪花；但他还是强忍住了，始终没有哭出声来，眼泪也没有掉下来。打针的整个过程非常顺利，老师和护士一个劲儿地夸龙龙是个勇敢的“男子汉”。

龙龙刚一离开注射室，那打针的护士突然放声哈哈大笑起来，笑得前仰后合。她边笑边说：

“这孩子真逗！真有意思！”

我以为那护士是笑孩子的“小大人”的样子呢，心想：这有什么可笑的呀？感到莫名其妙。其实她不是笑这个。看我一脸疑惑，护士对我说：

“赵教授，您是没看到，上午可没这么顺利。今天上午，是他的妈妈带他来打针的，那情况和下午可大不一样，这孩子简直判若两人。他妈妈带他来打针时，一到注射室门口，他就放声大哭，说什么也不打针。他死活就是不进来，是他妈妈连拉带拽，才好不容易把他给弄到注射室。他妈妈把他紧紧地搂在怀里，他使劲儿地挣扎，呜哇乱叫，妈妈还打了他两巴掌。折腾老半天，好不容易才打完针。赵教授您是教育家，您说，幼儿园老师带着和家长带着来打针，孩子的表现怎么差别就这么大呢？”

的确，这事儿还真的很有意思。得知这孩子上下午截然不同的有趣的表现，不由得使我想起一位年轻朋友曾经给我讲过的他女儿的一件事，也许下边这个故事能诠释龙龙的表现：

有一次，他带女儿到医院去拔牙，女儿有点儿害怕，这位爸爸就安慰她说：“别怕，爸爸就守在你身边。”

可谁知，父女俩进了诊室，女儿却更加恐慌，紧紧抓住爸爸的手不放，哭哭啼啼地就是不跟医生合作。

这时，一位文质彬彬的老大夫走过来，很客气地对孩子的爸爸说：“先生，请您出去。离开你的孩子！”

看到孩子那恐慌的神情，孩子的爸爸有点儿进退为难。可看到老大夫不容置疑的态度，只得很不情愿地退出了诊室。

孩子的爸爸忐忑不安地在诊室外面，竖着耳朵听着诊室里边的动静，焦急地等待着，等待着。不一会儿，女儿就平平安安地自己走了出来。爸爸急切地爱怜地问女儿：“疼吗？你哭了吗？”

女儿说：“有点儿疼。可我一声也没哭！”

女儿脸上充满着自豪，高高兴兴地拉着爸爸的手离开了医院。

后来，孩子的爸爸又见到那位老大夫。提起他女儿上次拔牙的事，老大夫说：“你知道当时我为什么要您出去吗？您守在孩子身旁，孩子感到有所依靠，她就会撒娇、任性。我让您出去，离开你的孩子，就是要打破她的幻想，促使她自己直面痛苦和磨难。她没有了依靠，自然会丢掉幻想，勇敢地用自己的意志和毅力战胜怯懦和疼痛。她不敢直面拔牙，那是她没有亲身体验过，是过度紧张所致。其实，您女儿的牙齿已经松动了，轻轻一提就下来了。”

老大夫的话，饱含深刻的哲理，很令人深思。

做父母的都希望孩子生活得幸福、舒心，舍不得让他们经受任何的磨难和痛苦。然而，在现实生活中，并不像家长所想象的那样，真的是万事如意。说“万事如意”，那是一句常用的祝福的话语，事实上谁也不可能事事如意、顺心，免不了要经受磨难和痛苦。孩子遇到磨难和痛苦，家长都替他们顶着、兜着，他们不经过亲身体验，就得不到应有的锻炼和考验。无形中就会助长他们的依赖性、惰性，消磨他们克服困难和承受痛苦的意志，泯灭他们勇敢、坚强、奋斗的精神。

其实，孩子们并不像我们做父母的所想象的那样软弱、怯懦、脆弱，上述两个故事中的孩子的表现就是明证。只是由于父母子女亲情所驱使，家长丧失了理智，总是“心太软”，不忍心让孩子一个人去担当。

当孩子不可避免地要经受困难、磨难和痛苦时，孩子还没怎么样，家长却早已无法忍受了。家长的感情用事，不仅不能给孩子以勇气，无助于孩子克服困难、经受磨难、战胜痛苦；恰恰相反，却只能增加孩子恐慌、怯懦、软弱、脆弱。

比如，小孩子不慎跌倒了，家长很镇定，不是一惊一乍的；而是用信任的眼光看着孩子，鼓励孩子要勇敢、坚强，自己爬起来，孩子很可能就忍痛自己爬起来，就像什么事没发生似的；假如孩子不慎跌倒，突如其来的一跤，孩子还没有反应过来，家长先是惊慌失措、大呼小叫。孩子可能摔得并不疼，但一看家长惊恐万状的样子，也会不由自主地在家长负面情绪的影响下，强化了惊恐感，哇哇大哭起来。这完全是家长不经意的暗示起了推波助澜的作用，可能并不是因为摔疼了，而是被家长给吓哭的。

当孩子面对困难、磨难和痛苦时，即或家长不感情用事，孩子觉得父母是他的“大救星”，就会滋长依赖思想，产生心理上的惰性，放松对自己的要求，企图用撒娇和任性来逃避。家长不在身旁，孩子无所依托，不能逃避，也能克服困难，经受磨难，战胜痛苦。上述两个孩子治病的事例，就充分说明了这一点。

要自己孩子坚强、勇敢，家长还是“心硬”一点儿。在孩子经受困难、磨难和痛苦时，“离开你的孩子”，创造一种情境，让孩子自己直接面对现实，独立面对困难、磨难和痛苦，经受锻炼和考验！只要家长克服了自己的“过分温情”，孩子就会勇敢、坚强起来。

55. 好汉做事好汉当

孩子做了错事，做了对人没礼貌或损害别人利益的事，要不要认错，要不要孩子自己向别人赔礼道歉呢?

有的家长认为，小孩子做损害别人利益的事，也不是故意的，可以原谅，事情过去了就算了。

也有的说，对小孩子的事，没有必要那么较真儿。让孩子自己去道歉，那有多难为情呀。非要道歉不可的话，由家长替孩子向别人道道歉，取得谅解就得了。中国有许多做父母的，遇到此类事，往往是这样处理。

那么，国外的家长是如何处理此类事呢?

日本著名的文化人类学学者高桥敷先生，在他的《丑陋的日本人》一书中，曾详详细细地记述了这样一个真实的故事:

高桥敷先生当年在秘鲁的一所大学任客座教授时，曾经与一对来自美国的教授夫妇一家比邻而居。有一天，这对夫妇12岁的小儿子，一不小心将足球踢到了高桥敷先生的家门上，一块很大的茶色玻璃被砸得粉碎，幸好没伤着人。

虽然发生了这样令人不愉快的事情，但高桥先生和他的夫人还是很宽容的：小孩子嘛，哪有不贪玩、淘气的。不过，按照东方人的思维习惯和文化传统，他们估计那对美国夫妇会很快登门向他们赔礼道歉。然而，他们想错了。

那对美国教授在得知儿子闯祸之后，根本就没有，也没想出面替儿子认错。第二天一大早，高桥敷先生夫妇看到的却是那个12岁的小儿子自己，在一位出租车司机的帮助之下，送来了一块用于赔偿的大玻璃。

小家伙见到高桥敷先生，彬彬有礼地说：“叔叔，对不起。昨天我不留神打碎了您家的玻璃，因为放学之后商店已经关门了，所以没能及时赔偿。今天商店一开门，我就去买了这块玻璃来赔偿您。请您收下这块玻璃，也希望您能原谅我的过失。这种事情再也不会发生了，请您相信我。”

理所当然地，高桥夫妇不仅原谅、而且喜欢上了这个通情达理的孩子。他们在家款待孩子吃了早饭，而且还送给他一袋日本的糖果。

事情本来就可以画上“句号”了。然而，出人意料的是，当孩子拿着那袋糖果回家之后，那对美国教授却出面了。他们将那袋还没有开封的糖果还给了高桥夫妇，并且解释了不能接受的理由：一个孩子在闯了祸的时候，不应该得到奖励。

在他们看来，孩子是12岁的“男子汉”，应当学会对自己的行为后果负起他能负的责任了。这孩子打碎了邻居家的玻璃，为了赔偿这块玻璃，他几乎花掉了他自己存折上所有的零花钱。但是，他决不会因此得到家长一分钱的“财政补贴”。如果他的钱不够的话，父母可以考虑借钱给他，但他必须有自己的还款计划。之所以这样做，是让他为自己的过失必须付出代价。只有付出这种代价之后，他才能接受这个宝贵的人生教训。

这对美国教授夫妇的做法，似乎让人觉得有点儿不近情理。其实，这对夫妇的做法是既有“理”又有“情”，很值得我们中国做父母的深思。

孩子做了错事，由家长替孩子认错、向别人道歉，完全是出于疼爱孩子，怕孩子难为情。然而，这不是真正的疼爱，客观上是在袒护孩子的过错，孩子既不能从中获得应有的教训，也不能树立起对自己言行的责任感，从而也不可能以此自我警示，谨慎言行，很可能还会重犯此类的错误。

孩子很小的时候，一般还不会做出太“出格”的事，犯大错，闯大祸。但如果家长总是出面代孩子“受过”，久而久之，孩子就会觉得事事有家长给他“兜着”，用不着对自己的言行负责，孩子不会从中接受教训。这会促使孩子放任自己，逐步变得肆无忌惮、为所欲为。孩子一旦犯了大错，闯了大祸，需要孩子自己承担责任的时候，家长可就爱莫能助了。

中国有句古话：“好汉做事好汉当。”孩子做了损害别人利益的事，让他自己承担责任，向人家道歉，赔偿损失，这不仅是为了取得别人的原谅，更重要的是使他从小就对他自己的言行切实负起责任来。

1920年，一个11岁的美国男孩也是在踢足球时，不小心打碎了邻居家的玻璃，对方索赔12.5美元。当时，12.5美元可是个不小的数字，可以买到125只生蛋的鸡。闯了大祸的男孩向父亲认错，希望父亲可以帮他解决。父亲对他说："你是一个男子汉，自己做错的事情要自己负责。"男孩小声地说："可是，我没有那么多钱。"父亲说："这笔钱，我可以借给你。但是，一年之后你要还我。"男孩答应了。

从那以后，每逢周末、假期，男孩便外出打工，给人家洗车、擦玻璃、油漆房子，他不辞辛劳地忙碌着，希望尽快攒够这笔钱。就这样，经过半年的辛苦努力，他终于赚够了12.5美元，还给了父亲。这个男孩就是后来的美国总统罗纳德·威尔逊·里根。在回忆这件事时，他深有感触地说："通过自己的劳动来承担过失，使我懂得了什么叫'责任'。"

要知道，对自己的行为都不负责任的人，不可能严于律己，更不可能指望对他人负责任。这种人在与人交往中很难取得别人的信任，不可能被接纳，融入社会群体。

对于小孩子，法律是规定未成年人行为的社会后果要由其法定监护人（首先是父母）负责。但他们到成年，即满18岁以后，就必须对自己行为的社会后果负起完全的责任。而这种社会责任感，等到18岁以后再培养就晚了，应当从小培养训练。

培养训练的方式不仅是讲道理，更要利用生活中的事件做"教材"。有些事虽说是小事，也没有造成多么严重的后果，但如果家长能抓住并利用这生活中的点滴小事，从小培养对自己行为负责的习惯，这对增强孩子的自律精神、谨慎自己的言行，以便将来独立地全面承担人生的责任和义务，顺利地进入并自立于社会生活，是非常有好处的。

做母亲的最好只有一只手

56. 是怪孩子还是怪家长

我们常常听到有家长这样责怪孩子："小时候，不能干的事你争着抢着干，不让干还不行，又哭又闹；现在长大了，能干事了，反倒不干了。你是越来越退步！"

家长所批评的这种现象的确普遍存在。这究竟是怪孩子呢，还是怪家长呢？

孩子小时候，对周围的一切都感兴趣，见到别人干什么就想学什么。家长该帮助料理的事情，孩子也要学着干。比如，刚学会吃饭的时候，孩子要自己端着碗吃，家长怕撒孩子一身、撒一地，便夺过孩子手里的碗，一口一口地喂；孩子会走了，看到家长擦地板，也要跟家长那样擦地板，结果是像涂鸦似的，越擦越脏，家长立刻从孩子手里夺过墩布，边擦边数落；上幼儿园了，早晨起来，孩子要自己动手系鞋带、扣纽扣，家长嫌孩子慢，就强制替孩子系鞋带、扣纽扣；孩子要自己洗手、洗脸、洗脚，家长怕洗不干净，弄一身水，就替孩子洗；等等。尽管他们还不大会干，干起来很吃力，可也非要争着、抢着干，不愿意让家长帮忙或代劳。你不让他干，还要哭鼻子，呕气，也让家长很生气。

小孩子争着、抢着干力不能及的事，这并不是说小孩子天生地就热爱劳动，具有生活自理的意识。孩子这个时候，还没有把劳动看成是"劳动"，而看成是一种有趣的游戏。他们看大人干了这个又干那个，心想：

这些事大人们都自己做，都不停地做，那一定是很有意思的事，出于喜欢亲身体验、好模仿的天性，才争着、抢着要自己做。

就在孩子这“想干又不大会干”的时候，正是家长进行劳动教育的好时机。家长只要抓住这不可多得“教育机会”，因势利导，及时进行培养训练，就会获得事半功倍的效果。

然而，遗憾的是，许多家长由于不懂得儿童的心理特征，主观地认为孩子争着、抢着干自己的事是“逞能”，是给家长“添乱”。结果，却错过了稍纵即逝的大好“教育时机”，这是很可惜的。

早晨起来，家长要急着送孩子上幼儿园再赶去上班，时间十分紧迫，必须要争分夺秒；可孩子硬要自己穿鞋系鞋带、扣纽扣，笨手笨脚，翻过来倒过去，总也整不好。眼看着那宝贵得不得了的时间一分一秒地过去了，再不出发，眼看就要迟到了，也是真让人心里起急。晚上，孩子要自己洗手、洗脸、洗脚，洗不干净，家长还得重洗，衣服弄湿了，水洒得满地都是……让他们自己干，家长不但不省事，还要多受累，干脆替他们干。

家长“包办代替”，眼下倒是省事了，可剥夺了孩子实践的机会，他们当然永远也就学不会做事，以后麻烦就更大了。你说，孩子到了该自己做事的时候却不做，能怪谁呢?

有的家长虽不想包办代替，但当孩子兴致勃勃地要学着干一点儿事时，却是求全责备，横挑鼻子竖挑眼，说孩子“这做得不对”，“那也做得不好”，要不就是责怪说“动作太慢”、“你真笨”、“瞎掺和”、“帮倒忙”等，数落个没完。小孩子学做事、干活，一下子就做得圆满，干得漂亮，不出什么差错，不付出点什么代价，那是不可能的。学习文化知识、绘画、书法、钢琴等，家长要操心，要交学费；同样，学习做事、干活，同样也需要操心，交“学费”，家长不能在这方面舍不得付出。

家长不要操之过急，求全责备。总是挑毛病，吹毛求疵，孩子还会有兴趣干吗？因此，孩子能干活儿了反倒不干，这不能怪孩子，应该怪家长，是家长剥夺了孩子学习和体验的机会。

孩子小时候“想干”，是一种欲望，一种兴趣。不管他干得好还是干不好，只要没有危险，干就比不干好，哪怕让孩子当成一种游戏玩，给孩子一些亲身实践体验的机会，也是有益处的。家长应当对孩子这种积极性，通过肯定、鼓励、表扬给以强化；孩子从中会获得满足，得到激励，就会越来越爱干。孩子“不大会干”，干的时候有困难，正好需要给他实践的机会和具体的帮助指导；孩子在家长的指导下和亲身实践中，学会了做事情，提高了生活自理的能力，增强了自信心，越干越熟练，形成了习惯，会欲罢不能。

孩子的独立意识和能力，不是天生就有的；也不是说孩子到了一定的年龄阶段，就自然而然地具备了。实践出真知，独立的意识和能力也只有在实践中才能逐步形成。家长不让他们去做，不让他们去亲身实践，即或是他们的身心发展水平，已经具备了形成独立意识和掌握独立生活能力的条件和可能性，那么，这种可能性也不会变成现实。

我们成年人都有这样的切身体会：不论是多么简单的事，如果不去亲自做，就总也学不会，掌握不了；不论多么简单的问题，不经过自己实际处理，就总也不会处理。如陆游所说：“纸上得来终觉浅，绝知此事要躬行。”家长剥夺了孩子实践、锻炼的机会，使他们有腿不能走，有手不能动，有脑不能想，有事不能做，有问题不能自己处理。这样，他们就永远什么也学不会。像这样的孩子，在家里还能生活、生存，将来一旦进入社会，离开了父母、家长，就会像鲁迅先生说的那样，“如暂出樊笼的小禽，他决不会飞鸣，也决不会跳跃”，难以自立，更难以在事业上有所作为。

培养孩子生活自理的能力，应当在日常生活之中，结合孩子的生活实际，随时随地地进行。平时不培养，不训练，要孩子一做就做好，一干就干成，那是不切实际的幻想。培养孩子的生活自理能力，家长要有耐心，循循善诱，具体指导。

通过鼓励，可以使孩子逐步形成自理意识；通过孩子亲身实践和家长的具体帮助指导，可以逐步形成自理能力。这样，孩子既“愿意”干了，也“会”干了，慢慢就形成习惯了。

57. 母亲最好只有一只手

著名儿童教育家陈鹤琴先生在60多年前，针对父母过度照料的现象，经常语重心长地奉劝说："做母亲的最好只有一只手。"这是什么意思呢？

说的是父母不要包办代替，过度照顾孩子。时至今日，过度照料孩子的现象仍然相当普遍。特别是在独生子女家庭，孩子已经会自己吃饭了，父母还要一口一口地，像填鸭似地喂；孩子会走路了，家长非要抱在怀里不可；孩子会自己拿东西了，家长还要一件一件地递到孩子手里；孩子会自己洗手、洗脸、洗脚了，还是家长替他们洗；孩子会自己穿衣服了，还伸着胳膊、腿由父母穿……孩子的一切事全由家长给"承包"了，过着"饭来张口，衣来伸手"的生活，难怪有人称他们是"小皇帝"。

孩子小时候，父母有责任和义务在生活上给予照料。但照料的目的，不仅是为了使孩子生活得舒适、幸福，更重要的是在照料过程中，教孩子逐步学会生活自理，进而掌握自立的能力。如果父母把孩子的事情全都包办代替，不让孩子自己动手、动脚、动脑，就等于把孩子的手、脚、脑都给束缚起来，什么事都不会做，成为无能无用的"废物"。孩子总要进入社会，独立生活，若不具备生活自理的能力，不仅会给他们的生活带来许多的不便，还会影响他们的学习或工作，甚至有可能就是因为缺乏生活自理的能力而葬送他们的前程。

有的家长认为，对孩子无微不至地精心照料，让孩子一切都享受现成的，生活得舒适，孩子会对父母感恩不尽，会听从父母的教导和管教。其实，恰恰相反。

记得苏联教育家马卡连柯曾经讲过这样一件事：

有一次，一对中年夫妇找到马卡连柯，说他们的儿子很不听话，不服从管教，母亲一说他，他就从家里跑出去，经常惹家长生气。那对夫妇说，他们都是共产党员，一个是工程师，一个是教师。平时很用心地教育儿子，在生活上照顾他、关心他。家里的条件很不错，儿子自己单独住着一间房子，玩具永远是要多少有多少。他要看戏、看电影、买自行车，我们都一一满足他。可他就是不听我们的话。我们觉得没有对不起他的地方。那么，究竟为什么他怎么就是不尊敬我们呢？

马卡连柯听了夫妇二人的述说，没有立即发表什么看法，而是又向夫妇二人提出了两个很有趣的问题。

马卡连柯先问母亲："请问，你平时给你的儿子叠被窝吗？"

"经常叠。从孩子小时候起，他没自己叠过一次被窝，都是我给叠。"

马卡连柯又问那位做父亲的："请问，你给你的儿子擦过皮鞋吗？

"擦呀。从孩子小时候起，时至今天，每天都是我给他擦皮鞋。"

听完夫妇二人的回答，马卡连柯幽默地对那对夫妇说：

"再见，你们请吧。你们的儿子究竟为什么不听从你们的管教，你们不要再去问任何人了，也不要责怪你们的儿子。请你们坐在马路边的无论哪一张椅子上，扪心自问，认真地反省自己：你们究竟为你们的儿子做了些什么？究竟是由于谁的过错，才使你的儿子变成了这个样子。我相信，你们一定能够从你们自己为儿子所做的一切中，找到原因的。"

那孩子之所以不听从父母的管教，根本的原因就在于马卡连柯向他们提出的两个有趣的问题之中。就连孩子的被窝都要母亲叠，皮鞋也一直父亲给擦，那真可以说是照顾得"无微不至"。可以想一想：一个给儿子叠被窝，一个给儿子擦皮鞋，不仅把母亲的两只手都用上了，还把父亲的两只手也给用上了。四只手侍奉一个独生儿子，那儿子是过着"小皇帝"的生活。儿子成了"小皇帝"，做父母的就是臣仆和侍从。你说，"皇帝"能听从臣仆和侍从的教导和训诫吗？

凡是对孩子"包办代替"的父母，都以为自己是在爱孩子。其实，那不是真正的爱。长大了，没有起码的生活自理的能力，一旦走上社会独立生活，就要经受许多的磨难和挫折。做父母的，要是真正爱自己的孩子的话，在孩子小时候对他们进行照料，最好只用"一只手"去帮助、照料，他们自己能做的，要尽量让孩子自己动手做。逐步由"一只手"帮助过渡到父母完全放手，让他们自己的事情自己做，让他们学会生活自理，具备独立生活和生存的能力。最好不要把两只手全都用上。

记得前些年，日本有一部非常有名的动物电影片《狐狸的故事》，给我国观众留下了很深刻的印象，它描述了一只母狐狸怎样哺育自己的五个

“孩子”的情况。影片最生动也是使人刻骨铭心的情节是，母狐狸教会小狐狸捕食的本领后，当它们长到一岁左右的时候，便“无情”地把它们赶走，让它们去独立谋生。有的小狐狸不想离开“母亲”，恋恋不舍，几次想重新回到母亲身边，继续依赖母亲生活。母狐狸甚至毫不留情地、凶狠地咬小狐狸，强行把它们驱赶走。是母狐狸真的对自己的亲骨肉没有感情，“冷酷无情”、“无情无义”吗？不是的，我们还清清楚楚地记得，直到小狐狸的身影，在远方消失时，母狐狸仍然久久地站在那里，深情地望着远去的“孩子”的背影，它的眼睛里，分明流出了泪水。

动物哺育幼雏所付出的辛苦常常要超过人类，但它们不会娇惯子女。因为自然界优胜劣汰的法则是无法抗拒的。要使自己的后代生存下来，必须教会它们独立觅食、捕食、预防侵害，要它们快快长大。现代人类社会，同样也是“物竞天择”、“适者生存”、“优胜劣汰”，无法抗拒和改变，父母们必须要有这种紧迫感，让孩子快快长大。

58. 不要给别人添麻烦

在北京召开的一次国际家庭问题学术研讨会上，我有幸遇到了日本东京家庭教育研究所所长川越淑江女士。此前我们并不相识，由于是同行，我们一见如故。

我问她，日本的家长是如何培养孩子自立能力的？她说，在孩子很小的时候，家长就给孩子灌输一种思想：“自己的事情自己做，不要给别人添麻烦。”并且，在家庭日常生活中不断地强化这种思想意识。比如，早晨上学要穿什么衣服，要不要带雨伞，家长不直接告诉孩子，而是每天要孩子自己注意收听气象站报告天气情况的钟声等。

我的一个朋友从日本留学归来，也曾向我介绍过她在日本亲眼看到的情形：

在日本乘火车、轮船旅游时，常常发现跟随父母外出旅游的孩子们，不论年龄大小，包括刚刚学会走路的孩子，每人身上都无一例外地背着一个小小的背包。背包里装的也就是些孩子们使用的生活用品，诸如毛巾、牙刷、牙膏、水杯、手帕、餐巾纸等等。其实，这些生活用品，父母完全可以代劳，也增加不了多少负担，用不着要孩子自己背着。可日本的父母为什么要孩子们自己背呢？

我的那位朋友很好奇，就问孩子的父母这是为什么。他们说："这是他们自己的东西，应当由他们自己来背。为的是从小就让孩子懂得'自己的事情要自己做，不要给别人添麻烦'的道理。"友人听了，非常钦佩日本父母的良苦用心。

日本人不仅把"自己的事情自己做，不给别人添麻烦"看作是一种行为规范，而且也看作是一种道德修养。

反观我们中国，情况就大不一样了：一家人外出旅游，孩子的生活用品都由父母给背着、拎着。孩子则空着手，在前边优哉游哉地边走、边吃、边喝、边玩。上小学以后，孩子的书包不是自己背，而是由父母，甚至由年迈的爷爷、奶奶充当"书童"。上学时，由家长背着书包一直送到学校大门口；放学的时候，又是由家长背着接回家，天天如此。不仅孩子习以为常，家长也觉得理所应当。

甚至考上大学的孩子入学，也都是由父母像"脚夫"一样，肩扛手提大大的行李送到学校。到了学校，还是由父母四处打听、东奔西忙，替孩子办理各种入学注册、交费手续，由父母给他们收拾宿舍、整理床铺、安置行李，忙得不亦乐乎，累得满头大汗。那么，他们的孩子干什么呢？却是非常"坦然"地享受着父母"全程"、"优质"还是"免费"的服务，一个个都是悠闲自得地在那里呆坐着。外国人看到这种情景，觉得很不可思议；可在中国，却是司空见惯。

两相比较，我们不难看出，我们中国有些做父母的，也太缺乏教育意识了。

孩子的东西究竟由谁来背，这事似乎不足挂齿。其实不然。"自己的东西由自己来背"，哪怕是象征性的，这对于养成孩子的自理、自立、自主意识和能力，是非常有好处的。很难想象，一个连自己都不能自理的人，会有生活的自信和勇气，会对家庭、他人、社会有什么责任感。而这种品格，必须从小培养；这种品格的形成，必须从一点一滴的小事做起。

孩子的东西由家长给背着，不是增加多少负担的问题，而是要在日常生活中对孩子进行自立教育的问题。孩子总有一天要离开父母、家庭，独立生活和生存。如果没有这种意识和能力，在生活中会遇到种种困难，受到种种磨难，甚至为此还会失去生活的信心。

某地有一位大学生从小就特别聪明，五岁就上小学，上小学时跳过级，中学没有毕业就提前考入了大学，刚满 19 岁就大学毕了业。紧接着，又以优异成绩考取了本校的硕士研究生，学校认为他是个很有培养前途的学生，决定送他到国外深造。

应当说，从小学到大学，他的人生道路是一帆风顺的。一般青年学生，如遇上这样一个出国学习的机会，会高兴得不得了。可这位研究生听到这个消息，却产生了巨大的心理压力：我一个人漂洋过海，去异国他乡读书，远离父母家庭，谁来照顾我的生活呀？

为什么会有这么大的心理压力呢？因为他是独生子，从小就过着“衣来伸手，饭来张口”的生活，一切全由母亲代劳，一点生活自理能力都没有。考上大学之后，母亲每周还要到学校替他整理内务，洗洗涮涮。离开母亲的照料，他简直是无法生存。因此，出国深造的消息给他带来了极大的烦恼和压力。

到北京语言学院进行出国前的语言强化训练，生活上遇到种种困难，东西不会买，衣服不会洗。距离出国日期越近，他的心理压力就越大，整天是心神不定，发呆发愁，甚至经常愁得彻夜不眠。到后来，就在同学们跃跃欲试地准备出国时，只要有人提到“出国”二字，他便两眼发呆，浑身发抖，手脚抽搐，口吐白沫，不省人事，把同学们都给吓坏了。他的身体和精神完全崩溃了。医生经过检查，说是精神过度紧张，患的是一种“出国惧怕症”。

那个学生病情好转后，不得不退学回家。本来很美好的前程，就这样被毁掉了，实在是令人惋惜。

当然，这是极个别的现象。但却给做父母的以非常深刻的启示。孩子的生活自理能力，并不是什么鸡毛蒜皮的小事情。它不仅关系孩子生活是否舒适，也关系他们有没有自信心，关系有没有直面独立生活的勇气。事事不会做，处处有困难，不仅生活上会遭受许多磨难，还会滋长自卑的心理，丧失生活的勇气。

在孩子小时候，父母就要在生活实践中，随时随地有意识地灌输一种意识，让他们逐步形成一个观念，养成一个习惯："自己的事情自己做，不要给别人添麻烦。"小孩子可塑性非常大，及早进行培养和训练是很容易的，效果会很好。若是等到孩子长大了，已经过惯了"饭来张口，衣来伸手"的寄生生活，再"临时"培养，"急来抱佛脚"，恐怕就来不及了。

59. 劳动教育要早抓

晚饭后，超市售货员李阿姨到幼儿园刘老师家里串门，看到刘老师四岁的女儿兰兰正在刷碗，她十分惊讶："哎呀呀！刘老师，你们的兰兰这么小都会刷碗了？"

刘老师热情地请李阿姨坐在沙发上，说："她刚开始学，还不太会刷。不过，我们兰兰刷得很认真，进步也很快，一次比一次干净。"刘老师扭头大声对女儿说："是吧？兰兰。"女儿听妈妈当着阿姨的面夸奖她，抿着嘴笑了笑。

李阿姨触景生情，不禁感叹地说："我们那六岁的臭儿子，都快上小学了，懒得出奇。就连洗脸洗脚、穿衣服脱衣服这些事都懒得干，也是要我或他爸爸替他干。每天为照顾他，我和他爸爸忙得团团转，都快累死我们了。"

因为是多年的老邻居，很熟悉，刘老师说话也很直爽，就对李阿姨说："依我看，小孩子不干活儿，不是孩子懒；恐怕是你们做父母的，没有注意对孩子进行早期劳动教育吧？"

"劳动教育？"李阿姨一听到"劳动教育"这几个字，不禁愣了一下。她更直爽，说："我实话跟您说吧，我可不想让我的儿子长大以后，和我们一样当个工人了。您看，我和他爸爸，从小就知道干活儿，不好好学习，长大了当了个工人，又没地位又没钱，现在又都下岗了。这不，好不容易才找到这么个超市售货员的差使，挣那么仨瓜俩枣的。现在这个社会，还得有知识。有那教孩子刷碗的工夫，还不如教孩子认几个字、做几道算术题呢。”

这两位妈妈关于劳动教育的对话很有典型性、代表性。现在，许多年轻父母对孩子的劳动教育不大重视。

据调查，我国城镇的中小学生中，有大约有50%根本不参加家务劳动或每天只参加十分钟的家务劳动。中小学生每天平均参加家务劳动时间为11.32分钟。而外国中小学生每天参加家务劳务的时间是多少呢？美国为1.2小时，泰国为1.1小时，韩国为0.7小时，英国为0.6小时，法国为0.5小时，日本为0.4小时。显然，我国中小学生参加家务劳动的时间比外国学生少得多。不少中小学生在家里还是过着“饭来张口，衣来伸手”的寄生生活。

学龄前儿童参加劳动的情况就更差。有的孩子，已经五六岁了，早晨起床时，就像个小少爷、大小姐似的，懒洋洋地伸着胳膊伸着腿让家长给穿衣服。有的上完卫生间，还等着家长给他擦屁股。有不少的孩子在家玩玩具，把玩具扔得满世界都是，家里被弄得乱七八糟，就像遭到入室抢劫了似的。还得家长一遍一遍地不停地收拾，惹得家长不停地抱怨。

之所以出现这种情况，一般不是孩子不愿意做，主要是家长不让。有的家长认为孩子还小，这么早进行劳动教育没有什么价值，长大点儿再说。

其实，正是因为孩子小，不大懂事，才更是进行劳动教育的大好时机。小孩子天生地就好模仿，喜欢动手动脚，愿意做事情，可以说这是孩子的天性。凡是他们没有做过的事情，就越觉得新鲜，就越想试着做。他们并不把劳动当成一种负担，而当成一种有趣的游戏。家长要抓住这个机会因势利导，经过多次的重复和练习，孩子不知不觉地就学会了。当他们自己会做这些事情以后，不仅生活能自理，还会增强独立意识和自信心，激发学会做更多事情的愿望。

而有些做父母的，嫌他们笨手笨脚净添麻烦、帮倒忙，觉得还不如自己替他们做省事省心。可总不让他们学着做，就永远不会做，不乐意做。等到长大了再学做，可能就会视为是一种负担，不想学，不想干了。这不赖孩子，是家长自己造成的。容易教的时候不教，难教了再教，自然效果不好。劳动教育还是越早进行，阻力越小，效果越好。

有的家长认为，过几年孩子要上学，应该先识字、数数。这是把智力开发和劳动教育对立起来。实际上，早期智力开发可以与劳动教育统一起来。小孩子思维特点是具体行为思维和形象思维，学习是要在活动中进行。单纯用教具教小孩子识字、数数是比较枯燥的，效率比较低。在劳动过程中进行智力开发，形象具体，生动活泼，一举两得。不仅进行了劳动教育，还在不知不觉中学到了相关的知识。

比如，教孩子学习洗碗，就可以边洗碗，边数数，边认字；家长做饭择菜，可以带着孩子一起干活儿，学习择菜，教孩子认识蔬菜名目、蔬菜养分，知道多吃蔬菜的好处，也可以教孩子识字；家长钉木箱，小孩子一定很喜欢观看，可以在劳动的过程中教孩子使用锤子的方法和注意事项，让孩子数砸钉子的次数和个数，教孩子认识“钉子”、“木板”和“木箱”几个字；等等。像这样边教孩子干活儿，边进行知识的启蒙教育，把劳动教育和智力开发结合起来进行，不更有趣，效果不更好吗？

引导孩子参加一些家务劳动，主要还不是要孩子“分担”家长多少家务劳动的负担，而主要是进行劳动教育。在实践中学会一些劳动技能，增强家庭责任感，培养劳动习惯、吃苦的精神和克服困难的意志品质。中国有句古语：“勤能补拙。”在劳动实践中培养了勤劳的优良品质，能够迁移到读书学习和工作中。只要有勤奋的精神，即或是笨拙一些，也能把学习和工作搞好。通过家务劳动，还能在劳动中感受到父母为自己付出的巨大心血，从而更加爱戴、孝敬父母。

美国哈佛大学的一些社会学家、行为学家和儿童教育专家，对波士顿地区465名少年儿童所做的长达20年的跟踪调查发现，爱干家务活的孩子与不爱干家务活的孩子相比，长大后的失业率为1∶15，犯罪率为1∶10。爱干家务活的孩子长大后平均收入要高出20%左右．此外，婚后离异率、心理疾病患病率也较低。

看来，参加不参加家务劳动、参加家务劳动多少，对孩子未来的影响是多方面的，不容忽视。

60. “懒爸爸”的心计

在某地举办的“家教故事征文比赛”中，一位小学生写的题为《“懒”爸爸》的文章获得了一等奖。文章这样写道：

过去，我曾经仔细观察过邻居家孩子的爸爸，他们给自己的子女做事都很勤快。只有我的爸爸对我最“懒”。

记得小时候，我刚学走路，走得不稳，摔倒在地上，哭着要爸爸把我给扶起来。爸爸却不慌不忙，也不动手，而是用鼓励的眼光看着我说：“好孩子，自己能爬起来！”我只好自己爬起来。

我的白球鞋脏了，妈妈要给我洗。爸爸却阻拦说：“让他自己洗嘛！”我只好硬着头皮自己去洗。

我看课外书有的字不认识，去问爸爸。他不告诉我，却对我说：“你自己去查字典嘛！”

我做作业有的数学题不会做，去问爸爸。爸爸也是不告诉我怎么做，却对我说：“你自己设法搞清楚已知条件和未知条件的关系嘛！”

有一次，爸爸从青岛出差回来，带给我一样东西：橘黄色的，像个不规则的五角星。我问爸爸这是个什么玩艺儿。爸爸只说了一句话：“听说叫海星。”我又问：“它是植物还是动物？它有什么生活习性？”爸爸说：“你自己去找答案嘛！”说着，从书架上找出一本《海底世界》递给我。

我小时候，很喜欢玩具。不知从什么时候起，我更爱拆玩具。玩具狗为什么会叫？汽车为什么能跑？我想方设法把它拆开，要看个究竟。结果是能装好的少，拆坏的多。爸爸知道了，一点也不生气，指导我重新把玩具组装好。

爸爸喜欢听收音机。一天，他说：“收音机刚换的电池，为什么不响了？”我说：“可能出毛病了。”爸爸让我试着修理，还给我找来了万能表。我按照收音机安装线路图，用万能表反复查找，终于找出了毛病。现在可好，爸爸的收音机、收录机坏了，都请我帮忙，我美得不得了。

爸爸懒得管的事，懒得告诉我的事，我自己都学会了。

我的“懒”爸爸呀！您的苦心，我终于明白了。

这个小学生，开始对爸爸的“懒”不大理解，还有点儿抱怨情绪。等他自己学会了本领，增长了才干，从爸爸的“懒”中得到了“实惠”，才真正理解了“懒”爸爸的“良苦用心”。可见，他爸爸不是真懒，而是通过自己的“懒”，给孩子动手、动脑留下空间，创造实践的机会，让儿子自己动手、动脑，在实践中去获得知识和才能。这位当爸爸的，“懒”得巧，“懒”得妙，“懒”得绝！这真是一种高超的教育艺术！

假如爸爸对他非常“殷勤”，事事都包办代替，一切都替他做好了，恐怕那个孩子就不会是今天这个情形。家长太“勤”了，孩子势必会变“懒”了。现实生活中，那些懒惰、能力差的孩子，差不多都是“勤”爸爸、“勤”妈妈给“惯”出来的。

许多做父母的，对孩子的事是做得特别的“勤”，不辞辛苦，事无巨细，件件包办代替。什么事都替他们做，替他们想，实际上就把孩子的手脚和头脑都给束缚起来了。其结果势必是孩子什么也学不会，不仅没有生活自理能力和生存能力，也缺乏自信和勇气。一旦离开家庭走上社会，独立生活，会困难重重，寸步难行，更不用说在学业和事业上有什么作为。

应当明白，实践出真知，能力靠实践。把问题摆在孩子的面前，让他们自己去发挥主观能动性，想方设法去寻求解决问题的途径和方法，这本身就是一种学习的过程。家长对孩子的事表现得太“勤”了，实际上就等于剥夺了孩子实践的机会，堵塞了孩子向实践学习的这个重要途径。

在家长的引导下，让孩子亲身实践，解决实际问题，还有利于增强孩子克服困难的勇气和自信心。你不让孩子亲自做，什么事情也学不会，做不好，就会产生自卑心理。而无论什么事，不亲自做，就总也学不会。天下的事，有多少是“生而会之”的呢？还不都是“学而会之”的吗？孩子做成了一件事，他就有可能会做第二件事。事情做成功的多了，他就会觉得还行，自信心自然会渐渐树立起来。

现实生活中，故意做“懒爸爸”或“懒妈妈”的，绝不是为了享轻闲、图自在，而是有良苦用心的。

一位自称是“懒妈妈”的妈妈，深有感触地说：“实际上，‘懒’妈妈比‘勤’妈妈更加费心劳神，更加辛苦受累。让孩子自己做事，在许多情况下，不但不能省力，反而更加麻烦，因为孩子往往‘帮倒忙’，‘添乱’。比如孩子与大人分床，夜里就要多次起来给她盖被；孩子自己吃饭，撒得到处都是，就得洗衣服、擦桌子、拖地板。孩子自己洗的袜子、绢不干净，就得全面返工，重洗一遍。孩子自己洗澡，搞得‘水漫金山’，就得‘大禹治水’、抢险救灾。处置这些事情，当然没有自己直接包办更为快捷方便，省心省力。尽管如此，我依然坚持做个‘懒’妈妈，因为我知道：授人以‘鱼’，不如授人以‘渔’。做个‘懒’妈妈才是真正为孩子着想，对孩子负责的。”

怎样才能做一个称职的“懒爸爸”、“懒妈妈”呢？这位“懒妈妈”的经验是：“最关键的一点就是要做到‘身懒心不懒’。首先，要通过谈话、讲故事等方式，使孩子知道‘自己的事情自己做’的道理，让孩子懂得劳动是光荣的，依赖大人是没有出息的。其次，要创造让孩子独立做事的环境，引导孩子从身边的小事做起，由易到难，循序渐进。如帮大人扫地，到邻居家借东西，下楼买日用品等。再次，要有信心和耐心。不要求全责备，或怕孩子添麻烦帮倒忙；多表扬、多鼓励，少埋怨、少指责，循循善诱。最后，要严格要求，持之以恒。孩子良好习惯的养成和自理能力的提高，不是一朝一夕就能奏效的，切忌操之过急。”

孩子跌倒了要不要去扶

61. 孩子跌倒了要不要去扶

“孩子跌倒了，家长要不要把他扶起来?”

这是近些年来舆论界经常谈论的一个话题，而且观点惊人地一致：孩子跌倒了，家长“不要心太软”，不要把他扶起来，要他自己爬起来。还引用“证据”说：“人家外国的父母都是这样。”

年轻的父母听了，也有人对此深信不疑。理由是：这样做可以养孩子经受挫折的能力。如果父母把孩子扶起来，就剥夺了孩子经受挫折教育的“机会”。

这种观点对不对呢？我以为，这种观点是偏颇的。应当承认，从培养孩子经受挫折的能力的角度来说是对的，从小让孩子经受一些摔打，不要太娇生惯养，是有远见的，应当给予肯定。

但是，不对具体情况做具体分析，对于不同情况不区别对待，不管是什么情形，不管孩子年龄大小，身体强弱，也不管跌倒后被摔伤没摔伤，受伤的严重程度等，主张“绝对”不能去“扶”，恐怕这种主张有点儿太片面，太绝对化，也过于武断了。

如果孩子摔得不重，衣服穿得很厚，毫发未伤，看样子他能够自己爬起来，家长就不要去“扶”他，是应当设法鼓励他自己爬起来。这样做，不仅可以锻炼、培养孩子经受挫折的能力，也会增强孩子的自信心，使孩子在挫折面前，意志变得更加坚强起来。

但是，假如孩子正是蹒跚学步的时候，年龄太小，身体很弱，或是摔得很猛、很重，摔了个“满脸花”，摔得头破血流，惨不忍睹，难道这种情形也不扶助孩子一下吗？若是这种情形，家长视而不见，熟视无睹，也不伸手扶助，那也有点儿太“残忍”了。

在孩子遇到困难，受到挫折，需要帮助、渴望扶助的时候，没有人去热情地帮助、扶助，他会感到人与人之间太“冷酷无情”，太没有同情心了。这不仅会给作为弱者的孩子在心灵上造成极大的伤害，而且当他在看到比他更弱的弱者，诸如遇到比他更小的孩子、老弱病残者等，受到挫折、遇到困难时，他也会“漠然置之”、“袖手旁观”，不会伸出热情的手去爱幼、扶老、帮弱、助残，最后会成为缺乏同情心、冷酷无情的人。假如社会上没有互帮互助、扶老携幼、扶危济困的良好风尚，社会将会是什么样子呢？

孩子是未成年人，是弱者，他们需要得到成年人的关心、爱护、帮助、保护，成年人也都有这种责任。小孩子在受到挫折，遇到危难时，比如不慎跌倒了，实在是爬不起来的时候，家长就不要“心太硬”，要热情地关怀、爱护，主动地帮助、保护，这不仅使孩子获得了必要的关爱，体会到了人间的温暖，有安全感；也会使他们在家长扶助、保护幼小的行为中，学会同情、关爱、帮助别人。

我们知道，孩子小时候所获得的教育和影响，印象是非常深刻的。“少成若天性，习惯如自然。”小时候受到的教育，获得的影响是片面的，长大以后的思想和行为也会出现偏差。

我们教育实际工作者和理论工作者必须注意到这样一种情况：一种倾向往往会掩盖着另外一种倾向。提出一个教育主张，应当慎而又慎，不能太片面，太绝对化，太武断。要全面地看问题，要坚持具体问题具体分析，对于不同情况要区别对待。若是针对我们有些做父母的对孩子过于“呵护”、过度保护，而有意识地强调一下“跌倒了要他自己爬起来”，“矫枉”必须“过正”，还是可以的。但不能把它作为一个适用于所有情况的普遍的教育“原则”。在教育孩子时，要讲究“辩证法”，不能搞“形而上学”。

其实，人们传说外国的父母在孩子跌倒了的时候，从来是不扶起来的说法，也只是一种臆说、误传。前些年，一位哈佛大学的博士生到我这里来访学，了解中国的传统家庭教育文化。出于好奇，我借机会特意询问了一下这个问题。

我说："我们这里，有人说人家美国的家长，孩子跌倒了，从来不去扶，让孩子自己起来。我没去过美国，不了解美国的实际情况。是这样吗?"

那个留学生听我这么说，哈哈大笑起来。她说："哪里有这种事？美国人是从小重视培养孩子经受挫折的能力，但也不是把孩子培养成为冷酷无情的'冷血动物'。孩子跌倒了，该扶则扶；该让他自己爬起来，就鼓励自己爬起来。要看具体情况，不能一概而论。"

原来如此。

其实，我国古代也有严格要求孩子，从小注意培养孩子经受挫折能力的优良传统。

比如，北宋时期著名的哲学家程颢、程颐的母亲侯氏，她生过六个男孩子，由于当时医疗条件太差，四个孩子很小的时候就病死了，只剩下程颢、程颐兄弟二人。侯氏自然非常疼爱程颢、程颐这仅存的两个儿子，把一切希望都寄托在他哥俩身上。但是她深深懂得"慈母败子"的道理，从不娇惯溺爱。

程颢、程颐兄弟二人只相差一岁。在他们蹒跚学步的时候，常常摔倒在地，家里的佣人要上前扶抱，侯氏立刻劝阻说："不要管他们，让他们自己站起来。"然后，又对两个孩子说："你们走路时，慢一点就不会摔跟头了。你们试试看，试试看。"在侯氏的严格要求、严格训练下，程颢、程颐小哥俩一点儿也不娇气。

中国古人很早就懂得"严是爱，惯是害"的道理，严格要求、严格训练孩子，不娇惯溺爱，让孩子在实践中经受摔打、磨炼。那时候，每个家庭的孩子都比较多，就是想娇惯溺爱也没有那个条件。现在家里孩子很少，特别是独生子女家庭，娇惯溺爱的现象比较普遍，是该提醒年轻父母。其实，小孩子跌倒在地哭起来，不见得是摔得有多么疼痛，而是被突然倒地吓哭了，再加上家长大呼小叫，孩子就越发哭起来没完。如果家长不大惊小怪，虽然有点儿疼痛，孩子也能忍受，经过鼓励也就自己爬起来了。要紧的是，家长要把心态放平和。

62. 孩子受欺负要不要还手

“孩子挨别的孩子打，该不该还手?”常常有人向我提出这样一个问题。

小孩子打架，这是常有的事。偶尔被别的孩子打了几下，家长不必过于较真儿。可有的家长不这么看，说要是总被人欺负，性格会变得怯懦，很难适应社会的竞争。于是，便鼓动孩子与打人的孩子“针锋相对，毫不忍让”，不能手软。

记得过去，一般做父母的对小孩子打架这类事并不大关心。现在，这事倒成了年轻父母们关注的一个问题。之所以如此，我想大约有这么几个原因。

一是孩子少。“物以稀为贵”，一个孩子，在家长眼里，都视为珍宝，“手里拿着怕掉了，含在嘴里怕化了”。就是有错也舍不得打骂。有时候，家长气急了，打几下，过后还心疼；要是别人，不用说打，就是说孩子几句都不成。就像古代《小儿语》中所说的：“自打一下偏疼，人说一句偏怨；口嗆一个娇儿，断送坏了干看。”

过去，人们孩子比较多，家长忙于解决一家大小的吃喝穿戴问题，根本顾不上孩子让人打了几下，是还手还是不还手的小事。现在，条件好了，不用为孩子们的吃喝穿戴问题操心了，两只眼睛从早到晚盯着孩子。于是，就把这事看成是“天大”的事了。

小孩子之间发生冲突，你的孩子被比他大一点儿的孩子打了几下，还有可能你的孩子也会打比他小的孩子几下。这种事，谁也不能“打包票”。我想，小孩子之间的事，别看得过重。在这事儿上，过于“斤斤计较”，会让人笑话。

二是现在的社会是市场经济社会，充满竞争。有的家长认为，孩子打架如何对待和处理，这可是关系孩子将来能不能适应竞争社会的“大是大非”问题，主张不能忍让，要“针锋相对”、“以眼还眼，以牙还牙”，就是不能吃亏。有的家长还给孩子制订了总的“大政方针”：“人不犯我，我不犯人；人若犯我，我必犯人。”认为总是忍让，会磨灭孩子的竞争意识，消磨孩子的竞争能力。

主张采取这种态度的家长，当然是极个别的。说心里话，我是不大赞成这种“战略方针”的。这种态度有点儿偏激。

对于小孩子之间的冲突和矛盾问题，做父母的必须首先有个总体的分析。孩子们之间，一般还不是有什么根本性的重大的分歧和矛盾，无非是些鸡毛蒜皮的小事。小孩子中有意欺负人的，或欺负人成性的，毕竟是极个别的。“针锋相对”不是个好主意。“孩子挨了打”，能自己解决，还是由他们自己解决；解决不了，还是找老师解决为好。家长最好不要掺和。家长一掺和，可能会把简单的问题人为地复杂化。

市场经济社会的竞争是激烈的、残酷的，“市场不同情弱者”，不具备竞争意识和能力，就不能生存。但是，有竞争意识和竞争能力，在竞争中取胜，不是靠“单枪匹马”去拼搏，还要靠合作。而合作者之间，也不是没有任何的矛盾或利益冲突。即或有矛盾、冲突，如果有共同的利益，也还是首先要合作的，做到“求同存异，共同发展”。如果“一点儿亏也不能吃”，那就不可能有合作者，竞争也就很难取胜。有时候，为了根本的长远的利益，必须在非原则问题上“忍耐”。常言说：“小不忍则乱大谋。”小事上不忍让就会坏了大事。孩子小时候有过这种体验，这不是一件坏事。

市场经济社会是存在竞争，但并不是所有生活领域都存在竞争，竞争意识和能力也并不是所有范畴都适用的。在日常生活中，不能见谁就把谁当成竞争对手；也不能不分场合，事事、处处都以竞争为行为准则。

比如，人们上公共汽车，要是都发挥“竞争意识和能力”，各不相让；到了车上，抢到座位的，恐怕都是年轻力壮的人，站在车上的都是行动不便的老人、小孩子和孕妇。要是别人不慎踩了你一脚，你马上又踩别人一脚；别人不留神碰了你一下，你接着又还一下……你说这公共汽车还怎么坐？

再比如，在家庭生活中，一家人在吃喝穿戴方面，不是互敬互让，而是你争我抢；你瞪我一眼，我瞪你一眼；你说我一句，我还你一句，各不相让，成天“窝里斗”，这日子还怎么过？家庭再也不是什么“避风港”和“安乐窝”了，而是“战斗堡垒”了。

在公共场合，人们都要互相谦让；在家庭生活中，家庭成员总要互相体谅；在社会生活中，面对残疾人、老年人、妇女和儿童，总要关心爱护他们。

我们国家是闻名世界的文明古国，是礼仪之邦，人们向来以谦让、大度、宽容为美德。如果没有这种美德，处处、事事、时时都是“竞争”、“针锋相对”的话，那社会将不成为社会了。

即使在市场经济社会，也不能把“竞争”看成是日常社会生活中唯一的行为准则。在小孩子之间，还是要提倡谦让、宽容、大度。有矛盾，别的孩子打了你的孩子是不对，你不能教孩子用“不对”的手段去对付“不对”。还是要采取文明的方式方法和手段解决。从小教育孩子学会妥善处理和解决矛盾与冲突问题，遇到强暴要学会自我保护，这也是一种生存能力，要及早培养。

63. 孩子毁东西要不要批评

常常听到有人这样告诫家长：发现孩子毁坏了东西，不能批评，因为孩子毁坏东西是在“探索”、“研究”。若要批评，就会扼杀孩子的好奇心和探索精神。

猛一听，这种说法似乎有道理。但一细琢磨，就发现有点儿片面和武断。

的确，小孩子毁坏东西的现象是常有的。比如，好好的一本书，“刺啦”地一声给撕毁了；好好的一个玩具，给拆得七零八落；好好的一个娃娃，大拆大卸，缺胳膊少腿，身首异处；等等。孩子这种行为，可能是由于强烈的好奇心所驱使，想要探索个究竟。撕书，是看书本牢固不牢固？撕扯发出的声音是什么样的？机关枪玩具为什么能哒哒地响？为什么能投射出闪闪的红光？玩具娃娃为什么能叫唤？小汽车为什么能在地上奔跑？内部暗藏什么机关？这种好奇心和探索的欲望，是很可贵的，应当珍惜，加以保护。

问题是孩子毁坏财物的行为，并不都是出于好奇，都是在探索究竟。其原因往往是多种多样的。

比如，有的可能是由于大人拒绝了孩子的强烈要求，限制了孩子的行为，压制了孩子的欲望，引起孩子的不满。孩子的语言表达能力比较差，不能申明自己的要求、行为、欲望的合理性；而家长又是绝对的强势，孩子则是绝对的弱者，不能与之抗衡，“胳膊扭不过大腿”，只好用摔打、毁坏东西的行为发泄不满和愤怒的情绪。

有一次，我三岁的孙女非要玩她妈妈的手机，播放手机里的音乐。因为孙女玩手机掉在地上好几次，差点摔坏了，妈妈不让她玩。被拒绝后，孙女哇哇大哭起来，妈妈还是坚持不让她玩，孙女抄起身边的一个玩具，就狠狠地摔到墙壁上。这就不能不批评。

也有可能是以自己的破坏行为为能事，在别人面前显示、炫耀自己的“能干”。小孩子随着自我意识的发展，很想弄明白自己究竟有多大的本事。他们往往选择自己能够独立进行的，并马上出现某种效应的行为。但他们的行为没有建设性或破坏性方向性的控制，也不明白一个物体被破坏后有多么的可惜，破坏后还能不能恢复原状。另外，对小孩子来说，破坏比建设更符合小孩子的肌体能力，能够更快速地看到自己行为的结果，获得痛快感和满足感。因此，在强烈的自我意识驱使下，常常会出现破坏性行为。

有一次，我正在书房看报纸，我孙女独自在客厅里玩她的几个娃娃。突然，她大声喊：“爷爷，爷爷，您快来看啊！”我以为她又玩什么新的花样，让我欣赏她的“杰作”。我过去一看，她把几个娃娃的胳膊、腿、头全都拆了下来，散落在沙发上、茶几上和地上，一片狼藉。她在那里却得意地手舞足蹈着哈哈大笑。我生气地说：“破坏分子！”

上述这类毁坏财物的行为属于有意的破坏性行为，理应受到批评。除此以外，小孩子的破坏性行为还有无意性的，这主要是由于生理原因造成的。小孩子的肌体活动、交感神经和副交感神经发育不完善，判断力、注意力和控制力较差，他们的行为很难像成年人那样“得心应手”。有时候心里想拿什么东西，可手不听话，不知怎的，东西掉到地上摔坏了。有时候，小孩子毁坏东西是因为行为动作无逻辑，在从无逻辑阶段向逻辑阶段过渡的过程中，难免出现不经意地失手，这不是孩子粗心大意，不能简单地责怪。

即或是孩子真的是为了探索、研究，把东西给毁坏了，也要在肯定思想行为"主流"的同时，对其毁坏东西的举动，适当地给予批评。我们说批评，并不是简单地训斥，不是"全盘否定"，而是否定不爱惜东西的行为。孩子做得对的，要给以肯定；做得不对的，也应当给以批评。这叫做"一分为二"，"赏罚分明"。只有这样，孩子才能分清是非曲直，坚持正确的行为，纠正错误的行为。

有人担心，一批评就会把孩子的好奇心和探索精神给扼杀了。就像给孩子洗澡，在倒脏水的时候，连同孩子也一块给倒掉了。其实，这种担心是多余的。在肯定"主流"的前提下，只要批评得当，恰如其分，并且给予积极的引导和指导，是不会压制和扼杀孩子的好奇心和探索精神的。孩子们是聪明的，不会误解家长的意思。

如果说，非得要通过"解剖"物件才能培养好奇心和探索精神的话，家长最好提供一些破旧的无用的物件，在家长具体指导下让孩子拆卸、组装。只有通过拆卸和组装这样一整套完整的"工序"，才能使孩子知道组成物件的零件是什么，各自是什么样的结构，有什么功能，如何组装在一起的，根据什么原理制作的等方面的知识，从而进一步激发、培养孩子的探索和创造精神。当年，爱迪生小时候拆卸了家里的闹钟，父亲耐心地给他讲解，并指导他重新将闹钟组装好，很好地保护了爱迪生的好奇心。

培养孩子的探索精神是重要的。但是，以牺牲孩子的道德品质为代价是不可取的。孩子毁坏了东西，若不批评、指正，很有可能得不偿失。不但"毁坏"了东西，甚至连同孩子良好的思想品德和行为习惯也给"毁坏"了。这种可能性不是不存在的。

提出对孩子毁坏东西的行为不能进行批评的主张，是典型的形而上学思想。任何的行为、事物和人，往往并不是绝对的好，也不是绝对的坏。就像小孩子经常向大人提出这样的问题："这个人是好人呢，还是坏人呢？"事实上，"人无完人，金无足赤"，"十全十美"、"完美无缺"的人是不存在的。世界上的人并不是只有"好人和坏人"两类人，绝大多数人既有优点又有缺点，既有长处又有短处。我们实在不好回答孩子这种幼稚的问题。

当我们培养孩子的一种能力和品质的时候，应当全面考虑，不能顾此失彼。努力争取以最小的代价，获得更大的收获。培养孩子也要讲究成本，因为“成本”也是一种教育因素。

64. 孩子撒谎了要不要管教

前些年，某一有影响的家庭教育杂志发表了一篇主张对小孩子进行“谋略”教育的文章。文章把进行诚实教育的优良传统称为“教条”，公然予以否定：“长期以来，我们教育孩子不说谎话，这样的教条显然与谋略教育是相悖的。孩子们一旦学了谋略，以不说谎话为特征的经典规范就要被打破。”

这种说法的意思非常明了，就是说诚实教育已经“过时”了，不合“时宜”了；要对小孩子进行“谋略”教育，就是要“打破”而且必然要“打破”不说谎话这种“经典规范”。

我不是军事谋略专家，但也知道，“谋略”是一门特殊的学问，甚至可以说是一门高深的学问。所谓“谋略”，它是“计谋和策略的统一，是智慧的突出表现”。它在许多生活领域中有用途。

然而，“谋略”有一个重要特征，它是一门“富于欺诈性的学问”。“欺诈”就是用狡猾奸诈的手段骗人，它只能在社会生活中一定的范畴内、对特定的对象、解决特殊的矛盾时，才能使用。比如，在敌对双方的政治、军事斗争中，在对各种罪犯的斗争中，商业领域的竞争中，等等。《韩非了》一书中说：“战阵之间，不厌诈伪。”就是人们常说的“兵不厌诈”，意思是说，对敌斗争时可以使用欺诈的办法迷惑敌人。

但是，“谋略”并不是在一切社会生活领域和范围内使用，也不是对待一切人所都可运用的。而小孩子平时所接触的主要是小伙伴、同学、家长、老师、亲戚等关系亲近的人，他们所遇到的、所要处理的问题，一般都不是利害直接冲突的问题，要解决的矛盾基本上都是非对抗性的矛盾，属于人民内部矛盾。

做父母的和老师都反映，现在的孩子本来就不太好管教。孩子们要是学会用欺骗的手段来对付家长和老师的管教，不仅使家长和老师感到更难办，恐怕更要紧的是孩子在品德上会出问题。这不能不令人担忧。因此，我认为，没有必要像文章中所提倡的那样："从小学谋略，讲谋略，练谋略。"

"谋略"是一种学问。我们并不笼统地反对对社会成员进行一些"谋略"教育。在我们的中小学课本中，早已经有诸如"司马光破缸"、"文彦博灌水取球"、"曹冲称象""草船借箭"等经典性的"谋略"教育的内容。

至于"谋略"方面的知识、学问，人们是可以学习一些。但不是在未成年的时候。因为过早地对孩子们进行"富于欺诈性的谋略"教育，会干扰我们对孩子必须重点进行的做人的基本思想道德素质的教育。

诚实是做人的最基本的行为准则，是人类共同追求的美德。不论是哪个历史时代的人，都无一例外地倡导、坚持诚实的道德品质。特别是我们中华民族，历代做父母的，从来都是把诚实、不说谎话看做做人的最基本道德素质，列为家庭教育的重要教育内容之一，作为对子女上的人生第一课。这已经成为我们中华民族优良的家庭教育的传统。

现在，社会上的人们，并不是所有人都完全做到了"不说谎话"。但这不能成为我们应当"放弃"诚实、不说谎话教育的理由。恐怕社会发展到什么时候，人们也不会认为这是一种"恶德"而抛弃它。要我们的孩子将来在市场经济社会生存，首要的并不是依靠掌握什么"谋略"，而首先还是要依靠进行诚实的劳动。就是经商的话，也不能依靠"欺诈"，还是要以"诚信"为本。这不仅是一般的人为人处世的基础，也是经商成功的基础。

现在，由于社会环境的复杂性，使得一些家长对诚实教育也发生了动摇，误认为孩子太诚实了，到社会上会吃亏。其实，这是一种糊涂认识。

诚实是做人的根本，是全人类共同追求的一种美德，诚实教育永远不会过时。就连社会上的骗子都是打着"不骗人"的幌子行骗。骗子在行骗时往往都是一再表白"我不会骗你"。怎么能说"诚实教育"过时了呢？

永远不会过时。

世界各国都很重视对儿童进行诚实品德教育。

在日本，诚信教育几乎贯穿人的一生。在家庭生活中，父母经常教育孩子“不许撒谎”；到学校里，耳濡目染的是“诚实”二字；工作之后，“诚信”是普遍的经营理念。很多学校的校训都有“诚实”二字。在日本，诚信教育不是一句空话，而是贯穿学生学校生活的始终。日本学校有一门伦理课，教育学生诚实、善良、向上、奉献、谦让是其主要内容。日本中小学每人都有一本道德手册，名为“心的笔记”。这本手册用通俗的语言，记载着各种道德规范，诚实是重要内容之一。

在美国，诚信比学习成绩更重要。美国从幼儿园和小学起就重视对孩子的诚信教育。由美国波士顿大学教育学院设计的基础教材中，特别突出了诚信方面的内容，并建议老师在班上组织讨论。教材要求老师向小学低年纪学生讲解“最大程度的诚实是最好的处世之道”这句谚语，并要求学生制作诚信标语在教室里张贴。不久前，美国一所知名中学的几名学生在完成生物作业时抄录了某网站提供的材料，任课教师就毫不客气地判这些学生的生物课作业为零分。这所学校的校长认为，教育学生成为一名诚实的公民，远比生物课取得好成绩重要得多。

在德国，父母要自觉成为诚信的榜样。德国在教育法中明确规定，家长有义务担当起孩子道德教育的职责。德国家长也普遍遵守这一个原则：教育孩子诚实守信，家长必须做出榜样。在德国，你如果随地乱扔垃圾或者在没有停车标志的地方停车，马上就会有人过来阻止你，并给你讲明遵守社会公德、为下一代做好榜样的道理。这诚信氛围不仅培养了孩子良好的道德品质，同时也规范了成年人自觉遵守社会秩序、真诚待人的行为。在描述德国人的性格特点时，“严谨”、“诚实”、“守信”是经常被提到的字眼。这与德国从小就抓诚信教育和家长以身作则是有很大关系的。

65. 孩子做家务给不给金钱

有的家长听说，在外国，孩子做家务，家长给劳务报酬。于是，就效法外国人的做法，跟自己的孩子签订“家务劳动劳务合同”：如刷碗一次付1元，扫地一次付1元，取牛奶一次付5角……活儿干完，经验收合格，现金支付劳务报酬。

这些家长认为这样做有如下的好处：其一，可以调动孩子参加家务劳动的积极性；其二，以有偿劳动代替无偿给零花钱，孩子通过劳动所得，不会乱花；其三，使孩子认识劳动的价值，增强商品意识。

猛一听，这似乎很有道理。可细细一琢磨，这种做法很值得商榷。

在市场经济社会中，劳动是一种商品。但是，并不是所有的劳动都是商品，比如自己做家务劳动等就不是，而是伦理范畴的行为，是有劳动能力的家庭成员对家庭理应尽的义务。家庭成员从家庭里获得必要的物质和精神生活条件，就应该对家庭尽义务，参加家务劳动就是尽义务的一种形式。

所谓“义务”，就是一种无偿的奉献，在尽义务之前不以获得他人的报偿为目的，在尽义务过程之中不以获得他人的报偿为条件，在尽义务之后也不索取什么报偿和报酬。为人父母者，有义务出资、出力把子女抚养成人，适当地给未成年的孩子一些零花钱，也是尽义务的一种形式。不论父母是否指望将来依靠子女赡养，也不论将来是不是能够得到子女的报偿，凡是做父母的，都必须无条件地这样做。

只要具备了一定的劳动能力，子女就应当自觉地、无条件地承担力所能及的家务劳动。如果子女参加家务劳动也付给报酬，实际上就是把家务劳动当成一种“商品”。而“商品”是为交换而生产的劳动产品。这样，就会引导孩子把亲子之间的关系也看成是一种“金钱关系”。家长有钱，掌握支配家庭经济的权力，可以用金钱支配子女参加家务劳动；将来子女经济独立了，不需要参加家务劳动挣钱了，家务劳动最终还是要落在家长的的身上。

假如在子女经济未独立之前，就不再给零花钱，而要子女通过参加家务劳动获得，这就等于家长是主动放弃了一部分抚养子女的责任；家长既然能放弃抚养的责任，将来子女也可以放弃赡养老人的责任，那问题可就严重了。

家庭生活方式本身就是一种教育。跟孩子签订“家务劳动劳务合同”，无形中就淡化了父母子女亲情，而强化了父母子女间的“金钱关系”。如果父母子女之间的联系“99%也是表现在同样的‘现金交易’上”，父母让儿子做一件事，儿子会问：“你给多少钱?”给多少钱，就做多少事；不给钱，就不做事。那么，父母有钱，你是父母；没钱，就会视同陌路。

就像法国著名作家巴尔扎克笔下的高老头一样，他的两个女儿，在父亲有钱的时候，就千方百计地亲近父亲，讨好父亲，花言巧语地向父亲索取金钱。等到把父亲的钱财榨光以后，就像对待“榨干了的柠檬”一样，把父亲扔掉。高老头到死也没明白，女儿之所以这样无情无义、丧尽天良，不赖他的女儿，全赖他自己。是高老头自己亲自把父女关系变成冷冰冰的金钱关系的，他只能无奈地饮下自己亲手酿造的苦酒。

在外国，是有跟孩子签订“家务劳动劳务合同”的，但并不是所有家庭都这样做。如某发达国家就有这样一个故事：

小彼得是一个商人的儿子，由于他聪明过人，社会交往和办事能力又很强，他父母经常把一些收款和付款的账单委托他去经办，他每次都能办得很好。在跟商人打交道的过程中，渐渐地，小彼得也觉得自己似乎快成了一个小商人。

有一次，他忽然想出了一个主意，也开了一个收款单给妈妈，索取他每天帮妈妈干活的报酬。一天，他妈妈发现餐桌上放着一张账单，上面写着：

妈妈欠小彼得：

为取回生活用品——20 芬尼

为把信件送往邮局——10 芬尼

为在花园里帮大人干活——20 芬尼

为他一直是个听话的孩子——10 芬尼

共计：60 芬尼

彼得的母亲收到这份账单后仔细看了一遍，她什么话也没说。

晚上，小彼得在餐桌上见到了他索取的60芬尼报酬。正当小彼得如愿以偿，准备把钱放进自己的口袋时，发现餐盘旁边放着一份给他的账单，上边写着：

小彼得欠他妈妈如下款项：

为在她家过了十年的幸福生活——0 芬尼

为他十年来的吃喝——0 芬尼

为他在生病时的护理——0 芬尼

为他一直有个慈爱的母亲——0 芬尼

共计：0 芬尼

小彼得看了妈妈的账单，感到羞愧万分。过了一会儿，他怀着一颗怦怦直跳的心，蹑手蹑脚地走近妈妈，将小脸蛋藏在妈妈的怀里，小心翼翼地把他得到的那 60 芬尼装进了妈妈围裙的口袋里……

这位外国母亲坚定地认为，她为儿子所付出的一切，都是无偿的，是在尽一个做母亲的义务，不是在“放债”；儿子在小时候享受了母亲的精心照料，也不是“欠债”。并且以此教育儿子，懂得承担家务劳动是在尽义务，应当是无偿的。母亲在照料之前，没有打算索取“报偿”；照料之后，也不想获得“回报”。这位母亲的想法和做法，无疑会不知不觉地强化孩子的家庭义务意识。

在市场经济社会里，家长有责任给子女灌输一些商品意识，但不能以出卖“家庭伦理道德”为手段，不能拿“义务”与孩子做“交易”。要孩子增强商品意识，认识劳动的经济价值，体验商品交易活动，可以到家庭以外去“打工”。在美国，每年大约有 300 万中学生在外边打工，他们有一个口头禅：“要花钱就去打工！”通过打工，不仅获得了零花钱，也培养了自立意识和商品意识。

让孩子在家里“打工”利少弊多，不宜提倡。

小孩子能迁就吗

66. 小孩子能迁就吗

10多年前，某地发生了一件令人震惊而又蹊跷的暴力事件：一位76岁的老奶奶，被自己的亲孙子用一根尼龙绳，活活地给勒死了！消息不胫而走，一片哗然。而这个残忍的“凶手”，那时还不到5岁！

虽然事过多年，却一直深深地印刻在我的脑海里，总也挥之不去。

那是一个幸福、温馨而普通的三代同居的家庭：奶奶、爸爸、妈妈和一个四岁多的小男孩。平时，孩子的父母上班，家里只留下一老一少。老奶奶看着小孙子，含饴弄孙，颐养天年，其乐融融，享受着天伦之乐。

家里除了这一老一少以外，还养着一只小花猫，专供这祖孙俩解闷玩儿。老奶奶已经76岁，腿脚不大利索，不能带孙子到远处去玩，祖孙俩只好在那只活泼可爱的小花猫陪伴下在家里玩。

有一天，孩子的爸爸妈妈像往常一样去上班，小孙子无所事事、百无聊赖。突然，他心血来潮，别出心裁，非要用一根尼龙绳把家里的小花猫套上玩。老奶奶特地给孙子挽了一个绳套，孙子拿着结好的绳套追赶着小花猫，小花猫东躲西闪，从屋里跑到屋外，就是不让套。小孙子追了好半天，还是没有追上，小花猫“蹭”地一下子跑到了房顶上。小孙子不干了。

奶奶正坐在床上干活儿，赶紧呼唤孙子来到身边，伸出一只脚哄那孩子说："那你就用绳子套我的脚吧。"

孙子觉得套奶奶的脚没意思，就提出说："奶奶，小花猫不让套，我就套你的脖子。"

奶奶说："还是套脚吧。"小孙子不答应，便哇哇地哭了起来。

老奶奶就一个独生儿子，这又是独生孙子，两代都是"单传"。小孙子是老奶奶绝无仅有、不可多得的心头肉，向来是娇惯溺爱，迁就放任，任孙子为所欲为，谁也不许管，舍不得让孙子受一点点委屈。平时，对小孙子是百依百顺，有求必应，简直是"要星星不给月亮"，不管是什么要求，老人都一一满足，从未有拒绝的时候。在奶奶无度的迁就下，小孙子被惯得实在不像样子，非常任性。孩子的爸爸、妈妈虽然也劝阻过，但不起任何的作用，老奶奶还是我行我素。

见小孙子委屈地哭了，奶奶哪里舍得？实在不忍心看下去，连忙说："别哭，别哭。那好吧。"便让小孙子把绳套套在自己的脖子上，让小孙子开心地玩。

哪知，绳套打的是个活扣，小孙子用力一拉，便紧紧地勒住了奶奶的脖子。奶奶说："别拉了，奶奶受不了！"那孩子见奶奶手舞足蹈的，挺好玩，破涕为笑，就越拉越紧。老奶奶一时感到气闷，想喊也喊不出来，便不停地挣扎起来，从床上滚到地上。孙子直到奶奶不动弹了才松开手。他以为奶奶是睡着了，扔下手里的尼龙绳，就到门外去和别的小朋友玩耍去了。

等孩子的父母下班回家一看，被眼前的情景惊呆了，奶奶的手脚早就变得冰冷。虽经抢救，也已无济于事。

事情虽然已经过去十多年了，那孩子也上了中学。每当想起自己小时候做的那让他追悔莫及的荒唐事，他就感到痛心不已。毫无疑问，痛苦必将缠绕他一生。

这是一个极为个别而极端残忍的恶性事件，读者看到后会毛骨悚然，不寒而栗。然而，它确确实实地发生了。我本不想再重提此事，不忍心让读者担惊受怕受刺激。但为了让家长们从中吸取教训，经过反复思考，我还是把它写了出来。

这个恶性事件的发生，完全是由于家长对孩子娇惯溺爱、迁就放任、百依百顺造成的。小孩子不具备独立生存和生活的能力，日常生活不能自理，吃喝拉撒需要家长精心照料，物质生活和精神生活的条件需要家长提供，衣食住行方面的需求要家长给以满足。这都是应该的。

然而，对于孩子的种种要求和需要，不能事事都满足。因为孩子年龄小，缺乏生活体验和生活常识，并不知道哪些要求和需要是合理的、正确的、有益的，也不能预测事情发展的后果，这就需要家长严格把握。孩子不合理、不正确、无益有害的要求和需要，家长断然予以拒绝，这同样也是爱护，而且是更深的爱护。如果对孩子放任迁就、百依百顺、有求必应，久而久之，就会养成任性的毛病。这对孩子不是爱，而是害。

故事中被娇惯得不像样子的小男孩，不仅亲手“杀害”了他的老祖母，自己也受到了极为严重的心灵伤害。他的祖母，虽然说不是他“蓄意谋害”，但祖母毕竟是死在了他这个亲孙子的手中。他整个一生都会不得安宁，永远不会饶恕自己，终生都会背负着不能解脱的负罪感。

由于家长的百依百顺，给孩子创造了种种满足他欲望的便利条件，无形中就助长了孩子的欲望，使之无休止地增加和膨胀。而由于环境和条件的限制，家长不可能事事都能满足孩子的欲望，迟早有一天不能不因为力量和能力所限而加以拒绝。然而，由于孩子平时从来没有遭受过任何的拒绝，突然碰了钉子，孩子将比得不到他希望的东西还要痛苦。

孩子偏偏要那些不可能得到的东西，从而处处遇到抵触、障碍、困难和痛苦。他会成天啼哭，成天不服管教，成天发脾气，他们的日子就是在哭泣和牢骚中度过的。是不是很不幸？

更为严重的后果还不止这些。如法国思想家卢梭所说：“要是一个孩子想得到什么就可以得到什么的话，他就会自以为是天下的主人，把一切人看做是他的奴隶；而最后家长不得不拒绝的时候，他就会把你看做是种反叛，是不怀好意……”

这样的孩子长大以后到社会上，会严重地不适应现实生活。“平时看惯了所有人对他都是那样的畏惧，可是一踏入社会，就会觉得所有的人都跟他过不去，感到原来被他随意支配的世界竟然重重地压在了他的身上！”其结果，不外乎有两个：或是失去生活的勇气，自暴自弃；或是走上反社会、铤而走险的危险道路。

做父母的责任是给孩子创造幸福。正确的、合理的、有益的要求，可以满足；不正确、不合理、无益的要求和欲望，不能迁就。

67. 小孩子能欺骗吗

曾子，名参（shēn），字子舆。春秋末期鲁国南武城（今山东省费县）人。他是古代大圣贤孔子的学生。

据记载，曾子这个人向来是严于律己，言行谨慎，平时很注重个人修养。在《论语·学而篇》中，就曾记载了他进行修养的方法和原则：“曾子曰：‘吾日三省吾身：为人谋而不忠乎？与朋友交而不信乎？传不习乎？’”

在孔子众多出色的学生中，曾子的人品受到孔子的称赞。他不仅孝敬父母，也是一个称职的父亲。《韩非子·外储说左上》中曾记载一个曾子“杀猪教子”的动人故事，一直为世人所传颂。

有一天，曾子的妻子忙完家务，准备要到街上去买东西。三四岁的小儿子，也要跟着去。母亲怕麻烦不让去，儿子没完没了地纠缠。实在没办法了，母亲灵机一动，便哄他说：“听话，在家里玩。等我回来，我把咱家那口大猪杀了，给你炖肉吃。好吗？”

小儿子一听说要吃炖肉，立刻就止住了哭声，认真地问道：“这是真的吗？”

母亲假装认真地点了点头。小儿子立刻破涕为笑，又到一边玩耍去了。

曾子是一个教子的有心人。刚才母子对话的情景，曾子看见了。曾子知道，妻子这是“哄”孩子，并不是真的要把大肥猪给杀了。当时，本想上前阻止，但来不及了，话已经说出去了，“覆水难收”啊。怎么办呢……

曾子的妻子高高兴兴地从街上回来。一进家门，眼前的情景，使她大吃一惊：只见曾子用绳子牢牢地捆绑住家里的那口大肥猪，身旁还放着一把雪亮的屠刀。大猪拼命挣扎、吼叫，还挺吓人的。怎么？他真的要杀猪？妻子急忙上前阻拦说：

“你这是疯啦！我刚才是叫儿子纠缠得没办法，才那样说的。那是说着玩的，为‘哄’他，你怎么竟然当真起来呢?”

曾子严肃而认真地对妻子说：

“我知道，你是跟儿子说着玩的，实际上并不打算真的要杀猪。可是，你想没想过，小孩子还不大懂事，只会跟着父母的样子去学，去做。今天，你说了话不算数，答应了的事不去做，哄骗了孩子，这实际上就等于是在教孩子讲假话，骗人。做母亲的欺骗儿子，儿子会觉得母亲的话不可信，以后再教育，他也就难以相信你的话了。这样做，怎么能把孩子教育好呢?”

妻子听了，觉得丈夫的话句句在理。她佩服丈夫，言而有信，说话算数，言行一致，以真诚的态度培养孩子诚实的品质。她深深地责备自己，不再阻拦丈夫，避免了给孩子心灵上造成不良影响。虽然付出的代价不小，但很值得。

这个故事，几千年来在中国流传，经久不衰，引人深思。

小孩子不仅在智力方面处于蒙昧状态，在道德方面同样也是处于蒙而无知的状态，是非、善恶、美丑分不清楚，辨别能力很差，容易受外界影响，特别是父母的影响。父母是孩子最早接触的成年人，朝夕相处，形影不离，又是他们心目中最有威望、最值得信赖的人。父母说什么，孩子都笃信不疑；父母做什么，就学什么，毫不走样。孩子年龄越小，就越是崇拜父母。在他们看来，父母的言行举止，都是最标准的思想和行为规范。在孩子心目中，父亲是最好的父亲，母亲是最好的母亲。如何对待人，如何对待事，都要以父母为榜样。

做父母的，如果不时时刻刻地严格检点自己的言行举止，任何不良的一言一行，哪怕是一点点疏忽，都很可能在无意之中，给孩子以不良的影响。而不良的影响一旦发生，由于孩子总是“先入为主”，先获得的“认知”很难再从孩子幼小的心灵中抹去，并且以此为依据排斥其他不同于此的“认知”。因此，中国古人特别重视让孩子接触正面的形象，千万不要用骗人的话欺骗孩子。

曾子在儿子小时候，特别注意父母的言行举止对孩子的影响，努力做到“谨于言，慎于行”，反映了他具有强烈的教育意识。在他看来，在子女教育上“无小事”。在与孩子相处中，在处理有关儿童的问题时，家长的一切言行举止，都要绝对服从儿童的教育。在孩子面前，家长是“属于”孩子的，一切都要对他们的身心发展有益，一点儿也不能随意伤害孩子，不能毒害孩子单纯美好的心灵。

也许有人以为：对于小孩子，何必那么认真？家长许诺的事，小孩子很可能一会儿就忘记了。这是缺乏教育意识的表现。一般情况下，孩子出于对父母的信任，凡是家长许诺了的事，不会轻易忘掉。在许多情况下，孩子为了赢得家长的许诺，是付出了代价的。比如故事中曾子的小儿子，本来特别想跟母亲一起上街，但为了赢得母亲“杀猪给他吃肉”的许诺，放弃了上街的要求，克制住了自己的欲望，他是做出了牺牲的。如果家长说话不算数，许诺的事不兑现，孩子就会以为说谎、骗人是允许的，很有可能也跟家长一样，也学着去说谎、骗人。

家长必须明白，如果有一次言而无信，说话不算数，就是用十次的“诚信”，也难以挽回已经丧失的威信。要重新树立威信，取得孩子的信任，是要做出巨大努力的。希望孩子诚实，自己首先要诚实。不守信的人，不可能培养出诚实的孩子。家长在孩子面前，一定要慎而又慎。

17 世纪时，英国的教育家洛克在他的《教育漫话》一书的开头，便开宗明义地说过这样一段话：

“我们幼小时所得的印象，哪怕是极微小，小到几乎觉察不出，都有极大极长久的影响；正如江河的源泉一样，水性很柔，一点点人力便可以把它引导入他途，使河流的方向根本改变，从根源上这么引导一下，河流就有不同的趋向，最后就流到十分遥远的地方去了。”

洛克的比喻十分贴切、深刻，引人深思。“差之毫厘，谬以千里”，小时候的教育在方向上有极为细微的偏差，就会造成严重的后果。

中国古人说：“童蒙养正，作圣之功。”就是从这个意义上说的。儿童早期的启蒙教育一定要慎而又慎，不可掉以轻心。

68. 小孩子能打骂吗

家长打孩子的问题，是一个古老的话题。说起来，大多数人都反对，认为打孩子的确没有好处；但家长打自己孩子的现象，却时有发生。这就像一个痼疾，久久未能在中国家庭中绝迹。虽然，今天打孩子的现象大为减少，但也要引起家长的注意。

家长打孩子，不仅伤害孩子身体，对他们心理的伤害更大。正如近年来流行的一首《挨打歌》所说的那样：

一次挨打战惊惊，两次挨打哭不停。
十次挨打眉头紧，百次挨打骨头硬。
千次挨打功夫到，酣然微笑入梦中。

这是说，孩子第一次挨打很害怕；第二次挨打就知道挨打是很痛苦的，就哭个不停；第十次挨打知道哭也没用，只好紧皱眉头忍耐；孩子要是挨了100次打，骨头就锻炼得硬朗了，不怕打了；要是挨了1000次打，经过千锤百炼，根本不把挨打放在心上，就是说完全丧失了自尊心，变得软硬不吃。到那个时候就是把“上帝”请来，恐怕也没有回天之力。

有人说，打孩子，是因为脾气不好。这不是理由。因为脾气不好的人，也不是见谁就动手打谁。见谁打谁的，那是精神出了问题。

也有人说，孩子太气人了，说他不听，就是得打！这也不是理由。那要是外人气你，不听话，违逆你的意愿呢，你也上手就打人吗？绝不会的。不服从就打，那是流氓头子。

中国家长之所以“打孩子”，主要是头脑里“子女私有观念”在作怪。中国过去，封建家长制思想盛行，家长是一家之主，拥有特权，没有把孩子看成是独立的个体，而当成自己的私有财产或附属品，有权任意处置。

在欧美国家，家长打孩子的现象却很少。原因是，从古希腊斯巴达那时候起，就把出生以后的孩子，都看成是国家的“财产”；家长在家里教育孩子，是在“接受国家委托、替国家培养教育民族的下一代”，当然不能随便打骂。若是随意打骂，就是侵犯人权，就是违法，法律就会干涉。一不留神，做父母的就有可能以虐待儿童罪，被送上法庭接受审判和处罚，甚至剥夺你的抚养、监护权。

要解决中国家长打孩子的问题，只有到了人们的思想观念发生了根本的转变，就像欧美国家那样才行。因此，要彻底解决家长的思想观念问题，还需要一些时日。

一般家长打孩子，往往是孩子“直接违逆了家长的意愿和意志”，公然向家长权威挑战；或是做了“特别让家长生气、丢面子”的事。比如，孩子当众顶撞家长，让家长下不了台；不好好读书学习，把家长的话“当耳旁风”，家长忍无可忍；私自拿别人的东西，老师批评家长，或邻居告状，让家长丢人现眼；等等。要是孩子没有违逆家长的意愿和意志，没有让家长丢人现眼，即或是很大的错误，也不见得挨打。

家长打孩子的轻重程度，并不完全取决于问题的严重程度，而主要是取决于是否“让家长丢了面子”。因此，与其说“打孩子”是为“教育”孩子，倒不如说是家长为维护自己的面子，发泄私愤，以“出气为快”，如此而已。

所以，打孩子的家长是很自私的。因为是拿孩子作“出气筒”，以伤害孩子的人格和自尊为代价，来维护家长自己的“人格和自尊”。

其实，很多孩子挨家长的打骂，是很冤枉的。孩子的错误，是发生在孩子身上，但不是天生的，还不都是家长娇惯、纵容和影响的结果。“孩子是家长的镜子。”孩子身上的毛病，一定是家长教育上的失误造成的。比如孩子不尊敬家长，家长很生气。如果平心静气地反思一下，看是不是跟自己平时的教育不当和身教不良有关系？这样想一想，也许你会认为孩子不该挨打，该挨打的，倒应该是自己。

家长管教孩子，是为让孩子学好，讲究文明。那么，“教育手段”也要讲究文明。因为“教育手段本身就是教育”，也具有教育作用。企图用“不文明的手段”对孩子进行“文明教育”，那等于是南辕北辙，肯定会是事与愿违。比如，有一位家长发现自己的孩子无故欺负别的孩子，屡教不改，便狠狠地揍了孩子一顿，边揍边教训说：“你小小的孩子就欺负人，我让你没记性!”大巴掌雨点似地啪啪地落在孩子的屁股上，孩子边哭边求饶说：“我不打人了！再也不打人了!”而当父亲把他放下来后，那孩子却哭泣着说：“等我长大了再打。”弄得那父亲哭笑不得。原来，那孩子从父亲的教育行为中得出一个“真理”：“小孩子是不能打人的，大人还是可以的。”

苏联著名政治家捷尔任斯基曾经说过：“拷打、严厉和刑罚永远不能作为一种影响儿童心灵和良知的好方法，因为它们时常留给儿童的印象，就是成人的暴行。拷打、严厉和刑罚不是养成儿童固执的脾气，便是养成他们不可挽救的怯懦的虚伪。”我奉劝各位家长，最好不要做这种蠢事。

家长“打孩子”，一般都是在“气头”上，实在是“忍无可忍”，“一气之下”，不得已而为之。当时的情绪是高度冲动的，完全丧失了理智，失去了控制，对孩子有可能是恨得“咬牙切齿”。因此，往往是“不计后果”，“不择手段”，没轻没重，大打出手，弄不好会完全是在“无意之中”而失手，以至造成不可挽回的极为严重的后果，抱憾终生。就像前些年发生的青海省夏斐和湖北省夏辉被家长打死的事件，其实他们家长并没有把自己的亲骨肉给打死的企图，只是难以自制，不慎失手。然而，悲剧却出乎他们意料地真的发生了，后悔莫及。

我诚心诚意地奉劝家长，遇到孩子出了问题，不管是什么问题，一定要冷静、冷静、再冷静，克制、克制、再克制，竭力避免高度冲动，要高抬贵手，手下留情。千万可别做出让自己后悔一辈子的事。

69. 小孩子能惩罚吗

现在，许多家庭都是只有“绝无仅有”、“不可多得”的一个宝贝疙瘩。常言说：“物以稀为贵。”孩子少，更值钱。在家长心目中，那可真是“含在嘴里怕化了，顶在头上怕掉了”，整个是一个“爱不够”。在这种情况下，讨论“小孩子可不可以惩罚”的问题，是不是太不合时宜?

近些年来，一种称做“赏识教育”的思潮，通过各种传媒广泛传播，给家长思想上造成了很大的混乱。

孩子不管是做了什么，做得怎么样，都说“你真行”，“你真棒”，给孩子叫好，为孩子鼓掌。比如说，一个孩子经常无故打人，不但不严厉批评，反而要给他鼓掌。为什么？因为他昨天打了两个人，今天只打了一个，进步了。孩子又打了人，还给他鼓掌。为什么？因为他昨天把人打得流了血，今天没有打伤人，下手不那么狠了。这是典型的“哄”的伎俩，不可能教育好孩子。

什么叫“赏识”？所谓“赏识”，就是认识到别人的才能或作品的价值而给予重视或赞扬。上边提到的这个欺负人的孩子是典型的“屡教不改”，本来就应该实施“惩罚”，怎么还反倒为他鼓掌呢？“赏识教育”的鼓吹者说：“这样就自然而然地改掉打人的毛病了。”这全然是故弄狡狯，自欺欺人。

魏晋南北朝时期的思想家颜之推早就批评过这种现象：“恣其所欲，宜诫反奖，应呵反笑，至有识知，谓当法尔。”这是说，对孩子不管不教，任其为所欲为，该批评的反而夸奖，该斥责的反而欣赏，久而久之，孩子就会误以非为是，以恶为善，颠倒是非善恶。

小孩子无缘无故地总欺负人是一种毛病。它就像粘在孩子身上的“灰尘”，扫帚不到，“灰尘”照例不会跑掉。

更有人“发展”了所谓的“赏识教育”，提出“无批评教育”。说小孩子年龄小，感情太脆弱，经不起批评，只能用表扬、肯定、奖赏，不能批评，更不能惩罚。这种说法是荒谬的，是无稽之谈，没有任何的理论和实践依据。

小孩子不能“批评”，这意思明明是说，孩子所做的一切是天然正确、合理的。既然如此，还要我们教育者干什么？

小孩子缺乏生活经验和分辨是非善恶的能力，犯错误是难免的；对周围的一切都感到新鲜，要探索新鲜事物的奥秘，难免闯祸。当然应当首先进行说服教育，但如果屡教不改，就必须要进行批评，甚至可以进行惩罚。

批评或惩罚是较为严厉的教育手段，能引起孩子不愉快、内疚甚至痛苦，促使其接受教训，以期彻底改正。正是因为孩子小，尚未养成良好的行为习惯，家长才更应当及早严加管理教育。如颜之推所说：“当及婴稚，识人颜色，知人喜怒，便加教诲，使为则为，使止则止。”从孩子小时候就严加管教，就会养成良好的思想、行为和习惯。对错误的思想、行为和习惯不批评制止，放任自流，势必要养成恶习。

讨论“惩罚”的问题，并不是要家长把惩罚当成“上方宝剑”，动不动就惩罚。惩罚历来是管教孩子的一种手段，一般是在“说服教育无效”的情况下使用，但在任何时候都只不过是“辅助手段”。

对于学龄前的儿童来说，一般也不会犯多大的错误。遭到家长的惩罚，多是太执拗、固执、任性，无论怎么教育都无济于事；而不立即制止其行为，很有可能造成严重的后果，或是会养成不良的习惯，很难纠正。在这种情况下，家长很容易使用惩罚手段。

惩罚的手段，一般是在孩子出现严重错误时使用。比如，小孩子学会了说脏话或骂人；欺负弱小，动手打人；撒谎骗人，屡教不改；等等。

对于学龄前的孩子，实施惩罚的手段主要是剥夺需要，主要是精神、情感方面的需要。孩子犯了错误并屡教不改，本来应该得到的，就要强行剥夺。比如，该买的玩具不买，该去游乐场不去，该上爷爷奶奶家、外公外婆家不去，在指定地点反省等。家长长时间不理会孩子，也是一种惩罚方式。

对小孩子实施惩罚，要特别谨慎小心。一是不可滥用，不到万不得已时，一般不要轻易使用。二是要公正合理，恰如其分，要根据孩子所犯错误的性质、情节轻重以及态度确定惩罚的方式，最好让孩子心悦诚服地接受。“罚不当罪”，过轻，起不到积极作用；过重，会伤害孩子的身心健康，或引起逆反心理。三是惩罚要看孩子的个性特征、性别特征，要让孩子在心理上承受得了，不产生负作用。

美国著名作家马克·吐温管教孩子很严格。一次，他八岁的大女儿苏西在农场度假时打了妹妹。按照规定，必须给予适当处罚。一家人根据苏西的错误，提出了几种处罚方法，其中之一就是剥夺她坐干草车的机会，这是苏西最不愿意接受的惩罚方式。从那以后，苏西和其他孩子再也没有发生过随意打人的事。

经常有家长问，小孩子可不可以打？一般情况下不要打，怕伤着孩子。但在特殊情况下也未尝不可。

比如，两三岁的孩子，不知道深浅、利害、安危，看到新奇的东西就想摸一摸，动一动，玩一玩。看见家里的电器插座，他也好奇地要摸一摸。对小孩子的这种危险行为，你说怎么进行管教呢？你给他讲道理，说："这个东西不能摸，一摸就电死了。"什么叫"死"？孩子可能会天真地问："死好玩吗？"对不懂事的孩子来说，那不是"对牛弹琴"吗？他根本不可能懂。说不管他，放任自流，任其为所欲为，让他体验一下"自然后果"的惩罚，那行吗？管教那么小的孩子，唯一行之有效的管教方法，就是在他要伸手摸电器插座的时候，厉声厉色地训斥。如还是不听话，就要狠狠地打他的手，甚至要把他给打哭了，重重地给他以刺激。这样，有一两次，就会在孩子的头脑中形成"摸那东西——手疼痛"这样的条件反射，以后他再也不会伸手去摸"那东西"了。

像这种"狠狠地打"，也不能说是"体罚"，而是一种特殊情况下的严厉"警示"，唯一正确的有效的教育方法。

70. 自然后果的惩罚

18 世纪法国著名资产阶级教育家卢梭，在他的教育论著《爱弥儿》一书中，曾经提出过一个著名的教育法则（或称为"教育方法"），即"自然后果的惩罚"。英国资产阶级教育家斯宾塞在他的基础上又进一步发展、完善了这个教育原则。

所谓"自然后果的惩罚"，按照卢梭的说法就是："应该使他们（孩子）从经验中去取得教训"，"如果他有冒失的行为，你只需要让他碰到一些有形的障碍或受到由他的行为本身产生的惩罚，就可以加以制止。"

按照斯宾塞的说法，孩子犯了错误，造成一定的不良的后果，别人不去批评、惩罚；而是用孩子自己的行为所引起的必然反应和不可避免的"自然后果"，直接限制他的自由，使之从中得到不愉快的体验，甚至得到痛苦，从而迫使其改正过失。比如，儿童撕破了衣服，不给他换新衣服，就让他穿破的，他下次就不会再撕破衣服了；若是打碎了房间门窗的玻璃，不给他安装新玻璃，就让他受冻，下次他就不再打碎房间门窗的玻璃了；等等。总之，就是使他们在自己过失所造成的后果中得到教训，受到教育。

斯宾塞认为，运用“自然后果”的教育原则，是“文明的教育方法”。

现实生活中，有不少家长对孩子进行教育时，自觉不自觉地采用过这种教育方法。这种教育方法，用我们中国的一个成语说，就是“自作自受”。儿童错误行为引起痛苦的反应应该是和过失成正比例的。小小的过失引起轻微的痛苦，较严重的过失引起较厉害的痛苦。儿童在日常经验中，从大小不同的错误中得到大小不同的惩罚，从而学会怎样行动。自然后果的惩罚使儿童受到痛苦，会非常谨慎，决不再犯。采取这种方法纠正过失，教育孩子，最简便省事，效果也比较灵。

采用“自然后果的惩罚”，首先体现了父母对孩子的严格要求，不姑息放任，不袒护偏私。通过孩子的过失所得到的自然惩罚，使之能体验到行为过失的不良后果，不是人为的、另外给予的惩罚，而是公正的，孩子一般能接受得了，抵触情绪较小。不觉得委屈、冤枉，不是“罚不当罪”，而是“罚该当罪”，情绪波动自然就会小一些，不会被“激怒”，从而能够从不快、痛苦中引起反省，促使其改正过失。

“自然后果的惩罚”用于纠正那些直接带来不良后果的行为过失，效果是明显的。假如不这样做，比如，儿童把玩具毁坏了，家长批评一顿，马上又给买新的；衣服撕破了，训斥一通，马上又换一套新的。这样做，即使是批评再严厉，也不会收到良好的效果。

因为孩子的“核心利益”没有受到损害，没有从中亲身体验到自己行为过失的危害，就不会产生“非改不可”的强烈愿望。特别是小孩子，一般对家长的批评并不记在心上，事过境迁之后，挨批评的事很快就会忘记，印象不会深，在行为上往往是“依然故我”。所以说，“自然后果的惩罚”一般适用于年龄小一些的儿童。

“自然后果的惩罚”是从“自我保存”的道德准则中引申出来的，是“以自我为中心”。所以，不能因为这个法则对纠正儿童的某些过失效果不错，就视为“万应灵药”，到处乱用；也不要当成“绝招”，孤立地运用。正确的做法是，应当有选择地慎重使用，并伴之以严肃的批评和正面的说服教育，指出孩子究竟错在哪里，帮孩子分析原因，告诉他有什么危害，引导今后应当怎样做，为什么要这样做等，使儿童从根本上提高认识。

与此同时，在平时还要对孩子的行为，加以具体的指导，告诉他们做什么事情，应当注意什么，使他们在实践中得到锻炼，逐步形成良好的行为习惯和思想品德。因为单纯地运用“自然后果”惩罚孩子，他们年龄还小，对问题的认识能力还比较差。只知道这件具体的事不能再做，他们不能由此及彼，举一反三，迁移到其他方面的事上；而且，只知道某些事不能这样做，究竟应该怎样做才对呢？他们很可能还不清楚。如果在孩子接受“自然后果的惩罚”的时候，同时讲清了道理，便能使孩子掌握一定的正确的行为准则，会在更大的范围内减少过失，做得更好些。

在运用“自然后果的惩罚”时，还要注意以下几个问题：

第一，不要伤害孩子的身体健康。

惩罚不是体罚。“自然后果”不能伤害孩子的身体健康，这是个大前提。如果伤害了孩子的身体健康，就会失去教育作用。家长不能感情用事，要克制有害的感情冲动，掌握好分寸、尺度，密切观察孩子的情绪反应，适可而止，见效就收。

第二，要注意不要伤害孩子的自尊心。

运用“自然后果的惩罚”是要使孩子感受到不愉快，有时也会产生羞愧之心，这是正常现象。但不要伤害孩子的自尊心，这是原则问题。如果丧失了自尊心，就会使孩子破罐破摔，情绪低落，不求上进，过失也难以改正。

第三，根据不同个性特征区别对待。

要根据孩子的不同个性特征，因人而异，实施“自然后果的惩罚”要有所区别。有的孩子意志坚强，对这种惩罚满不在乎，比如，玩具坏了不给买，我不玩；衣服撕破了不给换，我就穿破的，不起什么刺激作用。此类孩子最好不采用这种教育方法。

有的孩子则与此正好相反，太脆弱，对于“自然后果的惩罚”反应极为强烈，家长就要注意观察，掌握火候。运用一般的批评教育能够解决问题，不必非得要采用这种方法。

第四，要看孩子对过失及其造成的后果的态度。

如果孩子对自己的过失和后果不重视，就要利用后果去惩罚他。而假如有的孩子在行为上出现过失以后，有认识、悔改的表现，态度很诚恳，就更用不着用“自然后果”去惩罚他。

使用“自然后果的惩罚”，一定要慎重，尽量防止副作用的发生。同时，不要把这种方法当作能治百病的“万应灵药”，孩子的问题，需要“综合治理”。

遇物则诲，伺机施教

71. 因人制宜，因材施教

我国古代有这样一个名为《西邻教子》的寓言故事：

“西邻有五子，一子朴，一子敏，一子盲，一子偻，一子跛。乃使朴者农，敏者贾，盲者卜，偻者绩，跛者纺，故五者皆不患饮食焉。”

古时候，一个家庭有五个儿子。五个儿子的个性特征不同，有的还有残疾。儿子们一个个都快要长大了，父母就得考虑儿子们学点什么生存所需要的技艺。

老大从小就憨厚，能吃苦耐劳，父母就让他学种地，培养他当农民；老二从小就聪明伶俐，思维敏捷，精明能干，父母就让他学习经商，将来当个商人；老三是个盲人，两眼看不见，家长就让他学算卦，算卦不用眼睛；老四从小身体不好，是个驼背，父母就教他学织布，驼背不影响干活儿；老五是个残疾人，腿瘸，父母就教他学纺线，腿脚不便，坐着干活儿。

这家的五个儿子，每人都掌握了一项谋生的技艺，从事不同的职业：老大当农民，老二当商人，老三成了算卦先生，老四在家织布，老五成了纺线的能手。五个儿子都具备了生存的能力，父母放心了。

要说这个家庭的儿子可真不少，有的还有残疾，这可是够让做父母的操心的了。然而，这个家庭做父母的，非常实际，他们一点儿也不虚荣，没有跟别人攀比、赶时髦；而是根据社会生活的需要，针对每个儿子的特点，因人而异，因材“择业”，因材施教，发挥各自的优势，回避各自的短处，努力扬长避短，化消极为积极。就这样，使五个具有不同特点和缺陷的儿子，都学会了适宜的技艺。

假如那做父母的，要是不从儿子们各自的实际情况出发，抱着一种虚荣心，盲目与别人攀比，看别人学什么，也不看自己儿子的身心素质状况，就要求孩子赶时髦，都去学比较容易赚钱的经商或算卦；或是为了满足父母的“补偿心理”，强迫儿子去学习根本不适合或不想学的技能；或是盲目地按照同一个规格去培养、塑造自己的儿子们，恐怕其中有的儿子就不能生存。等做父母的到了老年，就会有后顾之忧；甚至百年之后，死不瞑目。

这个家庭的父母，为儿子们在发展方向和职业上所做出的选择是务实的，完全是为儿子们的长远利益着想，没有一点儿“光宗耀祖”、“显耀门楣”或为家长增光添彩的思想。应当说，他们是无私的，是一心一意地为了儿子们的将来，这种教育思想是明智的，很具有进步意义。

联想到我们今天的有些做父母的，对自己孩子发展方向的选择和培养教育，就显得有不小的盲目性。比如，见别人家的孩子学绘画，也就让自己家的孩子学绘画，不管孩子是不是色盲；见别人家的孩子学钢琴，也赶紧给自己家的孩子花重金购买一架钢琴，也不管自己的孩子喜欢不喜欢和有没有音乐“细胞”；等等。这些家长为自己的孩子选择培养和发展方向，不是从自己孩子的实际情况出发，而是眼睛总是盯着别人家的孩子，见别人家的孩子学什么，就要自己的孩子学什么。家长原原本本地按照别人家孩子的选择为自己的孩子选择，究竟是不是适合自己的孩子？家长没有很好地想一想，这不能不说是带有很大的盲目性。

有记者在某少年宫做过现场调查，问那些参加特长班的孩子喜欢不喜欢学这种特长。不少孩子的回答有些出人意料，说：“不喜欢，是妈妈非要让我学！”有一位学钢琴的孩子说：“我看到黑白相间的东西，就恶心！可妈妈非让我学这个破玩艺儿！”如果家长完全按照自己的意愿，硬“逼”孩子学钢琴学到这个份上，不能不说这样的选择是失败的。

我们必须弄清楚家庭教育的一个首要问题，那就是：父母培养、教育孩子究竟是为了什么？是为了家长，还是为了孩子？在封建家长制盛行的年代，家长培养、教育子弟，那就是为了子承父业、光宗耀祖、显耀门楣，使许多有志、有为青少年为了家族的利益而牺牲了个人的前途和幸福。

鲁迅先生早在90多年前，在《我们现在怎样做父亲》一文中就尖锐地指出："本位应在幼者，却反在长者；置重应在将来，却反在过去。"那时做父母的，"他们的误点，便在长者本位与利己思想……尤其堕落的，是因此责望报偿，以为幼者的全部，理该做长者的牺牲。"

应当说，今天的父母培养教育孩子，为子承父业、光宗耀祖、显耀门楣的已经很稀少了，这不能不说是一个进步。但在孩子发展方向的选择和培养上，不是完全从孩子的实际出发，而是从家长的喜好出发，或在"补偿心理"支配下，主观地为孩子确定培养和发展方向的，并不在少数。其结果，可想而知。

比如，有的家长自己小时候特别喜欢弹钢琴，但由于家庭生活条件的限制，未如愿以偿，一直耿耿于怀。有了孩子以后，就不管孩子对钢琴是不是感兴趣，家庭里有没有学音乐的环境和条件，家长做主，购买了钢琴，强迫孩子学习。有一个孩子因为特别不喜欢学钢琴，家长辛辛苦苦好不容易才攒够了钱买的钢琴，孩子不弹，家长就打骂，甚至采取古人"头悬梁，锥刺股"的方式，把孩子的手和头发吊起来，以防止孩子消极怠工。最后，孩子自己把自己的手筋挑断以示反抗。

有的家长认为，在今天的社会，电子计算机是个热门专业，从很小的时候就让孩子接触计算机。可孩子只是对玩游戏感兴趣，至于家长教的计算机知识，却很不喜欢。家长采取强迫的手段强制孩子学习软件知识，孩子厌烦得不得了。最后，孩子在一气之下，把计算机从桌子上推到地上摔坏。

在今天的社会里，我们应当像鲁迅先生在90年前早就指出的，要像欧美家庭那样，以幼者为本位，对子女一是理解，二是指导，三是解放，"交给他们自立的能力"，让他们"幸福地度日，合理地做人"，这应当是现代父母的社会责任和义务。不能再把培养、教育子女的目的定为为家长的脸面上增光添彩。

72. 遇物则诲，伺机施教

经常听年轻父母这样抱怨孩子："你瞧这孩子，没脑子，说了多少遍，他就是记不住！""我说了不知多少遍了，都磨破嘴皮了，这毛病他怎么就改不了呢?"

由父母亲自教育孩子，有很多的优势，诸如父母在孩子心目中有威信，一言九鼎，说话有分量；家庭教育是在家庭的日常生活中进行的一种教育，父母可以随时随地实施教育。然而，也许正是因为具有这些优势，父母平时教育孩子往往太随意了，也就是完全任凭自己的意思或意愿教育孩子，忽略了孩子的年龄心理特征，不注意选择时间、地点、场合，不大考虑教育方式方法，讲究教育的艺术。自以为只要父母说到了，孩子就应该记得住；多重复几遍，孩子印象就深，记得更牢靠。

其实，这只是一相情愿。我们教育小孩子，首先要了解小孩子的年龄心理特征，并针对孩子的特征实施教育。学龄前儿童的思维方式是具体形象思维。就是说，是以具体表象为材料，在鲜明、生动的语言参与下进行的思维活动。父母教育孩子，只是使用口头语言还不成，还不能引起孩子的思维，也就是说孩子不会动脑子；最好有具体表象为材料，也就是在特定的场合或特定的情境中，进行相应的说服教育或提醒，才能引起孩子的思维，从而产生教育效果。不选择恰当的时间、地点、场合，只是一味地空口说教，单纯靠语言刺激，不会在孩子思想上产生影响，留下印象。所以，这样的教育，往往事倍功半，甚至一无所获。

我这样说，读者可能会觉得很抽象。我们看一个具体事例，就会明白怎样教育小孩子才会更有效。

唐朝皇帝唐太宗李世民，不仅治国有方，培养教育太子也有独到之处。他总结出了有名的"遇物则诲"的教子艺术，对后人影响很大。

《资治通鉴》中记载了唐太宗对身边的大臣说过的这样一段话："朕自立太子，遇物则诲之。"

何谓"遇物则诲"？他运用事例具体解释说：

比如，太子在跟我一起用餐时，就对太子说："种庄稼实在是一件不容易的事，农民要得到粮食，就得长年累月地辛勤劳作。你要是明白了这个道理，就会永远有饭吃。"

我带着太子骑马游玩时，就对太子说："这马和我们人一样，得有劳有逸，不能劳累过度。要是把它的力气都用尽了，就会把马都累死。你要是明白了这个道理，就总会有马骑。"

夏天，我带着太子在大树底下乘凉时，就指着大树的树干对太子说："木匠要把这大树干锯成木板，必须依照绳墨才能锯直。你将来做君主，要注意听取大臣的进谏。只有虚心听取大臣的进谏，才能做到圣明。"

我带着太子乘船在江河中游览时，就指着江河的水对太子说："你看，这滔滔的江河水可以把这大船给浮起来，它也可以把大船给掀翻。老百姓就好比上这江河水，君主就好比是这船；老百姓可以拥戴你，维护你的君主地位，也有可能把你给推翻。"

唐太宗的教子艺术是很高超的。他的教子方式方法不同凡响，很值得我们回味。

很显然，唐太宗这是在对太子、他未来的接班人，进行"安民"、"治国"之道的教育。他抓住特定的教育情境，利用人们在日常生活中司空见惯的事实，触景生情，有感而发，从而引起太子的思考，使之理解深奥的"安民"、"治国"之道。

他在吃饭的时候，讲述"汝知稼穑之艰难，则常有斯饭矣"的道理，是教育太子将来要重视农业、农民的问题。在骑马的时候，讲述"汝知其劳逸，不竭其力，则常得乘之矣"的道理，不要使之过度劳累的道理，是告诫太子将来对老百姓要实行休养生息的政策。在大树底下讲述"木从绳则正，后从谏则圣"的道理，是教育太子将来做君主要注意听取大臣们的进谏，集思广益，不能单凭主观意志独断专行。在乘船游览的时候，讲述"水所以载舟，亦所以覆舟；民犹水也，君犹舟也"的道理，是告诫太子要维护自己的统治地位，必须时刻提防人民的反抗，注意缓和阶级矛盾。

可以想见，面对年幼无知、久居深宫、不谙世事的太子，灌输这些"安民"、"治国"的深奥道理，要是只通过抽象的论证，有如"对牛弹琴"，是很难使太子明白的，更不可能深刻理解。因为太子缺乏实践经验，对社会生活缺乏体验和了解。他这样结合太子的日常生活实践，对眼前的事实加以引申，由此及彼，由表及里，由浅入深，循循善诱，使太子不知不觉地就理解了一些“安民”、“治国”的深奥道理。这就是唐太宗“遇物则诲”的教育方式方法的奥妙之处。

我们教育小孩子，要取得理想的效果，应当学习唐太宗“遇物则诲”的教育艺术。所谓“遇物则诲”，就是遇到特定场合，便结合当时的情景，进行相关内容的教育。用现代教育的术语说，就是要善于选择并及时抓住“教育时机”进行教育。

比如，家里来了客人，就借机会教育孩子对人要有礼貌，指导孩子学习相应的礼仪礼节，学习如何待人接物；给孩子穿上了新衣服，就要顺便教育孩子爱惜衣服，注意保持个人卫生；吃饭时，就要提醒孩子爱惜粮食，不要浪费，不要挑食、偏食，要多吃蔬菜；与小朋友相处，就要告诫孩子团结友爱，互相帮助，相互谦让；带孩子到公共场合，就要教育孩子爱护公共财物，尊重社会公德，遵守公共秩序；等等。这就很容易使孩子理解和接受。

现实生活中，教育时机比比皆是，随处可见。只要我们增强教育意识，不难发现。教育时机抓得好，父母的教育意图，会很容易使孩子心领神会。教育小孩子，一定要力戒没有任何教育情境的空口说教。

73. 寓教于喻，形象生动

运用“寓教于喻”的方式方法来教育孩子，这是中国古人教子的优良传统，很值得今天的父母继承发扬。

古《三字经》中说：“昔孟母，择邻处。子不学，断机杼。”这说的是，孟子小时候，不理解母亲的一片苦心，没有一心扑在读书学习上，缺乏毅力、恒心，满足于一知半解，还常常逃学。母亲多次批评教育也不管用。

有一次，孟子逃学回家，母亲问他：“你的功课学得怎么样了?”

孟子说：“还是那个样。没什么意思。”

孟母对儿子不用心读书学习的态度，十分不满。但觉得总是批评也无济于事，便当儿子的面抄起一把剪刀，把织布机上正在织的布给剪断了。孟子不解其意，便问道：

"母亲，您怎么把正在织着的布给剪断了呢?"

孟母按捺着内心的气愤，意味深长地说："孩子，你读书学习就犹如我织布一样，是累丝成寸，累寸成尺，累尺成丈成匹，这样持续不断地织下去，才能成为有用之物。读书做学问也是这个道理。必须累年累月，坚持不懈，持之以恒。只有不懈地努力，知识、学问才能积少成多。有了知识、学问，以后做事才能顺利，才能在事业上有所成就，避免灾祸。

"今天，你弃学而归，偷懒厌学，中断学业，就等于前功尽弃。你没有学问，将来能有什么作为？这就好像我们母子二人是依靠我纺麻织布来维持生活，我把织布机上的布给剪断了，不再继续织下去了，那么，我们母子二人的吃饭穿衣的经济来源也就断绝了，我们将如何生活下去？你若从此不再好好读书学习，没有知识学问，将来不但会无所作为，一事无成，还有可能沦为盗贼，成为祸害!"

孟轲听了母亲的严肃批评和谆谆教诲，思想上受到极大的震动。他从母亲句句在理的谈话中，深深地体会到母亲的殷切期望，明白了读书做学问、读书做人的道理。他非常懊悔自己犯错误，辜负了母亲的热切期望。他诚恳地向母亲认错，表示决不再犯，今后一定要好好读书。从那以后，孟轲夜以继日地刻苦攻读，再也不敢懈怠。后来，他师从孔子的孙子子思，潜心做学问，终于成为我国古代著名的儒家学者，被后人称为"亚圣"。

"子不学，断机杼"的故事，是一个非常典型的"寓教于喻"的成功实例。孟母用"织布"不能间断的司空见惯的事实，比喻知识要靠一点一点地积累，令人信服，很有说服力。

所谓"寓教于喻"，就是把教育的意图隐藏在生动形象的比喻之中。这是一种行之有效的教育方式方法。年龄较小的孩子，思维特点是具体、形象，抽象思维能力很差。对于具体、形象、生动的事物感受能力很强，对于抽象深奥的道理难以理解。给小孩子讲"大道理"，就好比是"对牛弹琴，不入牛耳"，徒然耗费精力。用教育成年人的方式方法去教育孩子，是典型的“无的放失”，肯定是事倍功半，甚至劳而无功。用孩子熟悉的某些有类似特点的事物和现象打比方，比拟想要说明的道理，会使孩子从生动、形象、鲜明的比方中，理解教育者所要说明的道理。

比如，用“狼来了”的童话故事，告诫孩子撒谎的危害，教育孩子要诚实；用“龟兔赛跑”的寓言故事，告诫孩子骄傲自满的危害，教育孩子谦虚谨慎、兢兢业业；等等。

“寓教于喻”的教育方式方法运用得好，有时会发挥预想不到的长远效果。不仅在当时起作用，甚至对人的一生都具有教育和启迪作用。

清朝时期的民族英雄林则徐，小时候办事粗心大意，性情急躁，常常为一两句话不对自己的心思就发急发怒，父亲多次批评都改正不过来。

有一天，父亲林宾日给林则徐讲了一个“性急判官”的故事：

从前，有个判官，由于他本人非常孝敬父母，每当遇到不孝敬父母的犯人，他就要重判。有一次，两个彪形大汉扭送来一个年轻人，他们说：“这个家伙是个不孝之子。他不仅骂他娘，还要动手打他娘!”判官一听，顿时火冒三丈，当即就命令手下的人打了那年轻人50大板！那个年轻人刚要喊冤枉，他的嘴立即被两个彪形大汉给堵住，无法申辩，屁股被打得皮开肉绽!

就在这时候，一位老太婆拄着拐杖闯上堂来，边哭边喊道：“请大人快救救我的儿子！刚才有两个强盗溜进我家的牛棚偷牛，被我儿子发现，想把那两个人扭送官府。不料，我的儿子却反被两个强盗给捆走了……”

那判官一听，心里一惊：难道……老太婆低头一看，地上那个遍体鳞伤的年轻人，正是她被强盗绑架的儿子，老人哭喊着就倒在儿子的身边。判官发现自己上当了，立即令人赶快把那两个强盗给带上来，可不知什么时候，两个强盗早就逃之夭夭了。

父亲讲完这个故事，联系到林则徐身上的毛病，给他分析了危害，使林则徐受到了深刻的教育。不仅在当时帮助林则徐充分认识了粗心大意、性情急躁的巨大危害，改正了自己的缺点；就是在他后来做大官以后，总是在书房的墙壁上挂起他亲笔书写的“制怒”的牌匾，作为自己的座右铭，以时刻提醒、警示自己，不要因粗心大意、性情急躁而做错事。

林则徐在回顾自己成长的经历时，曾经这样回忆父亲林宾日教育他的方式方法："讲授书史，必示以身体力行……罕譬曲喻，务使领悟而后已，然未尝加之笞挞，即呵斥亦绝少。"这是说，父亲在教育他时，常常是利用比喻的方法，深入浅出地给他讲道理，进行启发诱导，从不用打骂的手段。

"寓教于喻"是一种行之有效的教育方式方法。要运用得好，第一，做父母的必须认识学龄前儿童的心理特征和思维特点，不要把他们当成成年人，尽量少讲空洞的"大道理"；第二，要有丰富的生活经验和社会文化知识，要善于思考，比喻要贴切、恰当。

74. 鼓励为主，积极诱导

小孩子是免不了要犯错误的。犯了错误，怎么做才能有效地促使其改正？这是值得家长认真思考的问题。

我先讲一个小学老师教育犯错误的小学生的故事。但学龄前儿童的家长也可以参考。

有两位小学老师，发现学生的作业做得很不认真时，采取的是绝然不同的两种态度，效果也大相径庭。

其中一位老师发现某学生作业写得特别潦草时，非常生气，一气之下，就在学生的作业本上，这样写道："某某同学，你的作业太乱，做得极不认真！你必须给我重写一遍！"

那学生拿到作业本，一看老师的批语，立刻皱起了眉头，愤愤地小声嘀咕道："这个老师真厉害，要我再做一遍！这不是在惩罚我吗？没辙，写就写！"

愤恨归愤恨，但师命难违，再不愿意重写，也得重写。孩子迫于老师的压力，不得已而为之，并不情愿。结果，重写的比第一次好不了多少。

而另一位老师却是另外一种做法。当老师发现该同学同样糟糕的作业以后，虽然也很生气，但他却克制住了不满的情绪。他认为，该学生不是不能写好，是态度不认真。于是，这位教师给学生写下这样的一段批语："某某同学，你的作业太潦草了，不符合要求，要重写。我知道，要你重写，你是不大乐意的。可为什么我还要坚持让你重写呢？因为老师相信你能写好，你第二遍，肯定会比第一遍写得好得多。老师绝对相信！”

老师批语的字里行间，使学生似乎看到了一位严明而慈祥的老师，感到一种期望、信任，使学生受到很大的激励，便痛快地、认真地重写了一遍。正如老师所期望的那样，写得相当好。第二天，老师当全班同学的面表扬了那个学生。后来，那个学生的作业一直写得很好，并对那位老师从内心产生了极大的好感。

为什么在同一个孩子身上，教育效果截然不同呢？前一个教师的批语是训斥、惩罚，给孩子的是压力，引起的是反感；而后一个教师的批语是信任，巧妙地运用了以鼓励为主的教育艺术，给学生的则是期望，是动力，引起的是愉悦的感受。差别就在这里。

这虽然讲的是小学教师教育学生，但这种教育艺术也适用于婴幼儿的家庭教育。不管孩子表现如何，都要尽可能在孩子身上多发现优点和长处，在优点和长处上多做“文章”，大做“文章”。我相信，会产生意想不到的积极的效果的。

对孩子要求严格，有缺点、错误从不放过，这是对的，但不能把批评当成主要的或唯一的教育手段。任何孩子身上总是有积极因素的，或大或小，或多或少，总有所长。就是孩子身上这些在家长看来微不足道的优点、长处，却是难能可贵的，往往是我们调动他们的积极性，激发他们的自尊心、自信心和上进心的不可多得的积极因素，是点燃他们内心上进之火的火花。

“星星之火，可以燎原。”只要我们及时发现并且紧紧抓住孩子身上的这星星点点的“火花”，就很有可能燃成“燎原大火”，极大地激发孩子的自尊心和上进心，一发而不可收。

儿童都是有上进心的，包括那些缺点、毛病比较多的儿童，希望能得到表扬、肯定、赞许。当他们因为进步或做了好事受到表扬、肯定、赞许的时候，都会在情绪上得到满足，在精神上受到激励，思想上产生快感。这样，积极的内心体验就会逐步丰富和加深，从而产生再进步或再做好事的欲望。就是我们这些成年人，虽然一般在口头上一直说不希望得到什么表扬、肯定和赞许，就是不表扬、不肯定、不赞许，也无所谓。说是这样说，但任何成年人受到了当众表扬、肯定和赞许的时候，一般都“满脸通红”。“满脸通红”是什么意思？不就是“热血沸腾，内心激动”吗？小孩子更是这样。

正确的教育应当像故事中的第二位老师那样，坚持以表扬、鼓励、奖励为主，采取积极诱导的方法，尽量多地发现并且充分肯定孩子的优点、进步和长处，以激励孩子的自尊心、自信心和上进心。

有的孩子在幼儿园老师表扬、鼓励、奖励，从来没有他的份；回到家里来，家长一见面就是批评、训斥、谴责。长此以往，孩子就会丧失自尊心、自信心和上进心，从而破罐破摔。这种情绪一旦占了上风，“哀莫大于心死”，一个人没有了精神支柱，就难以教育好了。

特别是面对那些表现不大好，经常捅娄子、惹祸的孩子，家长尤为厌烦。甭说表扬，就是连见也不愿见，见到就气不打一处来。在不少的家长看来，孩子只要聪明伶俐，就是“一好百好”，没有缺点、毛病，完美无缺，十全十美；就是有人反映孩子的缺点和毛病，也充耳不闻，即或是亲眼看到了，也视而不见。而如果孩子不大聪明，笨头笨脑，就是有人反映孩子在其他的方面有什么优点和长处，比如说劳动好、乐于助人、诚实守信、跟小朋友团结友爱等，家长却也是“充耳不闻”，大有“一白遮百丑”之嫌。其实，这是一种偏见、成见。

清朝思想家、教育家颜元说过：“数子十过，不如奖子一长。”就是说，家长数落孩子十个过错，不如肯定、表扬孩子一个长处。这往往会产生意想不到的奇效，家长们应当努力坚持这样教育孩子。

孩子身上的积极因素有时不是很明显，甚至是潜在的，很难发现。要做到“奖子一长”，家长在发现孩子的毛病、过错时，应当努力克制自己无益的感情冲动，有理智，最好不用直接的批评、训斥、指责；而是努力挖掘、发现孩子身上那些不易被发现的优点和长处，改用期望、勉励，用正面激励的方式方法，这样教育效果会更好。

最后还要特别指出，“鼓励为主，积极诱导”跟现在社会流行着一种所谓的“赏识教育”不是一码事。说“鼓励为主”，言外之意，就是说鼓励不是唯一的教育方式方法，还允许批评。“积极诱导”，是说面对孩子的错误，不是一棍子打死，而是该用一种孩子不反感的方式，调动积极性，而不是把缺点说成优点。

75. 文明教育，教育文明

幼儿园有个孩子特别地野蛮霸道，经常欺负小朋友。不是骂人，就是打人，急了还咬人，常常有小朋友或家长带着孩子到老师那里“告状”。老师单独找他谈话，耐心地教育他要爱护小朋友，要团结友爱。他当面还答应得好好的，可一转脸就不是他，照样跟同学耍野蛮，我行我素。弄得被欺负的孩子的家长很有意见，纷纷找到园长，要求幼儿园对那孩子严加管教。

现在，家里都是一个孩子，宝贵得不得了，连一手指头都舍不得动。如果任那孩子任意骂人打人，被欺负的孩子的家长的忍耐是有限度的。面对这种情况，老师实在没辙了，只好把那孩子的家长请来，同家长商量如何相互配合、协同努力，严加管教，尽快纠正那孩子的毛病。

那孩子的父亲倒是一点儿也不“护犊子”。当老师介绍完他儿子的情况后，气愤地对老师说：

“这小兔崽子！老是给我惹是生非，我怎么养了这么一个不争气的东西！”

而后，情绪稍稍平缓下来，态度还特别诚恳地对老师说：

“老师，不瞒您说，当我接到您电话的时候，就猜个八九不离十：准是我的儿子又打人了。我这个孩子，从小就有这个毛病，他和邻居的孩子都玩不到一块儿，一不顺心就动手打人。就为这个毛病，我可没少揍他。只要有人告状说他欺负人了，我就狠狠地揍他，轻的我用巴掌打他的屁股，重的我用脚踹他、拿皮带抽他，我从来不护短。就是这样，他的毛病就是改不了。我也不明白，他怎么不怕打呢？”

听了那孩子的父亲说的一番话，老师很为他的诚恳所感动。同时，老师从那孩子的父亲的谈话中，也终于弄明白了孩子总是改不了那毛病的原因。老师也十分诚恳地对那家长说：

“我看您这位家长很诚恳，我也坦率地对您说：您的儿子为什么有这种毛病，为什么总是改不了，为什么软硬不吃？这和您的教育方式方法有直接的关系。毛病是在孩子身上，但根子却在您的身上。”

听老师这样说，那家长感到很冤枉：“老师，您要这样说，那可就太冤枉我了。我可从来没有干过欺负人的事。不信，您去问问我的同事或邻居，我平时很少跟别人闹什么矛盾，我跟同事、邻居的关系都很好。”

老师看家长没有听明白他的意思，坦诚地对家长解释说：

“我不是说您好欺负人，也不是说你有意教孩子欺负人。我是说，您平时管教孩子的方式方法不好，不文明，是用打骂的手段管教您的儿子，您儿子受了您管教方式的影响，学了您样子。小孩子生下来都不会打人，后来有的孩子打人，那是跟别人学的。您不许您的儿子欺负人，这是对的。可您是用‘打’的方式方法纠正孩子‘打人’的毛病，企图用‘不文明的手段’教育孩子‘讲文明’，那肯定是南辕北辙，只能是事与愿违。要纠正你儿子打人的毛病，你首先要彻底改变你的教育方式方法。”

老师的一番入情入理的话，把家长说得心服口服。

有一些家长对孩子所采用的教育方式方法，不大文明，简单粗暴，甚至是野蛮的。一发现孩子的问题，就火冒三丈，嘴里不干不净地骂着：“混蛋”、“王八蛋”、“兔崽子”，又是拳打，又是脚踢，有的还用“棍棒侍候”，抄起什么家伙就用什么家伙打孩子。像这样进行管教，家长的训斥，孩子没有记住；家长的意图，孩子没有理解。可家长非常具体、形象、生动的所作所为，孩子却学会了。

用打骂的手段管教孩子，家长的武力可能把孩子给“镇住”了，但那只能是暂时的。将来有条件、有“气候”，很有可能出现更强烈的“反弹”。不是有这样一个笑话吗：一位父亲发现孩子欺负了小朋友，非常气愤，把孩子揪过来就打，边打边大声训斥说：“你这么小小的年纪，就欺负人，今天我非打死你不可！我看你以后还打不打人！”孩子被打得哇哇哭叫，一个劲儿地苦苦求饶：“爸爸，你饶了我吧，以后我再也不打人了！”父亲看儿子有悔改之意，就停止不打了。当父亲停手以后，那孩子抹着眼泪、抽泣着，又补充了一句让人哭笑不得的话：“我现在不打了。等我长大当了爸爸再打。”那孩子的父亲听了，惊讶地张着嘴巴，老半天也说不出话来……

孩子为什么说出了这样的一句话呢？很值得做父母的深思。还不就是那位做爸爸的给孩子做出了样子：他一边严惩孩子，不许孩子再打别人；可父亲是这样做的吗？没有，而是理直气壮地、毫无顾忌地在痛打自己的孩子。孩子从父亲的言行举止中，从自己痛苦的切身体验中，明白了一个天经地义的道理，那就是：“小孩子不能打小孩子，但大人可以打小孩子！”

家长对孩子进行管教，其教育的作用和效果，不见得体现在教育者的目的和动机上，而往往是体现在教育的过程和具体的教育手段、措施上。教育过程、教育手段措施，非常具体、形象、生动，它本身就是一种教育因素。尤其是对小孩子来说，由于他们思维的具体形象性，模仿能力又相当强，家长的一言一行、一举一动，都会被孩子视为最直接的可效法的榜样去模仿，不论是正确的，还是错误的，概莫能外。

家长管教孩子，纠正孩子不文明的行为习惯，家长的教育手段，也应当文明。也就是说，对孩子进行文明教育，要靠文明的教育手段来实现。当发现孩子有不文明、野蛮的行为时，家长是很生气，甚至气急败坏，张口就骂，抬手就打。但这并不能起什么积极作用。靠不文明的教育手段去纠正孩子不文明的行为习惯，越纠正，就越不文明。奉劝做父母的，千万不要做这种蠢事。

要记住：教育手段本身就是一种教育。家长在选择教育手段时，一定要慎之又慎！

该管则管，该放则放

76. 创设情境，耳提面命

在《遇物则诲，伺机施教》一文中，“遇物则诲”一词中的“物”字，含义是“事物”或“环境”，实际上指的就是“教育情境”。就是说，平时“遇到”一个“现成”的教育情境，家长要发挥自己的教育敏感和机智，不要轻易放过，结合当时的情况，充分挖掘、利用、发挥现实情境的教育因素，对孩子实施相应的教育。

如果家长认为，有必要对孩子进行某种教育，眼前没有出现自己想要的那种教育情境，家长也可以人为地“创设”教育情境。

我国著名的教育家黄炎培先生，他在教育他的子女的时候，就曾经在家里特意创造过一个非常有新意的“教育情境”。虽然他是教育年龄比较大的孩子，但也可供婴幼儿家长们参考。

孩子们在黄先生夫妇的培养教育下，一般情况下表现还不错，能努力学习，也知道孝敬父母。就是有时候在家里，眼里没活儿，缺乏劳动意识，对家庭和家庭成员缺少责任感。说他们，他们还不服气。黄先生认为这不是鸡毛蒜皮、无足轻重的小事，而是关系到他们将来有没有社会责任感的大问题。要解决这个问题，首先要他们认识并承认自己的不足。经过认真的思考，黄先生终于想出了一个好办法，让孩子们自己看看究竟有没有劳动的意识和责任心。

黄先生家住一座两层小楼，他的书房在二楼。有一天，他故意把一根鸡毛掸子扔在书房门口的地上。不管是谁，只要到二楼书房，肯定要路过放在地上的鸡毛掸子。他倒要看看，哪个孩子有眼力劲儿。

布置好了，黄先生在楼上大声喊大女儿，说叫她有事。大女儿应声来到楼上，她看到了放在地上的鸡毛掸子。但也只是看了一眼，却没有去拣起来，她“绕”开鸡毛掸子走到爸爸身边。黄先生微微怔了一下，没说话。

接着，他又喊儿子上楼。儿子听到父亲的喊声，也赶忙上楼来。到了鸡毛掸子处，他就当作没看见，竟然是从鸡毛掸子上边“跳”了过来。黄先生皱了皱眉头，还是什么也没说。

最后，他又喊他的小女儿。小女儿听到喊声，也赶紧上楼。她是又蹦又跳，几乎是一溜小跑儿上楼的。她可好，更粗心，似乎是看到了，但却是一脚丫子把那鸡毛掸子给“踢”到一边去了，她也不捡起来。黄先生苦笑了一下，又无可奈何地摇了摇头，轻轻地叹了口气。

黄先生亲眼看到三个孩子面对丢在地上的鸡毛掸子，一个是“绕”，一个是“跳”，一个是“踢”。虽然都看到了，但谁也不肯猫下腰给捡起来，心想：真是的，一个有眼力劲儿的也没有。

他刚要针对这件事开口“训话”，对孩子们进行劳动教育。说来也巧，就在这时候，黄夫人听到丈夫把孩子们一个个都叫上楼，心里很纳闷：有什么事，把三个孩子都叫上楼？她想看看究竟要做什么，就跟着也上楼来。刚一上楼，一眼就看见扔在地上的鸡毛掸子，一弯腰，顺便就把地上的鸡毛掸子给捡了起来，放到原处。

黄先生看到此情此景，心里不禁一乐：夫人来得可真是时候，简直好极了，正合黄先生之意。有了夫人这个榜样，可以更有话说了。他指着那鸡毛掸子，不失时机地对孩子们说：

“你们几个‘死囚’，真没有规矩。看到地上有东西，却是视而不见，无动于衷，一点儿眼力劲也没有，太不像话了。本来是举手之劳，却没有一个人肯伸把手。我过去说你们，你们还都不服气。怎么样？你们看看，倒是你们的‘恩娘’，给你们做出了榜样，你们得好好反思一下！”

父亲的几句话，说得孩子们都低下了头。在铁的事实面前，他们不能不承认自己的缺点。这件事对子女的教育作用很大，给他们留下了极为深刻的印象。事过好多好多年，他的儿女们还都没有忘记父亲那次对他们的教育。

黄炎培先生的“情境教育”可以说是经典性的。所谓“情境教育”是指为了对孩子进行某方面内容的教育，教育者有目的地引入或创设具有一定情绪色彩的、以形象为主体的生动具体的场景，以引起孩子一定的态度体验，从而帮助孩子理解教育的内容，达到教育者所期望的教育效果。创设、并利用特定的教育情境进行教育，这是一种教育艺术，有效地避免了空口说教的弊端，大大提高了教育的效率。

“情境教育”不仅可以在行为规范和道德品质教育中使用，在知识和能力的教育中以及情感教育中，也同样可以使用。

历史上许多的教育家在儿童教育中都曾使用过这种教育方法。比如，法国著名教育家卢梭在其教育论著《爱弥儿》一书中就记载了“情境教育”的实例：小孩子爱弥儿不会辨别方向，教师就把他带到大森林里，由他自己辨别方向。一直到中午，爱弥儿还找不到回家的路，他又累又饿。正在他着急、恐慌时，老师对他说：“中午时分，太阳在南边，树影一定朝北，应根据树影辨别方向，寻找回家的路。”经老师这样一点拨，爱弥儿终于找到了回家的路。这是利用大自然的情境，指导学生解决辨别方向的问题。

苏联著名教育家苏霍姆林斯基也经常把学生带到大自然中，让学生观察、体验、感悟大自然的美，在大自然丰富多彩的自然情境中培养观察力和创造力。他还特意给学生编写了《大自然的书》，对学生进行情境教学。他说：“我力求做到在整个童年时期内，使周围世界和大自然始终都以鲜明的形象、画面、概念和印象，为学生的思想意识提供养料……”

古希腊教育家苏格拉底从事教学，经常会为学生创设一定的问题情境，叫做“产婆术”。就是让学生主动思索，探究并获得问题的解决。他说：“我不以知识授予别人，而是做使知识自己产生的‘产婆’。”他借创设问题情境启迪学生，激励学生主动求知。

情境教育是从游戏中引申出来的，它的核心在于通过角色扮演、行为实践、语言描绘和榜样的作用，激发孩子的情感，让孩子主动思索，从而发挥潜移默化的暗示和诱导作用，很适合学龄前儿童的教育。

77. 易子而教，收获奇效

有一对中年夫妇是我的学生，还是我的同事，我们师生之间往来很多。他们膝下有一独生子，夫妻二人经常出差，家里又没有老人。因此，从孩子上幼儿园开始，赶上夫妇二人同时出差，就把孩子送到我家，由我和夫人代为照管、接送。

经过几次代管，孩子不仅与我们产生了深厚的感情，而且在行为习惯方面还出现了“奇迹”：他父母费了好大劲没能纠正的毛病，通过几次在我家生活，却神奇般地克服了，不知不觉地养成了良好的习惯。

这对夫妇都是在边疆插队的老知青，回城较晚，30 多岁才有了这个儿子。中年得子，自然倍加疼爱。孩子的妈妈很忙，出差的机会要比爸爸多得多，常常是十天半个月地不在家。这样，妈妈总觉得对孩子生活上照料得太少，欠孩子的情。

于是，只要她不出差，在家的时候，就对孩子倍加周到地照料。每天替孩子穿衣、洗脸；孩子上小学了，做作业时，妈妈都坐在旁边陪着，当“顾问”，做完作业替他收拾书包；尽管她家离学校很近，也不过马路，孩子上学、放学天天都要接送；每到课间操时间，都要送一袋牛奶，看着孩子喝完；甚至每顿饭都要一口一口地喂，像鸟妈妈喂小鸟那样……久而久之，孩子就养成了“饭来张口，衣来伸手”，故意撒娇，事事依赖大人的毛病。

开始，他们觉得还没什么，没怎么管教。到后来，觉得负担太重，感到厌烦，想纠正，可为时已晚，孩子已经形成顽固的“恶习”，经过多次的努力都未奏效。

孩子在我家里只住了几次，每次一般只有一两个星期的时间，却把他们夫妇多次努力都没有纠正了的毛病，都给改正了。

其实，我们也没有对孩子进行什么特殊的教育和训练，只是按照常规要求他：作业要独立完成，有问题先独立思考，实在解决不了再问我们；做完作业，自己要认真检查，准备好第二天的学习用具，才算完成作业；

早晨起来，衣服要自己穿，手、脸、脚要自己洗，我们只负责检查洗得干净不干净；饭要自己吃，不要挑食，不能剩下饭菜；如此等等。就这样，孩子原来的毛病不知不觉地都改正了，他们夫妇千恩万谢，非常高兴。

独生子女家庭，很容易娇惯溺爱孩子，养成一些不良习惯。如果让孩子换一个生活环境，可能就会出现转机。因为生活环境是能改变人的。人们长时间生活一个特定的环境中，自然会逐步形成与环境相适应的行为习惯。生活环境对一个人来说，就好比物理学上的“磁场”，磁场中的磁铁，势必要不由自主地按照磁场对它的支配来行动。久而久之，势必会形成一定的“行为轨迹”。而孩子换了一个环境，就会在新的环境中，接受新环境的影响和支配，从而改变原来的“行为轨迹”。

一个人长期在一个固定的生活环境中生活，由于人与人之间的关系特别亲密，甚至是“亲密无间”，没有了一点点“距离”。那么，人就很可能产生一种“惰性”，人的发展也会产生一种“惯性”，很难改变。而换了一个新的生活环境，人与人之间产生了一定的“距离”，就会不由自主地“约束”自己的行为，按照新环境的要求改变原来的“惯性”。

人们说：“距离产生美。”其实，还有另外一句话：“距离产生威信。”在生活中，恐怕许多人都有这种经历：在熟人面前，在比较熟悉的环境中，人们的行为往往很随便；而到了一个新的不大熟悉的环境，在比较生疏的人面前，人们的行为立刻会变得拘束、拘谨起来。什么原因？就是距离产生了“威信”，不得不自我约束。

那个孩子到了我家，恐怕就是因为我们与孩子之间有一定的“距离”，不像在他的家里那样“亲密无间”，他就不可能在我们家里“撒娇”、任性、为所欲为。我们不娇惯孩子，也不感情用事，娇惯溺爱，该要求就要求；孩子呢，也不会像在自己的家里，在父母身边那样，自己娇惯自己，放任自己。

其实，在中国古代，就曾经有过“易子而教”的做法。所谓“易子而教”，这里的“易”，就是“交换”的意思。这是说，我的孩子由你来教育，你的孩子由我来教育。

古代教育家孟子在《孟子》一书里曾专门谈过这个问题。

孟子的学生公孙丑，听说古人有相互交换儿子进行教育的情况，百思不解，便问老师孟子为什么要“易子而教”呢？

孟子说：“那是因为，亲自教育自己的孩子，家长要求孩子行正理正道，可家长自己却没有做到。孩子做不到，家长发脾气训斥孩子，孩子却说：‘您要求我行正理正道，可您为什么不按照您对我的要求去做呢？’孩子这样一质问家长，就伤害了与家长之间的感情，相互产生对立情绪，就没有办法亲自教育了。于是，只好和别人相互交换孩子进行教育。”

由此看来，家长要求子女做到的，自己没有首先做到，这是家庭教育常常出现的一个弊端。古人很明智，便“易子而教”。虽然这是不得已而为之。但不失为家庭教育的一种辅助手段，能弥补家庭教育之不足。

据了解，在现在国外也有“易子而教”的做法。不过，不是“被动”的，而是“主动”的。在休假期间，往往是相互交换孩子旅游度假。这对于克服孩子对家庭、家长的依赖性，培养独立意识和适应社会生活的能力很有好处。

孩子们面临的是开放的社会生活，不可能总是在父母的“羽翼”下生活，终究要离开家庭，脱离父母的庇护，独立自主地走上社会，同各种各样的人打交道，要适应不断变化的各式各样的生活环境。把孩子送到亲戚、朋友、同事家住一段时间，作为进入社会生活之前的“演习”，可能会收到你意想不到的好效果。不妨，你可以试一试。

78. 该管则管，该放则放

对小孩子进行管理教育，是严加管教呢，还是要大胆放手呢？这在家长当中是有不同的看法，并且各自都有自己的见解。

认为应该严加管教、不能放手的家长说：“常言说，没有规矩不成方圆。尤其是对小孩子，必须事事严加管教，不能有丝毫的放松！”有的还说，放松了就会“蹬着鼻子上脸”。

认为应该大胆放手、不能过多管束的家长则说：“要发展孩子的个性和独立性，必须放手让孩子做自己愿做的事，不能事事管束、限制得太严。事事都管束、限制得太严，不许干这，不许干那，会压制孩子个性和独立性的发展。”

这真是“公说公有理，婆说婆有理”。家长们说的都有一定的道理。不是吗，小孩子活泼好动，兴趣广泛，但生活经验不足，分辨是非、善恶、美丑的能力比较差，往往误以非为是，以恶为善，以丑为美，把事情给做错了，甚至给家长闯祸。若不严加管教，放任自流，任其为所欲为，时间长了，很可能会养成不良的行为习惯和思想品德。将来再想纠正，那是很难的。不严加管教，确实不成。

可是，也不能事事都要管束，一点儿也不放手。要是事事都管束得紧紧的、严严的，不许做这，不许做那，不让他们亲自去实践，那就等于是把孩子的手脚和头脑给束缚起来了。孩子倒是不会捅娄子、闯祸，但会使孩子呆若木鸡、事事不能，丧失生存的能力，不能适应社会生活。因此，事事都管得太紧太严，也不成。

看来，两个极端都走不通。那么，应当怎么办呢？

伟大的无产阶级革命家、原国家主席刘少奇，对这个问题有他独到的见解和做法，值得家长们学习。他曾经对身边的工作人员这样说过：

“对于小孩子，一是要‘管’，二是要‘放’。管什么？学习不好，品德不好，没有礼貌……这都要‘管’。什么要‘放’呢？吃苦耐劳的事，经风雨见世面的事，要放手让孩子去干。”

刘少奇主席在管教自己的孩子时，是怎么做的呢？先说“管”。

刘主席家的男孩子小时候在寄宿学校读书。学校吃枣窝窝头，他光吃枣，把窝窝头给扔了。刘主席得知后，毫不留情地提出严厉批评。男孩子在学校里，衣服穿脏了不自己洗，而是让学校的阿姨给洗。刘少奇知道了，同样严厉地批评他缺乏劳动观点，并严令他衣服必须自己洗。

有一次，他的女孩子平平跟学校同学一起到飞机场欢迎外宾。迎宾任务结束后，天色已经很晚，又恰好是个星期六，经老师和刘主席的警卫员商量，同意平平搭乘父母的车回家。当平平走到父母面前准备上车时，刘主席说：“你跟老师说‘再见’了吗？”平平立刻跑到老师面前，恭恭敬敬向老师鞠躬说“再见”。当她回到父母面前时，刘主席又问她：“你跟同学们说‘再见’了吗？”平平吐了吐舌头，又返回同学们的队伍前，招手跟同学们说“再见”。这样，三番五次地让平平跟老师、同学道别，直到完全做好，才准许搭车回家。

20世纪60年代，在中国，电视还是个新鲜东西。有电视机厂将一台电视机样机送到刘主席家试看，孩子们非常喜欢。刘主席发现以后，问明情况，就把所有孩子叫到面前，启发、教育孩子们不能搞特殊化，将电视机送到机关公共食堂，让孩子们和警卫人员、机关工作人员一起看。

再说“放”。少奇同志的孩子们小时候，一律都要上幼儿园，不能在家里由阿姨看护。当最小的女儿出生以后，刘主席夫妇非常喜欢，每天下班后都要逗孩子玩。三岁的时候，刘主席提出要送幼儿园。阿姨怕孩子适应不了幼儿园的集体生活，不想送。刘主席说：“要让孩子们从小与别的孩子打成一片。”孩子们上学以后，一律都要住在学校，无一例外，以培养孩子们适应集体生活的能力。怕在家里，生活条件比较好，对孩子们的成长不利。

女孩子平平，1965年，她刚16岁，正在上初中。当时，夫人王光美正在河北的新城县“蹲点”搞“四清”。一天，刘主席要她只身一人到离京100公里的新城县，给妈妈送一封信，并特意对身边的工作人员说，不许用小车送她到火车站，不要替她买火车票，一切都要由她独立去做。身边的工作人员怕一个才16岁的女孩子，没有单独出过远门，到那么远的地方去不安全，有点儿担心。刘主席说：“要让孩子经风雨，见世面嘛！”

16岁的女儿遵照父亲的要求，买车票、乘车、找到妈妈都一一独立做到了。当她突如其来地出现在远在新城的妈妈面前的时候，人们都惊讶不已。当人们得知这一切都是刘少奇主席亲自安排的时，无不钦佩刘主席这个高明“导演”的意图和良苦用心。

刘少奇同志对孩子既不是“管而不放”，也不是“放而不管”。而是“该管则管，该放则放”，是“管”、“放”结合。在文化学习、行为习惯和道德品质方面，要严加管教；在培养独立生活和适应环境的能力方面，则要大胆放手让孩子去做。刘少奇主席管教孩子的指导思想和具体做法，很值得年轻父母们学习、参考。

刘少奇主席的“对于小孩子，一是要管，一是要放”，这是管教儿童、青少年必须遵循的基本原则。具体到学龄前儿童的管教，还要特别注意考虑孩子的年龄特征和个性特征。

孩子年龄越小，“管”和“放”应该掌握有一定的弹性，不是“管”得越严越好，也不是“放”得越多越好，“管”和“放”都应该适可而止，恰到好处。因为小孩子做事缺乏分寸感，应当适当容忍孩子的过度行为。

在具体行为中，也要注意“管”、“放”结合，在“管”中有“放”，“放”中有“管”。不能一说“管”，就忽略“放”；一说“放”，就忽略“管”。

小孩子的个性也是不同的。“管”和“放”都要考虑孩子的个性特征。比如，性格活泼、开朗、坚强的孩子，相应地要“管”得严一些；而性格比较内向、柔弱、怯懦的孩子，要“放”得多一些，要因人而异，因人制宜。

79. 宽严适度，掌握分寸

常言说：“严是爱，惯是害，不管不教要变坏。”学龄前阶段是人一生发展中的关键时期，一定要严加管教，不能放任自流。然而，严格管理教育说到容易，做好却很难，这里很有学问。

什么叫“严格”？指的是在遵守制度或掌握标准时认真不放松。做得好，要及时鼓励、表扬，做得不好，要立即指导、纠正，问题严重还要批评，做到奖惩分明；而且不能“三天打鱼，两天晒网”，虎头蛇尾，半途而废，要持之以恒。这就叫严格管理教育。

对小孩子严格管理教育要达到预期的效果，必须注意以下几个问题：

第一，要严而有格。

这说的是要有分寸。对小孩子是要坚持严格要求、管理、教育。但并不是越严效果越好。也就是说，严格的程度与效果并不完全成正比。中国有这样一句成语：“过犹不及。”不论做什么事，做过了头，超出了有益的范围，同样效果也是不好的，甚至会走向反面。“严格”也是这样。“严格”的“格”字，就是“规格”，即有要求、条件、标准等。其中就含有“度”的意思。“严格”，就是“严而有格”，严格要有“度”，有分寸、尺度。严格得不够，效果要打折扣；严格得过了头，效果同样不好，甚至会导致失败。

培养教育小孩子是一项非常细致的工作。有人说教育者是人类灵魂的工程师，也有人说像雕塑师。这很有道理。我国古人对于工艺品雕刻和金属冶炼曾做过这样的论述："木可雕，而病于越度；金可铸，而病于越冶。木越度，金越冶，虽有良工巧匠安施?"这意思是说，木头可以雕刻成工艺品，而雕刻的失败往往是由于刀工不稳，用力过度造成的；金属可以铸造成各种物件，而铸造的失败往往是由于冶炼时的火候没掌握好，温度过高所致。如果不能很好地控制雕刻的力度和冶炼的火候，再好的雕塑师也雕刻不出精美的艺术品，再好的铸造师也铸造不出合格的物件。这里说的就是"度"在雕刻和铸造中的关键作用。管理教育孩子也是这样。塑造孩子的灵魂，雕刻孩子的品行，都要把握好"度"。特别是学龄前儿童，心理承受能力有限，管理教育时把握好严格的"度"，显得尤为重要。

《东周列国志》中说："宽严得体，无不悦服。"宽严适中，符合实际，使人心悦诚服，乐意接受管理教育。对孩子严格要适度，不能过分。过严了，会适得其反。比如，有的家长以为对孩子越严越好，无论大事小事，原则问题非原则问题，事无巨细，一概严得不得了，抬手举足也受限制，把孩子管得像个木头人似的。严格过了"度"，就成了"苛求"，会使孩子手足无措，缩手缩脚，畏首畏尾，没有了个性，甚至变呆、变傻，或者引起反感、反抗。

第二，有严有宽。

这说的是要辩证地看待宽严问题。对小孩子进行管教，有的问题上需要严格，而在另外一些问题上则需要宽松、宽容。不能不加区分，事事都看得严严的，管得死死的，要因事而异。

著名教育家陈鹤琴先生在他的《家庭教育》一书中指出，在家庭教育中，家长对孩子管教往往出现两种偏向：一是过于宽容姑息，一点儿也不管教，任其为所欲为。这是很有害的。他说："这种'姑息养奸'的教育在家庭里是常见的，会使孩子养成利己害人的坏思想。"二是规矩过严，事事都要秉承他父母的意旨。父母对待小孩子好像对待成人一样，"既叫一个活泼好动的孩子穿起长袍马褂来限制他们的动作，又叫小孩子一举一动要模仿成人的样子”。这样，就会使小孩子成为一个“委靡不振、具体而微的小成人”。

他主张对孩子管教要在宽严之间掌握平衡。他说：“我们教小孩子当折其中，一方面予以充分机会以发展自动的能力和健全的意志，一方面限以自由范围使他们不得随意乱动以免侵犯他人的权利。教育若能如此折衷施去，小孩子未有不受其惠的。”陈鹤琴先生所说的“折中”，就是说该严格时就严格，该放手时就放手。

第三，要严慈相济。

这是说的教养态度问题。对孩子要严格，但不能只是一味地严格。该严格的时候要严格，该慈爱的时候也要慈爱；而且，严厉和慈爱都要掌握好分寸、尺度，做到“严慈相济”。

由于家长和孩子之间是一种特殊的关系，即具有血缘和亲情关系。因此，家长对待孩子的态度，往往缺乏理智，很容易感情用事，或是“有严无慈”，或是“有慈无严”，这是家庭教育中最常见的偏向。我国古代思想家、教育家颜之推，在很早的时候就注意到了这个问题。他说：“简则慈孝不接，狎则怠慢生焉。”这是说，对子女滥用父母的权威，要求苛刻，简单粗暴，子女就不会孝敬、服从；对子女过分亲昵、宠爱，一点父母的威严也没有，子女就会放任，行为怠惰。他认为：“父母威严而有慈，则子女畏慎而生孝焉。”这是说，父母只有对子女既严格又慈爱，掌握好“严”和“慈”的分寸、尺度，子女才会尊敬父母，服从教导，谨慎言行。因此，他主张：“父子之严，不可以狎；骨肉之爱，不可以简。”这是说，父母与子女之间的关系应当严肃，严格管理教育，不可过分亲昵而失于态度不庄重；父母也应当慈爱自己的子女，不可要求苛刻，简单粗暴，滥用父母的权威。

在现实生活中，有的父母对孩子一讲严格，往往就是成天板着面孔，冷冰冰的，凶神恶煞，一点儿也不让人感到慈爱；而一讲慈爱，又往往是心慈面软，一点儿也严肃不起来，完全丧失原则。不论是走向哪个方向的极端，都不会建立和谐的父母子女关系。正确的态度是要既严格又慈祥，严慈相济，相得益彰。让子女感到父母既有威严，又和蔼可亲，既可敬又可爱，从感情上乐于接受父母的管理教育。

80. 先严后松，先松后严

一些家长见到我，咨询最多的是些具体的教育问题，很少有人跟我讨论教育孩子的大政方针，即决定家庭教育全局的策略问题。

培养教育孩子不是一蹴而就的事，相当复杂，也是漫长的过程，就像打一场“持久战”。要取得成功，不仅要重视解决具体问题的“战术”，更要重视决定全局成败的“战略”问题。比如，在孩子从小到大的整个培养教育过程中，是“先松后严”，还是“先严后松”？这就是一个重要的“战略”问题。

所谓“先松后严”，就是小时候不怎么管教，而是随着年龄的增长，越来越严格；所谓“先严后松”，却与此恰恰相反，小时候管教得很严，随着年龄的增长，管教得越来越松。究竟哪种“战略”更好呢？

在我们中国，有些做父母的，特别是有些爷爷奶奶，对小孩子在行为举止和思想品德方面，往往是采取放任自流的态度，舍不得严格管教，任其自由发展。其理由是：“孩子还小，不太懂事，管教也没用；等长大了，懂事了，再管也不迟。”这就是典型的“先松后严”的“战略”。

另外一些做父母的，则主张孩子小时候要严加管教，注重培养良好的行为习惯和思想品德，为以后的发展打好基础；随着孩子年龄的增长，逐步给他们一个宽松的成长环境，让他们进行自我教育，自由发展。这就是典型的“先严后松”的“战略”。

究竟哪种“战略”更好呢？我认为，评价家庭教育的“战略”好不好，主要看是不是符合孩子身心发展的规律和趋势。符合的，与孩子身心的发展合拍，能促使孩子的身心和谐发展，就是好的；反之，如果不符合孩子身心发展的规律和趋势，与孩子身心的发展拧着劲，会引起孩子的抵触，就是不好的。

很显然，“先松后严”的“战略”是直接违背孩子身心发展规律和趋势的。孩子在小时候，是不大懂事的。所谓“不大懂事”，就是分辨是非、善恶、美丑的能力差。正是因为分辨能力差，才需要严加管理教育。孩子小时候，感受能力又很强，极容易接受外界的影响。如不严加管教，往往会误以非为是，以错为对，以丑为美，那就很容易养成不良行为习惯和道德品质。一旦养成，不及时加以纠正，就会恶性膨胀。等长大了要想纠正，要花费很大的气力。正如明朝王阳明所说："良师益友不能劝勉，（西农）赏重罚不能匡正矣。"不仅效果不好，如强行纠正也容易引起孩子的抵触，使父母子女之间产生隔阂。

而"先严后松"的"战略"，恰恰与孩子身心成长发展的规律和趋势是合拍的，无疑是正确的。正是由于孩子小时候不大懂事，才需要及早加以严格管理、教育和引导。而且孩子小时候，可塑性很强，很容易接受教育，及时管教，教育效果很好。"小桑枝好弯，老桑株弄不弯。"这也像放风筝那样，刚放飞的时候，要拉紧线，不拉紧飞不起来；当风筝飞起来以后，就可以逐渐放松一些，任其在天空自由翱翔。这正好符合青少年的年龄心理特征，适合他们独立自主和摆脱成年人约束的要求，有利于发展他们自我教育和自我管理的能力。因为有小时候良好的基础垫底，长大后逐步宽松，也不会在发展中出现什么偏差。

又活泼又规矩

81. “小司令”和“小尾巴”

常言说：“物以类聚，人以群分。”一般说，小孩子总是乐于和同年龄的小朋友在一起玩耍、做游戏。他们的年龄、经历、知识、体力、精力、能力基本相同或相近，属于一个“级别”；有共同的语言、兴趣、爱好、情感，沟通、交流起来比较容易，合得来，能玩到一块。但也有的孩子不管年龄大小，是同性还是异性，是熟悉还是不大熟悉，只要能获得乐趣，和谁玩都可以。

独生子女家庭里，基本上是一个“成年人的世界”，就孤零零的一个小孩子，没有小伙伴，感到很孤单。正常的孩子都有合群的欲望和愿望，独生子女在家里得不到跟同龄孩子玩耍的乐趣，就更乐于进入儿童的世界，与不同年龄的小朋友一起玩。有时跟比自己年龄小的孩子玩，当“小司令”指挥、统率、带领别的孩子玩；有时候，则乐于跟在比自己年龄大的孩子后边，甘当“小尾巴”，凑热闹，也是挺有乐趣的事，乐此不疲，甚至乐而忘归。

可有些家长和孩子的想法不大一样：只允许自己的孩子和小一点的孩子玩，不允许和大孩子玩。原因是怕在没有大人监管的情况下，自己的孩子受大孩子的欺负，吃亏受委屈。

是让自己的孩子跟小孩子玩，当“小司令”好呢，还是让孩子跟大孩子玩，当“小尾巴”好呢？

某些家长不希望自己的孩子跟大孩子一起玩，是出于担心孩子的安全、保护孩子不受侵扰。让自己的孩子带着一帮小孩子，是不会受欺负；同时，也能锻炼组织能力、领导能力。但如果总是这样，那孩子必须要迁就小孩子，所玩的内容、形式和运动量的大小都要符合小孩子的需要和兴趣。久而久之，孩子的兴趣爱好、活动能力、心理水平，就只能停留在比他小的孩子的水平上，会显得幼稚，在无形中就限制了孩子心理的发展。

而经常跟大孩子玩，就像个“小尾巴”似的，可能会有点吃力，也许会受到大孩子的欺负。但是，这样的孩子一般活动能力、交往能力和心理承受能力要比他们的实际年龄要强，知识面要广，智力水平要高，适应能力也强，显得比较成熟。这是因为：大孩子一般比小孩子先知觉，知道的多，能力也强，和大孩子一起玩要，受到大孩子的影响、带动和激励，经受更大的锻炼，会听到许多同龄孩子闻所未闻的知识和见闻，有利于开阔眼界，增长知识，丰富见闻。这中间即或是受到一点点欺负，也不见得是坏事，还可以从中锻炼适应复杂困难环境的能力。

要知道，孩子长大以后进入的成人社会，要比儿童社会复杂得多。让他们小时候经受些摔打、磨炼和磕磕碰碰，从长远看是有好处的，可能会变得性格坚强，免得过于娇气、脆弱，不适应复杂的环境，难以融入社会。再说，大孩子也不一定会欺负小孩子嘛，很有可能会成为年龄较小的孩子的“保护神”和成长发展的“引路人”呢。

我家有两个孩子，大孩子是儿子，小孩子是女儿。他们两个相差五岁。在小时候，我的儿子很有人缘，经常带领一帮年龄比他小的孩子在大街上玩，他当“小司令”；我的女儿呢，三四岁时就跟着他们后边当“小尾巴”。儿子善良、厚道，从不欺负比他小的孩子，在小朋友中很有威望，那些孩子的家长也很放心。在带领小孩子们玩要的过程中，知道照顾别人，小朋友之间发生了矛盾，儿子也会从中调解。这样，就锻炼了他的组织能力，培养了宽容、豁达、谦让、友好的品质。儿子从小到大，从来没有干过以强凌弱、欺负弱小的事。

但我发现，儿子的心理发展水平，显得比他的实际年龄要低，长大以后也不大善于与比他学历高、本事大、社会地位高的人交往，有一些局限性。这跟他小时候总是跟比他年龄小的孩子接触，而很少有机会跟比他大的孩子交往有一定的关系。

我的女儿呢，从小就跟着哥哥率领的一帮比她年龄大的孩子玩耍，在胡同里东跑西颠，“南征北战”，摸爬滚打。他哥哥带着一群年龄大一些的孩子从胡同的这头跑到那头，别人已经到终点了，她还在半路奔跑，从不示弱或者半途而废，每天都跑得汗流浃背。我说，要是跟不上，就别跟他们跑了。女儿很倔强，从不服输。女儿长大以后，心理发展水平、各种实际能力显得比她的实际年龄高得多，性格坚强，不怕困难，比她的同龄人也成熟得多。恐怕这与她从小在与大孩子一起“拉练”的过程中，经受了锻炼，得到了提高，有很大的关系。

现在，我国一些幼儿园进行混龄编班的尝试，就是把三到六岁不同年龄的幼儿编在一个班集体学习成长。这会使孩子在人际交往中表现出一些同龄孩子所无法表现出来的行为，对孩子实现社会化有积极作用。年龄大的孩子往往扮演哥哥、姐姐的角色，可以在关心、照顾和帮助小孩子中，体验到助人的快乐和欣慰，增强责任感、包容和自律意识；年龄小的孩子可以从大龄孩子身上得到关心、照顾和帮助，切身体验到人与人之间的亲情和温暖，学习到助人为乐的品质。不同年龄的孩子在一起生活，这与现实的成年人社会是很相像的。混合编班恰恰“暗合”了现实的社会生活，有利于孩子将来顺利地进入社会。

幼儿园混龄编班并不是现在才出现的。早在1907年，蒙台梭利所创办的“儿童之家”，就是混龄编班。她认为，社会生活的魅力在于一个人可以遇到不同类型的人。按年龄实行隔离是一种人为的隔离，它打破了社会的契约，剥夺了生活对儿童的滋润，会阻碍儿童社会意识的发展。现在，混龄编班在欧美等许多西方国家，如瑞士、法国、意大利等国已经相当普遍。

跟大孩子玩还是跟小孩子玩，是当“小尾巴”还是当“小司令”，应该由孩子自己去选择。只要他们相容，能玩到一块儿，玩得有意思有乐趣，又有益无害，家长不必多去干预。

82. 又活泼又规矩

一个孩子性情活泼，当然令人喜欢。但如果活泼得过了头，超越了“底线”，没有一点儿规矩，太放肆，那就令人生厌了。

一个孩子守规矩，人们也喜欢。但如果过分地守规矩，事事都很拘谨，就像个小“木头人”似的，太呆板了，同样也就没有什么可爱的了。

性情既活泼又有规矩的孩子，该活泼时活泼，该守规矩时守规矩，收放自如，事事、处处都做得很得体。这样的孩子让人看着舒服，谁都喜欢，也能给家长脸上增添光彩。所以，做父母的都希望把自己的孩子培养成为活泼而不放肆、守规矩而不呆板，个性比较完美的孩子。

然而，要达到预期的目的，那可实在不是一件很容易的事。

现实生活中，许多家长在管理、教育孩子的过程中，往往不由自主地好走极端：

一说要孩子活泼，就不管不教，完全撒手不管，放任自流，任其为所欲为，一点儿规矩也没有。即或是孩子做出了出格的事，家长也视而不见；说出了很不得体的话，家长也充耳不闻。比如，几个小孩子在一起玩耍，一个孩子无缘无故地把一个年龄较小的孩子推倒在地，既不扶助，也不道歉，而是扬长而去，家长就在旁边也视若无睹；有的孩子说话带脏字，满口脏话，家长听到了也不管不教。结果，孩子变得肆意妄为，无法无天，太过“放肆”，很不让人喜欢，甚至厌烦。

一说要孩子有规矩，就不给孩子任何自主、自由的权利，这不许做，那不许做，事事限制，处处干涉。事无巨细，一切都要经过家长批准，要遵从家长的意志；不经家长允许，不许孩子做自己想做的事。孩子成了家长手中的“木偶”，“牵之则动，息之则止”。结果，孩子变得缩手缩脚，畏首畏尾，“未老先衰”，呆若木鸡，让人感到很可怜。

原因是什么呢？一个重要的原因就是，这些家长缺乏管教孩子的分寸感，划不清“活泼和放肆”、“规矩和呆板”的界限，往往把“活泼与放肆”、“规矩与呆板”混为一谈。的确，“活泼与放肆”、“规矩与呆板”的界限是很难划分清楚的，但并不是不能划分的。

那么，究竟怎样划清这种界限呢？

民国年间，广东省有一位省长叫朱庆澜，是著名的爱国将领。他虽然是行伍出身，但却十分重视家庭教育。他曾经亲自写过一本叫做《家庭教育》的书，免费发给广东全省的千家万户，供家长们学习。在书中，他对这个问题进行了专门的论述，发表了非常精辟的见解。

表面看起来，“活泼”与“放肆”差不多，“规矩”与“呆板”也很近似。其实，二者是有区别的。他说：

“有规矩的自由叫做活泼；没有规矩的自由叫做放肆；不放肆叫做规矩，不活泼叫做呆板。”

他的这种分法实际上是很科学的，很有道理的。可这话像是在说“绕口令”似的，读者可能不大明白。

为了让家长把问题弄明白，作者运用形象而通俗的比喻做了进一步的解释。他说：

“比如牧牛场，周围把（用）铁栅拦起来，牛在栅里吃草喝水，东奔西跑，这叫做活泼，放牛的不好干涉它；如果跳出栅外，就是放肆，不干涉就不能了。不准牛出栅，这就是规矩；如果在栅里，也不准它吃草喝水，也不准它东奔西跑，定要把个动物里的牛，变成植物里的木头，如此就是呆板了。”

朱庆澜先生说：“教小孩的意思也同牧牛差不多。”这个比喻并没有丝毫侮辱孩子人格的意思，应当说是既形象又贴切，很耐人寻味。

联系到家庭教育实践，朱庆澜先生又举例做了说明。他拿“说话”做例子，他说：

“小孩爱如何说，听（任）他如何说，这叫做活泼；因为听（任）他随便说，就连粗话、横话、下流混账话都不干涉他，如此就是放肆了。不准他说粗话、横话、下流混账话，叫做规矩；因为不准他说粗话、横话、下流混账话，就无论何种话都不准他说，好似要贴张封条在他嘴上，如此就是呆板了。”

朱庆澜先生这种划分界限的标准是很准确的，对家长是很有指导意义的。根据朱庆澜先生所列举这个具体的实例，我们可以触类旁通，举一反三。

要培养造就个性完美的孩子，家长应当做到“管而不死”，“放而不乱”。就是说，“管”和“放”都要掌握分寸，努力避免“一管就死”、“一放就乱”的情形发生。

要培养造就个性完美的孩子，需要家长有教育管理的艺术，掌握“管”和“放”的分寸。但培养、造就孩子的完美个性，并不完全是个教育技术性问题，这首先跟家长的审美取向也有直接的关系。比如，有的家长认为现在是市场经济社会，事事、处处需要很强的竞争意识和能力，不能把孩子培养造就成循规蹈矩、太守规矩的人。太守规矩，就会缺乏参与竞争的勇气，得让孩子放肆一点。相反，有的家长则认为，要顺利地进入社会，被社会所接纳，做人不能太过放肆、锋芒毕露了，得守规矩；今天的社会太复杂，不守规矩，很容易出错，被别有用心的人所利用；等等。家长的审美取向，会体现在管教孩子的过程之中，将直接影响孩子个性的发展方向。因此，家长首先要端正自己的审美取向。

要培养造就个性完美的孩子，家长的以身作则也是十分重要的。家长是孩子最初的，也是最直接、最长久的模仿对象和学习的榜样。家长平时是如何表现的，事情是如何处理的，孩子都看在眼里，记在心上，落实在自己的行动上。孩子的言行举止，很多都是跟着家长学习的，孩子可以“复制”，一般不会走样。要想使孩子既活泼又守规矩，家长得首先把自己的个性塑造好，给孩子做出一个好的榜样，该活泼时活泼，该守规矩时守规矩，收放自如，做得很得体。

要培养造就个性完美的孩子，还要从自己孩子的实际情况出发，因人而异。对比较放肆的孩子，应当适当管得严一点儿；而对于比较呆板的孩子，则要管得稍微松一点儿。

83. “红脸”和“白脸”

在谈到“教育孩子要一致”的问题时，家庭教育指导者差不多都异口同声地对家长说：“不能一个唱‘白脸’，一个唱‘红脸’。”这个说法对不对呢？

我以为这个说法是不对的。因为这是把“概念”给弄混了。

“教育孩子要一致”，这是在管理、教育孩子的实践中总结出来的成功经验和好的“教育原则”。“教育原则”是不能动摇的。在家庭里管理教育孩子，不能只是指望某一个家长发挥作用，必须发挥“家长集体”的作用。父母教育思想一致、对孩子的要求一致、培养目标一致，就会形成教育的“合力”，收到“一加一大于二”的效果。

而“唱‘红脸’、‘白脸’”之说中，“唱”就是“充当”、“扮演”的意思，“红脸”、“白脸”说的是在管理教育孩子过程中充当的身份和扮演的角色，指的是具体的管理教育的方式方法问题。具体的管理教育方式方法不是固定不变的，没有一成不变的模式，可以灵活地、创造性地运用。

“教育孩子要一致”和唱“红脸”、“白脸”，这二者说的根本不是一码事，形不成一对矛盾。它们不是对立的，不是相互排斥的，而是可以统一起来的。

“教育原则”，指的是教育行为必须依据的“基本准则”，相当于人们在战争中或工作中所说的“政策”。“政策”是国家或政党为实现一定历史时期的路线而制定的行动准则。“政策”必须坚定不移，在任何时候都要坚决贯彻执行，是不能动摇、改变的。

而“教育方式方法”，则相当于人们所说的“策略”，即根据形势发展和当时的具体情况而制定的具体行动方针、斗争方式和工作方法，没有固定不变的模式，是允许在特定的情况下灵活掌握和创造性地运用的。在对敌斗争中，我们常常说要“讲究斗争艺术”，在工作中常常说“要注意方式方法”，就指的是“策略”问题。

在管教孩子时，必须坚持原则，要求一致。这是家庭教育的一个重要原则，不能含糊，不能动摇，不能“一人一把号，各吹各的调”。假如一个家长这样要求，而另外一个家长则是那样要求，一个家长禁止，一个家长支持，互相矛盾、相互掣肘是不成的。那样的话，孩子便无所适从。就像战国时期的思想家韩非所说：“一家二贵，事乃无功；夫妻持政，子无适从。”小孩子很会看眼色行事，如果没有很好地统一思想认识，在很多事情上不一致，或长时间不一致，孩子就会钻家长的“空子”。当着管自己的这个家长是一种表现，而当着另外一个家长的面就会是另外一种表现，容易养成阳奉阴违、两面派的不良性格。即或坚持正确要求的家长很“强势”，如果得不到另外一个家长的配合、支持，家长的“强势”会大大地削弱，正确的要求也得不到贯彻，管理教育的效果必定会打折扣。因此，家长对孩子必须坚持统一的要求。

但是，为了贯彻这个原则，在选择具体的管教方式方法时，应当允许有灵活性和创造性。比如，“一个唱白脸，一个唱红脸”，一个态度严厉一些，一个态度和缓一些。就是说，在特定情况下，可以在具体方式方法上灵活运用。在家庭教育实践中，许多家长往往就是采用这种管教方式方法，实现要求一致的愿望，达到教育一致的目的。

比如说，有的孩子在睡觉前，非要吃糖或巧克力不可。这当然是不应当允许的，因为对孩子的健康有害。其中一个家长扮演“白脸”的角色，果断地表示坚决不允许，并且对孩子的无理要求严加训斥。此时孩子遭到断然的拒绝和严厉的训斥，愿望遭受严重挫折，自然是很不满意，甚至为此愤怒。此时此刻，若是另外一个家长也同样扮演“白脸”的角色，再“火上浇油”，同样给以严厉的训斥，孩子会感到很受压抑、压制，产生强烈的挫败感，肯定是愤愤不平，会更加愤怒，跟家长较劲，进一步加剧对立情绪。没人给孩子一个“台阶”下，孩子心里窝着一股火，觉得大人是成心跟他过不去，是“以强凌弱”，“以大欺小”。孩子的不正当要求虽然被两个“白脸”的强权给“镇压”了下去，可孩子心里却“堵”着一口气。若没人给他顺顺气，这就很容易给孩子心灵造成伤害。

而假如一个家长扮演“白脸”，在孩子遭到拒绝和训斥以后，正在愤愤不平或委屈难忍的时候，马上有另外一个家长扮演“红脸”角色出现，采用安抚的态度，使用和缓的口气，好言相劝，对“白脸”坚持的原则态度和要求加以解释，明明白白地说明利害关系，引导孩子理解“白脸”的用意。这样，既可以使孩子理解、服从“白脸”的要求，实现一致的教育，也不使孩子有遭受挫折的感觉，在心灵上不受伤害。一举两得，何乐而不为呢。

在这里，两个家长只是在处理、解决问题时，“充当”了不同的“身份”，“扮演”了不同的“角色”而已，但“唱”的还是“一出戏”，目的是一个，谁也没有违背“原则”。因此说，一个唱“白脸”，一个唱“红脸”和教育一致的原则是不矛盾的。

唱“白脸”，就像是“火炉”的预警作用。火炉炽热，人一碰上就会被烫伤。唱“白脸”，犹如“火炉”辐射的热量，它提醒人们现在这样的态度与行为是错误的，必须纠正。

而唱“红脸”，就类似“脑内吗啡”的作用。人人都喜欢听好话，好话能使人产生快感，心情舒畅，不存戒心，增强动力和活力，产生积极的向善行为。

对孩子进行管教时，采用“一个唱白脸，一个唱红脸”的方式方法，不能违背“教育一致”的原则，应该是政策的原则性和策略的灵活性相结合。

请家长们注意：我这里是说“允许”这样做，并不是说“非这样做不可”。针对当时的具体情况和条件，也可以选择其他的教育方式方法。

84. “休言女子非英物”

在现实生活中，男孩和女孩的性格、气质有很大差异：男孩勇敢，女孩羞怯；男孩是“有泪不轻弹”，女孩比较爱掉眼泪。要是同一性别的孩子在一起，差异并不是很明显。而不同性别的孩子在一起，差异往往很明显。这种差异不是天生的，而是后天人为生成的。

人之初，是“造物”把人分为男人和女人的。刚出生时，男孩和女孩在性格、气质上并没有多大的差异。随着年龄的增长，“男孩”和“女孩”的差异越来越大，这完全是大人们的“功劳”，首先是父母的“杰作”。

自古以来，人们对男人和女人就有了泾渭分明的审美标准：男人魁梧，女人苗条；男人强壮，女人柔弱；男人意志如钢，女人柔情似水；男人为主，女人从属……

孩子一生下来，男孩、女孩的待遇不同：男孩睡在床上，女孩睡在地上；给男孩穿上衣服，女孩用襁褓包着；男孩玩的玩具是玉器，女孩玩的玩具则是木制的纺锤；男孩要系皮制的腰带，女孩要系丝制的腰带。教男孩说话要洪亮，女孩说话要轻柔；到 10 岁的时候，送男孩到外边拜师求学，女孩则在家里学做家务……

现代社会，人们虽然口头上也说："时代不同了，男女都一样。"但在潜意识里，男孩和女孩性格和气质期望还是有很大的区别的。不信你看：

首先是起名字。男孩一般叫"刚"、"强"、"志"、"勇"、"武"、"建"；而女孩则都是"芝"、"莲"、"英"、"兰"、"花"、"芳"等。名字既反映家长对孩子性格和气质的期望，同时，对孩子性格和气质发展也起着暗示作用。

父母给男孩的玩具主要是刀、枪、剑、戟，男孩成天是冲啊杀啊，总以强悍勇敢的姿态出现；而父母给女孩的玩具则多是娃娃，每天哄着这些娃娃玩，总是以温存柔弱的形象展现。如果哪个男孩要是提出买布娃娃，肯定会遭到训斥；女孩要是要冲锋枪，肯定也会遭到拒绝。

刚学走路时，男孩跌倒，父母会鼓励说："男子汉，不哭，勇敢点，自己爬起来！"而女孩跌倒，爸爸妈妈立即惊呼着跑上前，赶紧疼爱地把她抱在怀里，边哄边替她擦干眼泪。

男孩要是淘气做出出格的事，父母会说："男孩小时候淘气，长大会有出息！"而女孩子要是淘气的话，父母会训斥说："疯疯癫癫的，女孩子没个女孩子样！"

上学以后，要是男孩子学习成绩不好，家长会说是因为贪玩不努力；而女孩子要是学习成绩不好的话，家长往往认为女孩子的智力就是比不了男孩子。

男孩主动承担任务，父母会鼓励说："好，有男子汉的气派！"而女孩主动承担任务，父母会说："一个女孩子，别出风头！"

对孩子专业发展方向，父母往往指点说："女孩学外语、中文、教育、历史等学科，理工是男孩学的，女孩学了也不会有多大出息。"

在农村，只让男孩上学读书，女孩受教育的权利被剥夺，为家里的男孩让路，认为"女孩上学也不会有多大出息"，"即或是学好了，将来还不是要嫁给别人……"

在中国古代，人们给儿女制定了许多必须遵守的"家训"、"家规"、"家法"、"家诫"等。除此以外，还又特地给女子制定了许多"女诫"、

“女训”之类，要求女人恪守，给女人以双重约束。现在，虽然没有“女儿经”、“女儿语”之类的儿童读物，但家长对男孩的约束要比女孩少得多，对男孩要比对女孩宽容得多。这是不公平的。

家庭是孩子人生的第一个“加工厂”，父母是第一个“雕塑师”。在这样的“加工厂”里，在这样的“雕塑师”手下，男孩、女孩势必朝着不同的方向发展，实际上有意无意地压制了女孩个性的发展。

许多优秀品质本来是人类共有的，诸如勇敢、坚强、自信等，并不是男孩的“专利”，男孩和女孩都应当具备。古《三字经》上说：“性相近，习相远。”男孩和女孩在性格和气质上的差异，完全是教育和环境造成的。其中，首先是家庭教育和家庭环境，特别是早期家庭教育和家庭环境作用的结果。

家长不见得是自觉地持这种审美标准，而是受传统文化观念的影响。周围的人都是这么看这么说，都是用这样的一把“审美的标尺”来评价和衡量男孩和女孩。而“审美的标尺”，就像无形的“指挥棒”指挥着家长们的教育观念，指挥着孩子们的发展方向。

人们头脑里的男强女弱、男刚女柔的观念，并不是偶然产生的。它是生产力发展水平低下和落后的生产方式的产物。过去，人们主要是靠体力吃饭，男人的体力先天地占有优势，在生产劳动中，男人的作用要比女人大。于是，人们头脑里自然会形成男人刚强、女人柔弱和男人独立、女人依附的审美观念。在有了子女以后，也必然要按照这种审美标准去塑造自己的孩子。

“休言女子非英物，夜夜龙泉壁上鸣。”实际上女人不见得比男人差。如果说在过去的体力时代，女人在生活中的作用不能和男人相比拟的话；那么在当今的智能时代，女人完全可以与男人比高低。在不少的家庭里，女人的事业成就、经济收入甚至要超过男人。

市场经济和科学技术的发展，给男性和女性的共同发展开辟了宽阔的道路，尤其是给女人创造了发展自身、施展才华和进行平等竞争的有利条件。不管是男孩还是女孩，只要从小刻苦努力，奋发图强，在未来的社会生活中，都会大有作为。

为此，做父母的，作为孩子们的首任教师，作为孩子性格和气质的第一个“雕塑师”，应当彻底清除头脑里的陈旧审美观念，树立崭新审美标准，从孩子小时候，就要有意识地培养和训练女孩子勇敢、坚强、自信的性格和气质，使她们的人格得到完善。

85. 请进来，走出去

孙女两岁半了。儿媳妇在北海公园上班，节假日不能休息，孙女每星期来我们这里一天，她奶奶特地给孙女预备了一些玩具。孙女很高兴来我们这里。

我们还有个外孙子，刚一岁零四个月，很少来我们这里，女儿嫌带小孩子出门太麻烦。我和夫人很长时间没有见到外孙子了，很是想念，就打电话给女儿，让她带孩子这个星期六来我们这里来玩。我告诉女儿，你小侄女也来，让两个孩子一块玩玩。

外孙子好久没到我们这里来，一进屋，女儿就把她的儿子放在地上。他见有好几个生人，有点拘束。我们大人还没有开口说话缓和气氛，我的小孙女却抢先说话了。她就像这个家的小主人似的，歪着头，面对着她那个小弟弟，用小手指着我，大声介绍说：

“张博威，这是我的爷爷！”

然后，又用小手指着她奶奶，大声说：

“张博威，这是我的奶奶！”

我们大人一听，不禁面面相觑，摇着头会心地笑了起来。这个小精灵，人小鬼大，心眼儿多。谁也没有特地训练过她，她却懂得说话时哪个词汇该发“重音”。她在介绍时，特别加重“我的”这两个字。噢，孙女这不仅是向她的小表弟介绍家庭成员，更重要的是向小表弟郑重声明：这爷爷、奶奶是“我的”，可不是你的，跟你张博威没有关系，你可甭想把我的爷爷、奶奶抢了去。她小心眼还真多！

外孙子一周岁多一点，愣愣地听着，听不懂这个小姐姐在说什么，没有任何的反应。孙女这样特别突出“我的”这两个字，似乎这个家里的一切都是“属于”她了，就连我们这当爷爷、奶奶的，也成了她的“私有财产”。这分明反映独生子女“独占”、“独霸”、“独享”的典型心理特征。

我想，外孙子现在还不会说话，懂的事还少。当他也长到像孙女这么大，他也知道我是他的姥爷，那是他的姥姥。到那个时候，这两个孩子恐怕就会“针锋相对”，有“架”可吵了：她说“这是我的爷爷”，他就会说“这是我的姥爷”；她说“这是我的奶奶”，他就会说“这是我的姥姥”。两个孩子都据理力争，会针尖对麦芒——各不相让。常言说，“清官难断家务事”，那可就有热闹看了。

外孙子来我家的头天晚上，我儿子和儿媳妇事先教了好半天，谆谆教导女儿说，张博威比你小，是小弟弟，你是小姐姐，明天在奶奶家你要哄着他玩，把玩具拿给他玩，要让着他。孙女好像听懂了似的，一个劲地点头。

可两个孩子到了一起，满不是那么回事。以前，外孙子来我们家的时候，还不会走路，你给他什么玩具，他就玩什么玩具，没有一点自主权。现在也会走路了，自主、自由了，想要玩什么，他自己就出溜出溜走过去拿。

孙女看到了，可就不干了，她绝不能容忍。外孙子拿什么玩具她都不许，边哭边大声说：“这是我的！”说着，就一把夺过来，赶紧抱着她的玩具跑到爷爷奶奶的卧室里藏起来。等她回来一看，外孙子又拿起另外一个玩具，孙女又急了，又哭又闹：“这是我的！”又夺过来，赶紧藏到卧室里去。头一天她爸爸妈妈苦口婆心、再三叮嘱的话，让冬天的西北风都给刮跑了，早就忘得一干二净。

我家的一儿一女，他们小时候从不这样争来争去，相互排斥，有什么玩具都一块儿玩，谁也不独霸一个玩具；有什么好吃的，都是分着吃，谁也不吃“独食儿”。孙女一个人在我家的时候，还没有发现这方面的毛病。两个独生子女到了一起，便起了“摩擦”，发生了冲突，以至于“水火不相容”，这独生子女的毛病可就显现出来了：“独占”、“独霸”、“独享”、“垄断”、“妄自尊大”、“排斥异己”、“互不相容”。像这个样子，将来可怎么融入社会群体，与人共处、共事？

这不能不引起独生子女家长的高度注意。要采取措施，及早解决这个问题。

独生子女"独占"、"独霸"、"独享"、"垄断"、"妄自尊大"、"排斥异己"、"水火不相容"，不懂得宽容、谦让、共处、分享的心理特征，是有一定普遍性的。但这并不是天生的，是后天环境影响所致。因此，也是可以改变的。

独生子女的家庭结构是很特殊的，人们往往用"四二一"来形容：爷爷、奶奶，姥爷、姥姥，爸爸、妈妈，一个孩子。就是说，独生子女家庭是成年人的"世界"，一个孩子，六个大人围着他（她）转。在"独一代"那个时候，因为父母一般还不是独生子女，小孩子还有个表哥、表姐、表弟、表妹什么的，有时候各家在节假日还走动走动，孩子们可以相互接触一下。

现在的"独二代"，爹妈也都是"独生"，就连个表哥、表姐、表弟、表妹都没有了，很少有与年龄相近的孩子经常接触的经历，身上那个"独"劲，甚至上升到了"独"的二次方。

平时，在独生子女家庭里，所有大人都围着这"独一无二"的孩子转，照料他，恭维他，顺着他，让着他，有钱谁都乐于给他花，争先恐后地给孩子买这买那，有好吃的谁都舍不得吃，全都留给孩子独享。久而久之，这种环境必然会促使孩子形成这种心理特征。不懂得与人分享，不能与人和平共处。一旦有人"入侵"他的"领地"，侵犯了他的利益，势必遭到无情地抵制和极力排斥，就像我那独生的小孙女一样。

要克服独生子女身上"独"的毛病，对于两三岁的小孩子，批评、训斥是不会有什么作用的。这种心理特征、行为习惯的形成，完全是环境影响所致。既然如此，要改变，最好的也是最有效的方法就是设法改变他的生存环境。

想再多生一个孩子，不大可能。因为现在的计划政策还不允许。那就利用社会教育资源，采取"走出去，请进来"的方式，打破独生子女家庭的封闭状态，创造条件，让独生子女多与别的孩子共处，并因势利导。环境可以改变人。小孩子具有很大的可塑性，用不了多久，就会有明显效果。

娇惯溺爱，无益有害

86. 翠鸟移巢的启示

娇惯溺爱孩子，有百害而无一益，这是已经被无数活生生的事实所充分证明了的真理。说心里话，广大家长也不想娇惯溺爱孩子，可究竟怎样做才是真正地爱孩子呢？“溺爱”和“真正的爱”之间的区别是什么呢？往往弄不清楚。这些问题，看似简单，实则是相当复杂的，很有讲究，值得做父母的认真思索和领会。

我先给家长讲述一个寓言故事。这个寓言故事出自明朝著名文学家冯梦龙的《古今谭概》一书。

说有一种鸟名叫“翠鸟”。因为这种鸟以鱼虾为食物，所以也叫“钓鱼郎”。这种鸟非常漂亮，额部、颈部、肩背部的羽毛以苍绿、暗绿色为主，耳边的羽毛是棕黄色，颊部和喉部为白色，翅膀大部分为黑褐色，而胸部下方则为栗棕色。那真是“五颜六色”，特别好看，让人赏心悦目。

据说，有一只翠鸟要产卵，为了避免灾祸，起初，是把自己的巢穴建筑在树梢的高处。当它孵出小翠鸟之后，翠鸟妈妈非常喜爱。因为小鸟还没有长出翅膀，不能飞翔，翠鸟妈妈生怕它的小翠鸟从高处掉下来摔死，便把鸟巢向下移动了一些。后来，小翠鸟慢慢长出五颜六色、美丽多彩的绒毛，但还是不会飞翔。翠鸟妈妈更是倍加喜爱，更担心小翠鸟不留神摔下来丧命。于是，又一次向下移动鸟巢，移到了距离地面很近的一个大树杈上，觉得这样就安全了，翠鸟妈妈终于放心了。

有一天，翠鸟妈妈外出为小翠鸟寻觅食物，当它满载而归，返回鸟巢时，惊讶地发现可爱的小翠鸟不见了。它边急切地到处飞翔，边“啾啾”地大声呼唤，到处寻找失踪的小翠鸟。找了好久，也不见小翠鸟的踪影。

原来，就在它外出觅食的时候，一个农夫从翠鸟筑巢的那棵大树旁边路过。那人听到了小鸟的叫声，抬头一看，发现离地面很近的树杈上有个鸟巢，里面有一只嗷嗷待哺的小翠鸟，很讨人喜欢，一伸手，便轻而易举地把小翠鸟给掏走了。

翠鸟妈妈找了好久好久，也不见小翠鸟的踪影，它伤心极了。

翠鸟妈妈一再向低处移动鸟巢，完全是出于对小翠鸟的疼爱，为了保证小翠鸟的安全，是诚心诚意地呵护自己的小翠鸟。但它没有预料到，也正是由于它自己的这种盲目的“疼爱”，终究还是没有逃脱使自己肝肠寸断的“丧子之祸”。这个寓言故事说的是翠鸟，实际上讽喻的是人，是告诫做父母的人，把爱子女的动机、出发点和效果统一起来，才是真正的爱子女。

翠鸟是低等动物，大脑不发达，没有逻辑思维能力，没有根据事物发展的规律预先料到将来的预见性，不可能推断她一再向低处移动鸟巢可能会产生的种种后果。因此说，低等动物对“子女”的爱，虽然说也是真诚的，但还是原始的、自发的，必然也是盲目的、不清醒的。

但我们人是高等动物，大脑相当发达，能进行周密的逻辑思维，能根据情况对事物的发展趋势和前景做出推理判断。已经做了父母的人，当对子女实施爱的时候，头脑要保持清醒，不能感情用事，一定要首先考虑“效果”会如何，可能会导致几种后果？什么样性质的后果？怎样才能避免不良后果的产生？这一系列的问题想清楚了，再实施爱。要努力克服爱的盲目性，要克制冲动性的爱，把爱的动机和效果统一起来。绝对不能像翠鸟妈妈那样，只有良好的动机，而不考虑爱的后果。

何谓“盲目”？《庄子·大宗师》中说：“夫盲者无以与乎眉目颜色之好。”“盲”就是瞎。说白了，就是眼睛看不见，比喻对事物认识不清，糊里糊涂地做事。

何谓“冲动”？就是由外界刺激引起、靠激情推动的行为。它是一种受情绪左右，缺乏意识能动调节作用的行为，感情用事，对行动的目的和后果缺乏清醒的认识。

现实生活中，有不少的家长对孩子实施爱，就是感情用事，带有很大的盲目性和冲动性。比如，怕孩子生病，从不带孩子到户外活动，风天怕被风吹着，雨天怕被雨淋着，夏天怕被太阳晒着，冬天怕被冻着，整天把孩子关在家里。孩子缺乏应有的锻炼，就像温室里的花朵，抗病能力必然很差，弱不禁风，气候稍稍有点变化就不适应，就生病。

有的家长总是怕孩子营养不良，孩子吃饱饭了，还要像填鸭那样往嘴里塞吃的，觉得让孩子多吃，就占了多大的便宜似的，什么牛奶、巧克力、蛋糕、饼干等，恨不得一下子把孩子给催大、催胖、催高。结果事与愿违，孩子出现厌食、挑食、营养不良现象，面黄肌瘦，总是病歪歪的。

有的家长，孩子身体本来就很健康，吃喝拉撒睡都很正常，没病没灾的，却天天要哄着孩子服用各种保健品，这个“浆”那个“液”的。没想到，反而造成孩子生理上的早熟。

孩子突然咳嗽几声，全家老少都特别紧张，过分担忧。全家人总动员，带着孩子一趟一趟地跑医院，又是打针，又是吃药，又是输液……惶惶不可终日。久而久之，使家长没有想到的是，孩子的身体产生了抗药性，某些药物在孩子身上失去了原有的效力，甚至染上了其他的疾病，因小失大，得不偿失。

上述这些家长对孩子的爱，尚属于一种最原始的爱，就连动物翠鸟妈妈也是有的。虽然说对孩子是心甘情愿，无私奉献，不图回报，很感人的，但并可取。战国时期的思想家韩非说过：“人之性情莫爱于父母。”同时，又指出：“皆见爱未必能治也。”这意思是说，父母对子女的爱是其他任何人之间的爱都不能比拟的。虽然父母都很爱自己的子女，但不见得对孩子都有好处。就像翠鸟妈妈那样，“似爱实害”的情况比比皆是。

父母爱子女都说是为孩子好。但不能只停留在动机上，还要讲效果，看效果。把爱的动机和效果统一起来，这才是真正的爱。

87. 孩子的地位

前些年，在河南省原阳县，曾经发生这样一起母亲被独生儿子活活气死的事件：

死者任素兰结婚多年不育，非常苦恼。她盼啊，盼啊，盼星星盼月亮，到了近40岁，终于盼来了一个宝贝儿子。中年得子，怎能有不爱之理！她欣喜万分，简直不知该怎样对待儿子才好。

可怜天下父母心。说起来，任素兰可真是不易。自打儿子呱呱落地，投入她的怀抱的那一天起，任素兰都是让儿子吃、睡在自己的怀里，从来舍不得放下。一直到儿子满3周岁，每年365天，她从未脱衣睡过一次觉。

她那宝贝儿子上小学了。妈妈不放心，每天都是早晨送，中午接，午后送，傍晚接，上下午中间还去喂牛奶、送吃食，给儿子加一餐。任素兰一心扑在儿子身上，其他的事啥也不管，专门照顾儿子，成了儿子的专职“保姆”。

可以想象，这会把儿子惯成什么样子。儿子被娇惯得无心学习，成绩极差，还经常向母亲发脾气。妈妈不说儿子学习不用心，反怨学校教学质量差，便不惜代价，花重金送儿子到县师范学校的子弟小学住读。

因为学校离家远，不能天天看见儿子，任素兰吃不好饭，睡不好觉。就为想儿子，不知她流过多少眼泪。每逢儿子回来，都上小学了，她还是要搂着儿子睡觉。

平时，任素兰夫妇节衣缩食，把好吃的都省给儿子吃。儿子深知自己的身价和地位，根本不把父母放在眼里，沾染了许多坏毛病，抽烟、酗酒、打架、旷课。

父亲实在看不下去了，想管教，任素兰却阻挡说：“树大自然直。我们就这么一棵独苗苗，不许你管！”

有一次，因为儿子旷课，妈妈说了他两句。这下可惹恼了平时早已被惯坏了的儿子，他根本不让说。他翻身下床，把母亲臭骂了一顿。这还不解气，又砸坏了家里的收音机和其他家具，弄得家里一塌糊涂后，扬长而去。

任素兰在儿子身上花费如此多的心血，做了这么大的牺牲，成天像供祖宗一样地供奉着，舍不得让儿子受一丝一毫的委屈，指望儿子长大成材，好为自己脸上增光添彩。现在看来，这一切将化为泡影，她万念俱灰，不由得泪如雨注。第二天下午，便服毒身亡。

任素兰为儿子不争气自杀后，邻居急忙找到正在外面玩耍的儿子，还怕他听说母亲自杀了难过，谎称他母亲病了。殊料她儿子却狠狠地说："死了才好呢！我不回家！"

见儿子不回家，他父亲又找到他说："你母亲生你的气，喝毒药自杀了。你可闯了大祸呀！"

儿子把眼一瞪，就像训斥他的儿子那样吼道："你啰唆个啥？想死，你也去死。把你跟她一块埋了得啦！"

这个被父母供奉的"小天使"，谁能想到竟是这样地绝情，对父母竟是这样凶残，就连畜牲都不如，实在是令人愤怒！

这个孩子之所以成为这个样子，根本原因是家长把孩子的地位摆得过高，摆到了"一家之主"的特殊地位上。

我们知道，存在决定意识。一个人的"地位"就是客观存在。父母把孩子捧到不恰当的特别高的地位上，他就会用特殊的眼光看待别人，用特殊的态度对待别人。久而久之，就会形成特殊化的思想意识和道德品质。

年轻父母们可能没有想到过孩子的"地位"问题，但这的确特别重要。这里所说的"地位"，就是孩子在家庭成员中所处的位置。孩子从小就居于特殊地位，是家里的"特等公民"，是"一家之主"。父母则处于"侍从"、"奴仆"的地位。这就是说，父母和儿子是"仆与主"的关系。在任素兰的家里，就是典型的"一主二仆"。像这样，父母在儿子心目中，怎么会有威信？父母的话怎么会有分量呢？平时一切都顺着孩子，一切都由着孩子，无原则地满足孩子，孩子就会变得越来越骄横、霸道；稍有不如意，就不能容忍，首当其冲遭受攻击的便是身边的父母。鲁迅先生曾经说过，把孩子地位摆得过低，"任儿女作马牛"是错误的；把孩子的地位摆得过高，"为儿女作马牛"同样是错误的。

孩子在家庭生活中，处于什么地位，并不取决孩子的主观意志；而取决于家长，取决于家长从小如何对待他们。对于小孩子，在生活上关心、体贴、爱护和照料，满足生理和精神上正当的需求，尽可能创造适应他们身心健康发展的物质和精神生活条件，这是家长的责任。但与此同时，在思想、品德、行为习惯上，必须要严格要求、严格教育、严格管理、严格训练，不能采取放任态度。孩子有受到家长关心、体贴、爱护和照顾的权利，同时也有接受家长教育和服从管理的义务，有关心、体贴、爱戴和孝敬父母的责任。把生活上的照顾和思想上的严格要求结合起来，把权利和义务统一起来，二者兼而有之，孩子的地位就恰当了。

在独生子女的教育上，要特别注重这个“地位”问题。苏联教育家马卡连柯曾经说过：“独生子女最容易习惯于他占有的特殊地位，变成家庭里的真正的暴君。”这不是危言耸听。说独生子女有占有特殊地位的“习惯”，这不是与生俱来的，而是后天形成的。具体地说，就是家庭特殊的生活环境造成的。独生子女是“独一无二”、“不可多得”的一个，“物以稀为贵”。因此，家长往往“习惯于”把独生子女摆在特殊的地位上，顶在头上怕摔了，含在嘴里怕化了，视为家长的生命所在。这里隐藏着极大的隐患。

有的独生子女父母认为：家长把孩子看得越珍贵，摆得地位越高，孩子就会越尊重、爱戴父母。其实并非如主观想象的那样。恰恰相反，会因此使孩子变得冷酷无情，连自已的亲生父母都不爱，社会上这类教训屡见不鲜。孩子在家庭生活中的地位问题，不能不引起独生子女家长的高度重视。

88. 理解爱的真谛

2005 年 10 月，我每天都到中日友好医院陪护生病住院的夫人。为了近便，也因为我喜欢孩子，便经常穿越医院的儿科诊室的楼道。在楼道里，每天我都能看到有很多的爸爸妈妈，守护在正在输液的孩子身边。输液的孩子，年龄大的是中小学生，绝大多数是学龄前儿童。

我的儿女已经长大成人，但那时候他们还没有孩子。我有好多年没有看到孩子输液的情景，更没有看到那么多小孩子输液的情景。我很好奇，不由得俯下身子，关爱地看看扎在孩子手背上的针头。

我惊讶地发现，给孩子输液的针头，比给病人打针用的针头要粗好多。那么粗的针头，扎在孩子们那果冻似的细皮嫩肉上，着实让人心疼。我头脑中不由自主产生的第一反应是：这些当爸爸妈妈的，可真够狠心的！这么小的孩子，生病吃点药不就结了？输什么液呀！真是的。想到这儿，我情不自禁下意识地抚摩了一下自己也不大舒服的手背，越摸越觉得不舒服。

有一次，我刚要走过儿科门诊室的那一刹那间，突然停住脚步，回头定睛一看，发现那些爸爸妈妈们，守护在孩子身边，一个个满脸都是慈祥、爱怜。有的抚摩着孩子的手臂，有的抚摩着孩子的头，有的把孩子搂在自己的怀里。见此情景，我的头脑突然闪现出另外一个反应：这是一幅多么动人的“爱子图”啊！

忍心让大夫把那么粗的针头，扎在孩子细皮嫩肉的手背上，这不是“残忍”，这是真心地爱怜；不是“虐待”，而是疼爱，是发自内心的疼爱。

孩子生病，病在孩子“身上”，疼在父母“心上”，做父母的没有不心疼的。心疼怎么办？最直接有效的办法是赶紧带孩子到医院看病、治病，这是最明智的选择。药是苦涩的，难以下咽；打针、输液是疼痛的，孩子要忍受，难道父母不知道吗？他们都知道。可为什么还忍心让小小的孩子品尝苦涩、遭受疼痛呢？因为父母都爱自己的孩子，不愿意让孩子忍受病痛的折磨。

要说吃药还好一点儿，一说打针，十有八九的孩子是惶恐地哭闹，避之不及。至于输液，那么粗的针头要长时间地插在手背上，孩子们更是惊恐万状，心惊肉跳，立马会拼命争脱，要逃之夭夭。假如孩子不想吃药，父母心慈面软：“好，咱们就不吃药”；孩子怕打针，父母就迁就放任，“好，咱们就不打针”；孩子怕输液，父母就由着孩子，“好，咱们就不输液。”一句话：“有病，咱们不治！”

有这样的父母吗？恐怕没有，普天下一个也没有。要是有这样百般迁就放任的，除非是父母心理上有毛病或是弱智，或是根本就不爱自己的孩子。

普天下做父母的都爱自己的孩子。然而，究竟什么是爱的真谛？做父母的并不是在任何时候，任何情况下，都那么清醒，认识得那么清楚。孩子生病时，一般做父母的还比较清醒，发现孩子生病，会立刻到医院给孩子看病、治病，该吃药吃药，该打针打针，该输液就输液，该手术就手术，毫不犹豫。那是因为孩子生病是“性命攸关”的大事，不容你含糊，不容你犹豫。为了孩子的健康平安，必须牺牲孩子眼前的利益，就是让孩子暂时吃一些苦头，也在所不惜，觉得这样做值得。

有一次，在医院里，我真切地看到了一个令人惊心动魄、毛骨悚然的场面：

大夫要给一个两三岁的小孩子扎针输液，那孩子一见那粗粗的针头，便玩命地号啕大哭，极力挣扎逃避。孩子的爸爸妈妈先是好言相劝，信誓旦旦地许诺输完液买好吃的，买好玩的玩具；但那孩子死活就是不让大夫扎针，怎么办？只见那爸爸妈妈只是眼睛对视了一下，一句话也没说，没有丝毫的犹豫，两个大人，四只大手，死死地搂住孩子的双手和双脚。不管孩子怎样哭闹挣扎，父母毫不让步，并且粗声粗气地训斥着，硬是跟大夫配合，强制把那粗粗的输液针头，扎进孩子的细皮嫩肉里。这“貌似”残忍，“貌似”虐待，却充分体现了父母对孩子非常深沉的疼爱。

然而，在不是“性命攸关”的问题上，做父母的往往存在着严重的侥幸心理，做出不该让步的让步，丧失理智，迁就放任。比如，临睡觉前孩子要吃糖果，父母知道不该吃，可孩子又哭又闹，不让吃不干，为了息事宁人，做父母的只好无可奈何地做出了让步；吃饭时，孩子只吃肉不吃菜，或是吃饭挑食，管教他、纠正他，他就不吃饭，父母觉得这也不是什么大不了的事，为了不让孩子挨饿，只好放弃原则；孩子对人没有礼貌，或出言不逊张口骂人，父母“软硬兼施”，要孩子认错、检讨，孩子就是任性不认错，为了应付眼前尴尬的局面，父母只好替孩子认错、检讨；家里来了小朋友，父母让孩子拿出自己的玩具给小朋友玩，孩子就是不让，无论怎么哄也不成，父母无计可施，只好不了了之，放弃要求；等等。这些情况，在日常生活中经常发生。

中国古人对父母之爱的认识非常深刻。在很早的时候，就懂得父母怎样做才是对孩子真正的爱。战国时期，著名思想家韩非在《韩非子》一书中，有这样一段记载。他说，据传说，婴儿头疼，是因为长时间不剃头所致，及时剃头，就可以减轻头疼；孩子脖子上长了疖子，不挤出脓血，就好不了，把脓血挤干净了，就会痊愈。这个道理，大人明白，但给小孩子讲不清楚，讲清楚了，也不会明白。怎么办？遇到小孩子头疼或长疖子，只能是强制治病。由父亲紧紧抱住孩子的双手和双脚，由母亲下手给孩子剃头或生挤脓血。孩子由于害怕、疼痛，肯定是“啼哭不止”，拼命挣扎、反抗。为什么呢？完全是因为“婴儿不知犯其所小苦而致其所大利也”。

这就是“爱的真谛”、爱的辩证法。

89. 您说，孰是孰非

在10多年以前，中国家庭教育学会曾经举办过一次全国家庭教育电视小品优秀作品评选，我是评审委员。那次评选活动，全国各地共选送几十部片子，许多电视小品的内容，我几乎没有什么印象了。只有一个电视小品的内容，至今我都历历在目，记忆犹新。

我记得，那是青岛市家庭教育研究会选送的一个电视小品，大概名为“我要去游乐园”。那个电视小品的情节并不复杂，甚至可以说是平淡无奇。然而，却给我留下了极为深刻的印象。事情虽然已经过去10多年了，可留给我心中的那份沉重，至今却怎么也挥之不去。

这是一个独生子女家庭，典型的核心家庭，一对年轻夫妇带着一个三四岁的小男孩。事情是这样的：

原来爸爸妈妈已经说好，星期天要带儿子到海边的游乐园去玩，儿子可高兴了。天天翻看年历，掰着手指数啊，盼啊，盼啊，终于盼到了星期天。

可到了星期天的早晨，爸爸妈妈却不约而同地变了卦，不想去了。然而，孩子却没有忘记爸爸妈妈的许诺，还是要爸爸妈妈带他去玩。就是这么一个题材，那个电视小品就像记录片那样记录了儿子苦苦哀求和妈妈爸爸搪塞、变卦的全过程。

时间是一个星期天的早晨。地点是家里的双人床上。场景是，小儿子躺在爸爸妈妈中间。小儿子知道今天是星期天，早早地就醒了；可身边的爸爸妈妈还在呼呼大睡，没有一点儿要起床的意思。小儿子先是用手摇晃着沉睡的妈妈，边摇晃边说：

“妈妈，咱们起床吧！今天不是要带我去海边的游乐园玩吗?”

妈妈懒得睁眼，面带一脸的疲乏，打着哈欠说：“儿子，妈妈今天特别地累。好儿子，咱们下星期天再去，好不好?”

“不嘛！上游乐园，不是您和爸爸说的吗？妈妈，咱们快起床吧！”儿子继续摇晃着妈妈说。

“我今天累着呢！让你爸爸带你去！好儿子！”妈妈不耐烦地说。

孩子在妈妈这边碰了个软钉子。妈妈把“球”踢给了爸爸，儿子扭过身子，又摇晃着爸爸，哀求说：“爸爸，咱们起床吧？我要去游乐园玩。”

“爸爸累着呢！让你妈妈带你去!”爸爸也是闭着眼不耐烦地说，说着背过身子，背对着儿子又把“球”踢了回去。

“妈妈，咱们快起床吧！我要去游乐园玩。”孩子的身子又转向妈妈，继续哀求道。

“好儿子，妈妈今天要洗衣服。衣服不洗干净，你星期一就不能穿干净衣服上幼儿园了。还是让你爸爸带你去，好儿子!”这时妈妈睁开了眼，开始哄儿子。

儿子哀求妈妈又不成，于是身子又转向爸爸那边，继续哀求道：“爸爸，那您带我去吧?”儿子做出了让步。

“好儿子，听话。爸爸今天有事情，咱们下星期天再去吧？好吗?”

“不好。我就是要去游乐园嘛!”

儿子这样软磨硬泡，向谁哀求都不成，那真是“叫天天不应，叫地地不灵”。儿子感到非常地无助与悲哀，眼瞅着儿子的眼泪，就顺着脸颊默默地流了出来。让人看了，感到十分地同情与心酸。

儿子实在是失望极了，他谁也不求了，躺在爸爸妈妈中间，眼睛直勾勾地看着天花板，哽咽着，抽泣着，嘴里还是不停地机械地重复着这样一句话：“我就是要去游乐园嘛！我就是要去游乐园嘛！……”

大约妈妈感到大人们有点太过分了，产生了那么一丝的同情心，对儿子说：“好儿子，听话。妈妈今天给你做好吃的。”

“不嘛！我就是要去游乐园玩嘛！”

爸爸也说话了：“儿子，爸爸今天跟你一起搭积木。好吗?”

“不嘛！我就是要去游乐园玩嘛！”

就在这时候，妈妈实在忍无可忍，突然发火了：“你这孩子！怎么这样不听话！怎么这么不知道心疼大人！你再说去游乐园，我揍你！”

小儿子“哇”的一声，放声大哭了起来。不知道是被妈妈的吼声吓的，还是觉得太憋屈，太无奈了。

不管怎么哀求，那天小儿子终究没能去成游乐园，还挨了一顿恶声恶语的训斥。故事就这么结束了。可以想见，小儿子这一天的情绪会什么样的。

看完这个故事，不知道读者都是什么态度和看法。

有的读者可能会说，是这个孩子不对。这孩子就知道要玩，玩，玩，大人都上了一个星期的班了，你知道大人有多累！这孩子也太“拧”了，大人摆事实，讲道理，耐心开导、劝说的话都有一箩筐了，他还是不干，也太不听话了，太不懂事了，太不知道心疼大人了。总而言之一句话：全是孩子的错。

这显然是站在大人的立场上说话，似乎理由还挺充分，无可辩驳。可要是换个角度，站在孩子的立场说话，恐怕就是另外一种结论了。

这个故事中的父母，带儿子去游乐园本来是父母许诺的，是父母改了主意，变了卦，是出尔反尔，言而无信；结果，还说是儿子不对，不听话，不知道心疼大人。这是典型的颠倒是非，混淆黑白，父母联手，以强凌弱。父母凭借大人的“巧言如簧”、“能言善辩”，两人一唱一和，糊弄一个“有口难辩”的三岁多的孩子，最终仰仗大人“至高无上”的权威把孩子给“制服”。在势单力薄的孩子面前，父母二人就像是两座不可撼动的“大山”，是绝对的“强势群体”，弱小的孩子既无助，也无奈，只能是逆来顺受，忍气吞声，接受这个不公平的结局。

若做父母的总是这样处理问题，一是对孩子实施的典型的“精神虐待”，对孩子稚嫩心灵的伤害程度，可能是我们大人难以体会得到的；二是会使孩子变得唯唯诺诺，胆小怕事，丧失自信心，遇事没有了主见；三是家长说了不算，会失去孩子的信任，孩子从此不再相信家长的话，甚至也会从父母身上学会撒谎、言而无信。

大家都知道《曾子杀猪》的故事。曾子出于对孩子的爱，终于把猪杀了，付出了很大的代价。这是值得的。要真正地爱孩子，父母就得要付出。

90. 孩子所向往的爱

《健康时报》发表了陕西汉中一位叫刘松林妈妈写的文章，标题是：《妈妈，你好爱我哦!》文章中讲了这样的一件令人深思的事：

儿子刚读幼儿园小班时，就很有主见，他说他想吃桃子，而且要自己切。其实这样的要求，在此之前已经有过多次了，只是都由于我担心他的安全问题而一一拒绝了。每次遭到我的拒绝后，儿子总是撅着小嘴很不高兴。虽说不高兴，但他也轻易不敢违逆我的意志。

而那一次，我实在拒绝得太累了。而且心想，要是孩子注定要受伤，在我眼前受伤，总比万一在没人注意时他自己拿刀子乱用好得多吧！于是，我豁出去了，终于答应他，让他自己切桃子。

我示范着将桃子切成星星的形状，交代一些注意事项后，便将刀子交给他，叮咛他若不小心切着手，要赶快告诉我。虽然我心里很紧张，但也谨记一位幼儿教育专家说过的话：将事情的步骤和要求说明后，大人就应当闭嘴，让孩子自己动脑筋思考，而不要在一旁没完没了地唠叨“小心”、“小心”……

我只是站在孩子身旁，远远地看着。儿子站在餐椅上，这样正好够得着餐桌，然后拿起刀子准备切桃子。就在这时候，儿子突然回头向我说了一句：

“妈妈！你好爱我哦！”

当时，我一下子愣住了，他从未对我说过这样的话。随即，我反应过来，原来他是指妈妈同意让他自己切水果，便表示了我很“爱他”。

天呀，冤枉呀！就是因为我爱他，生怕他受伤，才总是不让他自己切水果的。没想到，他居然认为我今天这样做，给他机会让他自己动手，才是“爱他”呀！

儿子不经意的一句话，引起了这位妈妈久久的深思。孩子究竟需要什么样的爱？怎样施爱，孩子才会乐于接受？

父母总觉得对孩子所做的一切，都是出于爱心，是为孩子好。但有时候，父母对孩子的爱，却得不到孩子的理解和呼应，甚至遭到抵制。父母百思不解，常常抱怨说：“这孩子真不知道好歹，把父母的一片好心当成驴肝肺，真让人伤心！”

孩子不接受父母的爱，有时候是孩子不对。因为孩子年龄小，缺乏生活经验，认识和理解能力差，还不能“透过现象看本质”，领悟所“暗含”着的父母之爱。遇到这种情况，父母不应该抱怨，应当进行引导和教育。

但有时候孩子不领情，并不是孩子的错，而是父母给孩子所实施的爱，是“一相情愿”，只是家长单方面的主观愿望，并不符合孩子生理和心理发展的需要。因此，孩子并不认为是施爱，而是在限制自己的活动和发展。就像文章开头所讲述的那个故事那样，妈妈担心孩子自己用刀子切桃子切破手，便一味地拒绝。儿子虽然嘴上没说，但很不情愿，并不认为妈妈的“拒绝”是在爱他。

这位妈妈一直拒绝，实际上是企图用消极限制的方法，保护孩子一时的而不是长久的安全；而没有采取积极态度，在实践中教孩子学会防范伤害的能力。值得庆幸的是，这位妈妈终于明白了一个道理：“要是孩子注定要受伤，在我眼前受伤，总比万一在没人注意时他自己拿刀子乱用好得多。”“两害相权取其轻”，才是明智的选择。而他的儿子好不容易获得实践的机会后，语出惊人，一句“妈妈！你好爱我哦！”把妈妈对“爱”的思索引向深入，重新考虑究竟怎样施爱，才是孩子向往和需要的爱。

家长必须明白，对孩子最好的保护是让孩子学会自我保护。家长对孩子的保护只是一时一事的，是有限的。因为孩子不可能总是在家长视野范围之内。爱孩子就要教孩子尽早学会自我保护。

“爱”是一种很深的感情。只有施爱者所实施的爱是被爱者所需要的，才认为是爱；否则，被爱者便体会不到爱。现实生活中，有许多做父母的在给孩子实施爱的时候，往往只考虑自己的出发点，而不大考虑孩子的需要。比如，一两岁的孩子要跟大人一样，自己吃饭，有的父母怕孩子吃不饱，或是怕孩子把饭菜给弄撒了，还非要坚持由大人一口一口地喂；两三岁的孩子，想跟大人一样用杯子喝水，有的父母怕孩子撒一身水，弄湿了衣服，或是怕孩子喝得太猛，呛着，就一再拒绝孩子的要求，非要孩子继续使用奶瓶喝水；到三四岁的时候，孩子要学着大人的样子，自己洗手洗脸，有的父母怕孩子洗不干净还得“返工”，太麻烦，或怕耽搁时间，就强迫给孩子一洗了之；等等，不一而足。

孩子想亲自做这做那，表明了什么？并不像有的父母所想象的那样，是在故意给家长添乱，而是表明孩子在生理和心理发展的进程中，必然不断产生新的心理需求。这种需求，通常是以一种“缺乏感”体验着，以“意向”或“愿望”的形式表现出来。一两岁的孩子要自己吃饭，很有可能是大人喂，满足不了孩子饥饿的需要，或是孩子觉得喂得不舒服，希望像大人那样“随心所欲”地吃。两三岁的孩子要用杯子喝水，很有可能是用奶瓶喝水，满足不了孩子口渴的需要，不能尽快解渴，希望用杯子大口大口地喝。三四岁的孩子要自己洗手洗脸，很有可能是觉得父母用手摁着头给他们洗脸，有被强迫的感觉，很不自在，或是洗手洗得不舒服，希望自己动手，能从容不迫、自由自在地洗。

孩子的这些愿望合情合理，无可厚非。这既是他们的需要，也是他们发展的动力，父母不能拒绝。只要父母不制止，孩子一般不会轻易放弃，应该保护孩子的进取心和学习的愿望。孩子想做又做不好的时刻，这恰恰是培养、训练的极好时机，不要坐失教育的良机。放手让孩子自己学着做，在做的过程中给予具体指导。这既满足了孩子的愿望，使孩子享受到“成功的喜悦”，又教孩子掌握了操作技能，获得了进一步的“自由”，还亲身体会到了父母之爱。一举两得，何乐而不为呢！

养花、养鸟、育人

91. 落榜生母亲的肺腑之言

这本书是写给学龄前儿童家长看的。可孩子连小学都没上，离考大学还有10多年，家长们还想不到未来高考的事。跟年轻父母谈孩子高考落榜的问题，感觉是风马牛不相及。是不是违背“写文章要看读者对象”的基本原则了呢？不是。

之所以执意要向学龄前儿童的家长传达一个高考落榜生母亲的肺腑之言，是因为与学龄前儿童的教育和成长有密切的关系，值得一谈。

去年高考录取结束以后，一个落榜女生的母亲到我家来做客。这位母亲是我的朋友，她女儿很小的时候我就认识。在我的印象中，那是一个聪明、伶俐、活泼、可爱的小姑娘，怎么落榜了呢？我感到疑惑。

在谈到女儿落榜的原因时，这位母亲非常伤心而悔恨。我听了，也很惋惜。

她说：“在小孩子的穿戴打扮上，家长千万不要太过讲究，太过追求华丽。回想起来，我的女儿就在这个问题上吃了大亏。女儿没有考上大学，这与我有直接的关系，我都后悔死了。

“我的女儿是个独生女，她爸爸这一辈人哥仨，那兄弟两家都是儿子，这第三代人中只有这一个女孩子。常言说，物以稀为贵。我女儿是‘千金难买’，绝无仅有，全家人都视为掌上明珠，格外地关注她，宠爱她，变着法地打扮她。上幼儿园的时候，她要卷发，就给她卷发；她要染指甲，就给她染指甲。她要穿什么衣服，就连姑妈、姨妈、大妈、奶奶、姥姥都争先恐后地给她买。她的衣服是各式各样的，多得都穿不过来。家里人都争着抢着给她买衣服，无非是想把她打扮成漂亮的洋娃娃似的，小公主似的，以寻开心罢了。

“谁知，大人们的无心举动，却在她心里种下了过分追求穿着打扮的种子。从幼儿园开始，她就对衣服挑挑拣拣，爱穿的衣服，穿上了就不脱不换，脏了也不让洗；不爱穿的衣服，从不穿，不少衣服买来后从未穿过一次。哪件衣服能引人注目、赏识、羡慕，就穿哪件。天热了，该脱的衣服就是不让脱；天凉了，该穿长袖衣服了，她还是要穿花裙子。每天早晨上幼儿园之前，就为穿衣服要反过来倒过去，折腾老半天，让家长急得不得了，甚至为此经常误了上学。

“上学以后，每天早晨在穿衣镜前，扭来摆去，前后左右，上上下下，照来照去，又梳头又抹脸，总得磨蹭半个多小时。别说影响上自习，有时连早点都没时间吃了。上小学的时候，由于她比较聪明，教材也不算难，对她学习的影响还不是太明显。一到中学，她的功课就越来越不行了。平时，她的眼睛总是注意哪个同学又穿了一件样式新颖、别致的衣服，心思根本就不放在学习上，能糊弄就糊弄。特别到了高中一二年级，要准备考大学了，她还是心不在焉，家长着急她不着急。

“我们做家长的，曾多次耐着性子跟她谈话，千方百计地教育她，苦口婆心地开导她，给她讲生存环境的艰难、社会竞争的激烈、个人的发展前途，谆谆告诫她应该如何对待高考这‘决定人生命运’的一战，热切希望她能尽快觉醒。她倒也点头答应，表示要好好学习，但实际行动却是依然故我，没有多大的变化。到了高三年级，虽然学习态度有所转变，在周围环境的影响下，也真的做出了努力。但由于以前的功课学得不扎实，基础打得不牢靠，就是再努力也无济于事。虽然参加了高考，终以失败告终。

“女儿伤心地哭了好几天，后悔极了；我们做父母的也深深地自责，埋怨自己，谁叫我们从小过分地宠爱她，娇惯她，刻意地打扮她，使她从小就养成了贪图虚荣、过分讲究穿戴、追求打扮的习惯，而后来又没有及时教育她，纠正她，改变她呢？现在说什么也晚了，唉……”

我原原本本地转述这位母亲的反省，是希望把一个家庭的教训变成普天下父母共同的财富。我们面前的孩子虽然离参加高考尚有些时日，但前事不忘，后事之师，这是很值得年轻父母借鉴的教训。“宜未雨而绸缪，毋临渴而掘井。”要防患于未然，免得年轻父母不由自主地做出让自己后悔终生的事。

俗话说：“穿衣戴帽，各有所好。”每个人的衣着打扮，都各有自己的追求和讲究，别人也不好说三道四。但一个人的穿着打扮，却在一定程度上体现着他的文化修养和精神状态，也折射出他的审美情趣和价值取向。穿着打扮，也是一种生活方式，对人的成长、发展也有潜移默化的影响。特别是对小孩子的影响，比对成年人的影响还要大，还要深刻。

正如这位母亲所说，家长刻意打扮孩子，无非是为了好玩儿，“寻开心”。家长绝没有要把孩子引向邪路的用心。然而，天下的事，往往是“有意栽花花不开，无心插柳柳成荫”。家长没有把孩子看成是正在成长中的人，而只是把孩子当成家长开心、解闷的“小玩意儿”。这个做母亲的就是在这种“不经意”中，给了孩子一个“导向”，使孩子不知不觉地形成了一种价值取向，养成了一心一意追求穿戴打扮的习惯。把心思都放在了这事上，必然会影响她的“正业”——“读书学习”。该下工夫的事不下工夫，不该下工夫的事，下的工夫太多了，必然在成长的道路上遭受挫折。

年轻父母从这件事中，应当明白这样一个道理：培养教育孩子没有小事。就是吃喝穿戴这些小事也要有所注意，不能太随意。现在，家里的孩子越来越少，不少家庭是独生子女，家庭经济条件又得到了极大的改善，生活水平大大提高，把孩子打扮得漂亮一点，无可非议。但是，无论什么事，都不能过分；过分了，就要走向反面。

孩子的穿着打扮要朴素、大方、得体，要与孩子的年龄、性别、周围环境相协调，不要刻意追求怪异、别出心裁、独树一帜。穿着要整洁，但不要过于讲究，小小的孩子就“西装革履”、“花枝招展”，不利于孩子参加游戏活动；穿着可以继承民族传统，但最好不要把孩子打扮成电影中地主老财的模样，虽招人眼球，但让人看了并不舒服。

92. 别把赌注押在孩子身上

《成都商报》曾经报道过这样一个消息：四川的一位父亲培养出了被誉为“小提琴神童”的儿子。然而，儿子却难以忍受父亲的“魔鬼教育”，在几年前愤然离家出走，至今未归。

儿子赵江山三岁起跟随父亲赵芝品学习小提琴，五岁时在四川西充县就被誉为“小提琴神童”。1997 年 11 月，中央电视台“东方时空”和“生活空间”等栏目，相继对赵家父子进行了报道。

赵江山成名以后，赵芝品给儿子加大了练琴的力度。刚刚十来岁的儿子每天只能休息六个小时。有一天，赵芝品回到家，见儿子正在看电视，不禁怒火中烧，一把揪住儿子，抬手就是一记耳光。儿子哭着申辩说：“我下巴和手指都练起了厚厚的茧子，脖子都伸不直了。难道就不能让我休息休息?”

虽然赵芝品也觉得儿子确实可怜，但他还是咬着牙说：“不行！你要是成功了怎么玩都可以。但现在必须卧薪尝胆!”

“魔鬼式的教育”结出了恶果：1998 年 11 月 21 日深夜，13 岁的赵江山不辞而别，离家出走。

为了寻找儿子，赵芝品跑遍了大半个中国，也未见儿子的踪影。前些年，《知音》杂志刊登了赵芝品寻子的亲情故事，儿子赵江山从杂志上得知姐姐的联系方式，给家里打回了一个“平安电话”，但他坚决不告诉家人他在哪里。

在儿子离家出走以后，偶然一次，赵芝品在儿子的相册里看到了藏在照片背后的作文纸，文中写道：“历史说世界上的父爱最伟大，但自我学小提琴后，伟大的父爱就消失了。每次测试之后，无论我的成绩怎么样，你给我的都是打骂。现在我特别怕摸琴，一碰到它，我就提心吊胆。你说‘黄金棍下出栋梁’，可是，你越打，我就越没信心……”

赵芝品后悔极了，他疯狂地寻找儿子。从 1999 年春节前夕开始，赵芝品跑遍了全国 30 多个大中城市，行程十多万公里。然而，爱子至今下落不明。

前几年春节期间，赵芝品抚摸着儿子那把已经有些生锈的小提琴，百感交集，禁不住涕泪纵横：“六年多了，江山如果还在的话，都有20多岁了。我当初不该给他施加那么大的压力。如果有机会，我会向他真诚地悔罪，求得他的原谅；如果可能，从今以后，我只希望他做一个快乐的人！”

读了这个真实的故事，我的心情感到非常沉重。

做父母的希望自己的孩子成为有作为、有出息、有成就的人，可以理解。然而，强扭的瓜是不会甜的，“欲速则不达”。采取强制手段拔苗助长，“非徒无益”，反而有害。不但不能使孩子按照家长的愿望成长，反而会伤害孩子的心灵。应当明白，“黄金棍下”是出不了“栋梁”的，棍棒不是教鞭，是刑具。事实证明，棍棒教育不是教育，是摧残，只能使孩子厌恶、逃避学习。违背教育规律，必然受到惩罚。一个本来很有发展前途的孩子，为了逃避父亲的“魔鬼教育”，离家出走，至今下落不明。如此残酷的事实，足以让所有类似的父母认真反思。

要孩子发展艺术特长究竟是为了什么？这是做父母的首先必须要明确的一个问题。正确的目的，应当是为了发展孩子的个性，提高孩子的智力和文化修养，让孩子学会享受高度的精神文明，使孩子成为有文化品位的人。而不是出人头地，为父母脸面上增光添彩，满足父母的虚荣心。

类似这位父亲的现象屡见不鲜，悲剧也时有发生。前些年，曾有一个弹钢琴的孩子用刀子把自己的手筋割断，就是为了抗议父亲膨胀的虚荣心支配下的“魔鬼教育”。孩子的父母都是普通工人，说是为了让孩子出人头地，经常用棍棒殴打孩子，强迫孩子没完没了地练琴。有时孩子坐在琴凳上就睡着了。父亲非常生气，竟然学着古人“头悬梁，锥刺股”的做法，把孩子的双手和头发用绳子吊在房顶上。事后，有人问那个孩子：“割断自己的手筋你不怕疼吗？”那孩子说：“割断手筋只是一时疼痛，不割断手筋则要疼痛一辈子！”

那些对孩子实施“魔鬼教育”的家长，说是为了让孩子出人头地，我却不这样看。我以为，与其说是让孩子出人头地，倒不如说是为了使家长出人头地，是“母以子贵”，是父母借孩子的成就获得社会的美誉，提高自己的社会地位，满足自己的虚荣心。

经多年观察、思索，我发现，凡是把人生的赌注押在自己的孩子身上的家长，一般是在人生的战场上“战绩不佳”，活得不怎么带劲，或是一事无成。自己没有多大的出息，却逼迫孩子有出息，这是家长自私、自卑而又贪图虚荣的表现。

你看，那些事业有成的人是如何教育孩子的：

鲁迅先生在逝世之前一个月写的一篇名为《死》的散文中说：“孩子长大，倘无才能，可寻点小事情过活，万不可去做空头文学家或艺术家。”

著名的文学家老舍先生1942年在给家人的信中说：“他们能粗识几个字，会点加减算法，知道一点历史，便已够了。只要身强力壮，将来能学一份手艺，即可谋生，不必非入大学不可。假如看到我的女儿会跳舞演剧，有作明星的希望，我的男孩能体壮如牛，吃得苦，受得累，我必非常欢喜！我愿自己的儿女能以血汗挣饭吃……故让他们多游戏，不要紧迫他读书写字。书呆子无机会腾达，则成为废物；有机会做官，则必贪污误国，甚为可怕。至于小雨（次女舒雨），更宜多玩耍，不可教她识字，她刚四岁呀！每见摩登夫妇，教三四岁小孩识字，客来表演一番，是以儿童为玩物，则忘记了儿童身心发育甚慢，不可助长也。”

但愿普天下做父母的人，把心态放平和一点，从上述家庭经验故事中接受教训。还是首先自己发奋进取，混出个人样来，别把人生的赌注押在自己的孩子身上。

93. 桑树要小弯

从前，有一位富翁，50方得一子。老来得子，能有不爱之理？富翁视儿子为无价之宝，成天看着还是看不够，乐得合不上嘴，从来不管不教，任其为所欲为。

儿子四五岁时，由于父亲的娇惯，一不高兴就张口骂人，动手打入，强横霸道无所不至。父亲总觉得他年纪还小，不懂事，舍不得认真管教，总是敷衍了事，实际上是采取纵容的态度。

随着年龄的增长，恶习不断膨胀，儿子的胆子越来越大。到了十七八岁时，竟然常常偷父亲的钱到外面赌博，一掷千金，毫不介意。父亲知道后，非常生气，觉得再不管就不行了，于是当着众人的面，把儿子破口大骂了一顿。那儿子不但不怕，反而出言不逊，张口大骂他父亲："你这老东西，该死不死，还要骂我？你当心点儿，我迟早要弄死你！"

父亲听了儿子这浑话，气得浑身直发抖。

他心想：儿子的话虽说是在气头儿上说出的浑话，但也不能不防。当天晚上，富翁把一只小斗桶放在铺好的被窝里，就像是有人在睡觉的样子。他静悄悄地躲在床后边，屏息着气，看儿子的动静。过了不到一刻钟的工夫，只见儿子轻手轻脚推开房门，蹑手蹑脚地走进屋来，手里提着一把锃亮的大斧头，冲到床前，就怒气冲冲地举起斧头，狠狠地向被窝乱砍一通。只听"啪"地一声，是小斗桶碎了。儿子以为是他父亲的脑袋被砍碎了，立刻丢下斧头，仓皇逃走。

光阴似箭，日月如梭，一晃过去了十多年，富翁快80岁了。暮年孤独，苦不堪言，睹物兴怀，悲感交集。虽恨儿子无良，但自觉时日不多了，仍希望儿子能改邪归正，回到身边来。

有一天，老人家正在桑园里独自散步，忽然有一年逾30的农夫朝他走过来，对他说："老人家，请你把这根老桑枝弯过来。"他笑嘻嘻地说："老弟！别开玩笑，老桑枝哪里还能弄得弯？"那农夫说："不错，不错，桑枝要小弯，儿子要小教。"

老人家听了这句话，不禁触动旧恨，浊泪点点，泣不能抑。农夫又说："老人家，你仔细看看，我是谁？"老人上下打量，细细端祥，眼前不正是自己昼思夜想的逃命在外的的儿子吗！父子二人相认，百感交集，抱头痛哭。

这位做父亲的，在孩子小时候不管不教放任自流，差一点要把自己的性命葬送在亲生儿子的斧头之下。这是多么深刻的教训呀！

有些做父母的，对小孩子舍不得严格管教，放任自流。其理由是：总觉得孩子还小，不太懂事，等懂事了再管也不迟。猛一听，似乎很有道理。其实，这是一种糊涂想法。

说小孩子不大懂事，就是分辨是非善恶的能力不强。但他们感受能力却相当强，极容易接受外界的影响。如任其为所欲为，就会以错为对，以非为是，很容易养成不良习惯。不良习惯，一旦养成，不及时纠正，会迅速恶性膨胀，很难改变。正如明朝王阳明所说：“良师益友不能劝勉，（酉农）赏重罚不能匡正矣。”最后，不仅孩子自己受害，也会危及家长，危害社会。这位富翁的教训很值得今天的父母深思。

早在春秋战国时期，卫国大夫石碏在进谏卫庄公时，就曾经这样说过：“人之爱子者，多曰儿未有知耳，俟其长而教之，是犹养恶木于萌芽。曰俟其合抱而伐之，其用力顾不多哉？又如开笼放鸟而捕之，解缰放马而逐之，何若勿纵勿解之为易也。”

这意思是说，娇惯溺爱小孩子的父母，一般都是认为孩子还小，不大懂事，先不要去管，等长大了再管也不迟。在这种思想指导下，父母对孩子往往是放任自流。这就好像是栽种树木，树小的时候不加修剪，任其自由生长，等树木长到合抱大树，已经长得又歪又斜了，再去修剪枝杈，能不费很大的力气吗？又好像是打开鸟笼，把鸟放飞，然后再去抓；还好像是解开缰绳，把马给放掉，然后再去追。与其如此费气力，当初就不放开它们，那该有多省力呀！

石碏的话很有道理。孩子小时候，可塑性很强，比较容易教育，教育效果显著，就是有一些毛病也容易纠正。在容易教育的时候，不抓紧进行教育，非要等到难管难教的时候再去管教，那不是自己给自己找麻烦吗？

任何事物的发展，都是有一个过程的。孩子的不良习惯，也是逐步养成的。孩子在小时候出现一些不良的思想行为苗头，做父母的往往不大重视，觉得没有什么了不起，甚至还觉得很有意思，不仅不管，还大加赞赏。这是很危险的。

古人说：“教妇初来，教子婴孩。”为使孩子健康成长，不走邪路，要及早进行管教，以防微杜渐。

94. 根深叶茂

一些年轻父母们见到我，常常询问这样一些问题：“小孩子什么时候识字、学算术、学外语好呢？”“什么时候上兴趣班合适呢？”等等。而其他的问题，却很少涉及。

好像早期教育的主要内容和任务就是学习知识和发展特长。给我的感觉是，许多家长对早期教育内容和任务的理解，似乎太片面、太狭窄、太肤浅了。

我们知道，早期教育是孩子一生发展的奠基工程，属于基础教育。何谓“基础”？“基础者，事物发展的根本或起点也。”人们常说“根深叶茂”或“根深枝茂”。意思是树木的根扎得深，树才能生机勃勃，枝繁叶茂。比喻根基牢固，就会蓬勃发展。

这就像是建筑物的“根脚”，要是盖平房，根脚可以挖得浅一些，窄一些；而要是盖高楼大厦，根脚就要挖得很深、很宽。这样，根脚就很坚实，高楼大厦才更加稳固。如果盖高楼大厦挖的根脚也跟盖平房一样浅、一样窄，“头重脚轻根底浅”，高楼大厦肯定盖不起来；就是强行盖起来了，也会成为“危楼”。

早期教育的基础打得是否坚实、牢固，影响甚至决定以后能不能充分发展，发展到多高的水平。孩子发展的“根脚”太浅、不坚实、不牢固，就会缺乏发展、提高的后劲，发展水平就要受到很大的限制，不可能有长足的发展。发展的根脚打得深，坚实且牢固，就会具有足够的发展后劲，就会获得长足的发展。

一个人一生的发展过程中，要受到许多不可预测的因素的影响和制约，究竟最后朝哪个方向发展，是很难预知的。如果基础打得过于狭窄，不仅将来的发展水平会受到很大的制约，就是发展方向的选择也要受到很大的限制。把基础打得尽量宽泛一些，孩子将来的发展前途就会更加广泛，可以有更多选择，成功的机会自然也就更多一些。

像汉字、外语、古诗等基础知识的学习和特长的发展，固然是重要的，但不是早期教育唯一的任务，也不是早期教育最重要的内容。除此以外，还有更为重要的打基础的教育内容。

1978年，75位诺贝尔奖获得者在法国首都巴黎聚会。人们对于诺贝尔奖获得者非常崇敬，很想知道他们是如何取得这样高的成就的。有个记者问其中一位：

“先生，请问：在您的一生里，您认为最重要的东西是在哪所大学、哪所实验室里学到的?”

很显然，记者说的“最重要的东西”是跟“获得诺贝尔奖”这件事有直接关系的。这位白发苍苍的诺贝尔奖获得者平静地回答：

“是在幼儿园。”

记者感到非常惊奇，又问道：“为什么是在幼儿园呢?”

那位诺贝尔奖获得者微笑着回答：

“在幼儿园里，我学会了很多很多。比如，把自己的东西分一半给小伙伴们；不是自己的东西不要拿；东西要放整齐；饭前要洗手；午饭后要休息；做错了事要表示歉意；学习要多思考，要仔细观察大自然。我认为，我学到的全部东西就是这些。”

所有在场的人对这位诺贝尔奖获得者的回答，报以热烈的掌声。为什么会报以“热烈的掌声”？这充分表明他的回答，得到了在场的所有诺贝尔奖获得者的认同。

在常人看来，一个人在科学研究中取得令世人瞩目的成就，必定是在某一所著名的大学、著名的实验室，有幸遇到了有关专业的知名老师，从而学到了别人没有学到的专业知识和技能。然而，那位诺贝尔奖获得者却“答非所问”。他认为，“最重要的东西”不是在大学或实验室里学到的，而是在幼儿园里学到的；终生所学到的“最重要的东西”，并不是读书、识字之类，而是幼儿园老师教给他们的多方面的良好品德和行为习惯。

这位诺贝尔奖获得者的回答，很令人回味。

在我的印象中，科学家是最讲究实事求是的，不会用假话“忽悠”人。我深信这位白发苍苍的科学家的话，是经过深思熟虑的。他虽然是不假思索地脱口而出，但绝不是轻率的，这是大多数科学家的切身体会。

从这位科学家的回答中，我们可以得到这样两个启示：第一，早期教育是奠基工程，对一生的发展都会有影响。基础打得好，会终生受益。第二，早期教育不只是学习知识，重要的是养成多方面的良好思想品德和行为习惯。这些东西，表面看来，似乎跟掌握知识、做学问没有什么直接的关系；其实，关系十分密切。

近些年来，“零到三岁之间是婴幼儿智能开发的最关键时期”的说法流传很广，为许多年轻父母深信不疑。其实，儿童智力开发并非越早越好。美国教育学教授约翰·布鲁埃尔认为，这种观点是片面的，过分开发三岁以下婴幼儿的智力并不利于他们的成长。智利儿童神经学家阿曼达·塞斯佩德斯也持相同的观点。他认为，在没有认知心理学和教育心理学基础的情况下，一味给孩子进行智力训练是危险的。在三岁之前，企图教给孩子一些完全不适合他们年龄的知识，这样做只会适得其反。

布鲁埃尔说，神经科学已经证实，人类生命的最初三年是脑神经细胞形成树突的关键期，而树突网络的密集程度是人类智能的决定因素。但这并不意味着人类在这个阶段能学得更有效果。因为学习有很多种，很多学习是建立在经验的基础之上的。年龄大一些的孩子通常会学得更快。

布鲁埃尔说，现在市场上有大量幼教书籍和其他益智产品声称能够开发三岁以下婴幼儿的智力。许多家长为了"不让孩子输在起跑线上"，争相购买。但是，目前并无科学依据证实受过特殊智能训练的婴幼儿比别的孩子聪明。事实上，这个年龄阶段的孩子，只要在正常家庭环境下接受普通的启蒙教育就足够了。

阿曼达·塞斯佩德斯指出，三岁之前的儿童应着重培养开发能力，即通过自身经验进行学习，比如户外活动、玩水、玩泥巴和追赶小动物等体验性的玩耍。另外，掌握语言、学会交流也十分重要。

95. 养花、养鸟、育人

古人说："用笔不灵看燕舞，行文无序赏花开。"

这是说，文人写文章写不下去了，不要硬着头皮强写。索性休息一下，到室外看看天上飞舞的燕子，欣赏欣赏门前盛开的鲜花，转移一下注意力，换换脑筋。这样，既可以缓解头脑的紧张，使头脑清醒，获得一个好心情，没准儿还能捕捉到创作的灵感。

现在，现代大都市生态环境日渐恶化，飞燕是难得一见了。生活在城里的人，住在水泥浇铸的鸽子笼似的楼房里，也不可能像古人那样拥有什么花园。于是，我就在我家阳台上养花、养鸟。我一介书生，哪里会养呢，就先养那些好侍弄的花和鸟。

我曾养过几盆花，有倒挂金钟、刺梅、马蹄莲等。刚刚买来时，鲜花盛开，姹紫嫣红。每当“用笔不灵”时，我就离开写字台，站在阳台上观赏观赏，的确别有一番情趣。我是又浇水，又上肥，紧侍候着。先前开的花凋谢了，该开新花了。可眼巴巴地瞅着，它们只是长枝长叶，像是疯长的灌木，就是不开花。心想：我没有慢待你们啊，怎么……一气之下，把它们全给扔到了垃圾箱里了。

本来下决心再也不侍候花花草草的了。一次，一位中学时期的老同学千里迢迢从长春给我带来几盆名贵的君子兰，盛情难却，也就留下了。不管它们开花不开花，看看绿叶也好。在我心目中，君子兰不是花，也就是长绿叶的草。不用去欣赏，平时我甚至都不拿正眼看它。几盆君子兰放在阳台上，从没上过什么肥，只是想起来了才给它浇上一碗水。

不知过了多少日子，有一天，我不经意地朝君子兰瞥了一眼，就惊喜万分地朝夫人喊道：

“嘿！不得了了！咱们的君子兰要开花了！夫人，快来看啊！”

夫人喜出望外，赶紧放下手里的活计，三步并成两步，飞也似地跑上阳台，与我共同分享这难得的欢悦。只见那翠绿的叶子中间，夹着一簇含苞待放的金黄色的花蕾，简直是美极了！

过去，我是那样尽心尽力地照料养的花，可就是不开花；这君子兰，我无心“刻意”照料，它倒是“死气白赖”地要开花。这真是“有意栽花花不开，无心插柳柳成荫”！看来，我过去对花的“尽心尽意”、“精心培育”，是“好心好意”之中干扰了花的成长，违背了花木生长的天性；而对这几棵君子兰，却是“无心刻意”照料，就是没有“好心好意”地去干扰它，是顺应了它生长的天性。

也许是职业习惯的驱使，我由此联想到做父母的培养教育子女，大概和这养花是一个道理：家长望子成龙心切，对子女期望过高，往往“忧之太勤”，关心过分，照料过多，教育过度，无视孩子的天性，打乱了他们的生活秩序。因此，结果是往往事与愿违，适得其反。而让孩子按照他们的天性，自由地发展，家长只是循循善诱，使他们的个性得到充分的发展，就有可能在家长的“无意之中”成为出类拔萃的人。你说这事怪吗？

其实，一点儿也不怪。这就像柳宗元的《郭橐驼种树》一文中主人公所说的种树成功的诀窍："能顺木之天以致其性焉尔。"如此而已。

再说我养的那几只鸟。我养的玉鸟，不是什么很值钱的鸟。越是金贵的鸟越不好养，就越值钱。我养的鸟大概就是因为好养，才不值钱。它们从不挑食，每次只是喂一点小米，再给点儿水，就行了，它吃得欢着呢！我每次到阳台上休息，那小鸟欢快地上蹿下跳，啾啾地叫个不停，就像小孩子犯了人来疯似的。平时很少听到它们鸣叫。猛地听到小鸟悦耳的叫声，确实让人心旷神怡。每当"行文无序"时，看不到天上的"燕舞"，看看笼子里上下翻飞的小鸟，听听美妙的叫声，也是一种难得的享受与乐趣。

平时夫人上班，我不坐班，家里只剩我一个人，还有那几只小鸟。有它们陪伴着我，帮我排遣寂寞。几只小鸟在我家，平平安安地生活了好几年。

有一天，我犯了一个不可饶恕的错误：给小鸟添好水，喂完食以后，竟然忘记随手关上鸟笼的小门。等我回去再一看，傻眼了——小鸟飞出了鸟笼，落在阳台的晾衣杆上，欢快地叫着。我想抓住它们，小心翼翼地一伸手，小鸟扑腾一声，就飞到窗外的大树上去了。我懊悔极了，这回可就永远地失去它们了。

正当我懊悔不已的时候，只见那几只小鸟，不知什么时候又飞了回来。鸟笼的小门还敞开着，我屏着气，殷切地希望有奇迹出现：小鸟能自动地回到自己的巢穴！

真是天随人愿，心想事成，奇迹真的发生了。那小鸟一只跟着一只，鱼贯而入，又回到它们生活了很长时间的熟悉的笼子里。我小心翼翼地把鸟笼的小门关上。

后来，又有几次，因疏忽忘记关鸟笼的小门，小鸟飞了出去，过一会儿，就又自动地飞回来。这事可真有点儿神了！究竟是什么神奇的力量把它们给牵制住的呢？

开始，我百思不解。后来，我习惯地用教育的头脑思索，渐渐地悟出了其中的奥妙：大概是小鸟们过惯了这"饭来张口，衣来伸手"的寄生生活，已经完全丧失了独立觅食的能力。尽管它们的本性是向往大自然，天生地也具有自食其力的能力；但在鸟笼里，由于我"周到"地照料，"殷勤”地喂养，使他们“不劳而获”、“坐享其成”。久而久之，便丧失了自食其力的能力，只能习惯于被束缚在牢笼里的生活。看来，我们养鸟的人，犯了一个很大的错误。

由养鸟，我又情不自禁地联想到“养人”。做父母的对孩子“爱之太殷”，总是把孩子关在家门里，让他们过着“饭来张口，衣来伸手”的生活，舍不得让孩子走出家门，到社会上经风雨见世面，增长才干。久而久之，他们也会像鲁迅先生所说的那样：“待到放他们外面来，则如暂出樊笼的小禽，他决不会飞鸣，也决不会跳跃。”

由此看来，养花，养鸟，养人，道理是相通的。

捷足先登，未必有益

96. “夹生饭”难炒

一位幼儿园的孩子的母亲打电话问我说，她的孩子正在幼儿园大班，还有不到一年的时间就要上小学了。她们家附近的学校成立了一个学前班，听人说，上学前班对孩子上小学很有利；可也有人说，上学前班没有什么好处。您是家庭教育方面的专家，请问赵教授，孩子上学前班究竟有没有好处呢？

这位家长提出了一个很重要的问题。

据说，在一些地方有不少的家长，在孩子离上小学还有一年左右的时候，就纷纷让孩子提早退园，进入一些小学开办的学前班。个别的地区，甚至出现幼儿园大班“人去楼空”的严重情况。这种做法，究竟是高明呢，还是不高明呢？

有的家长主张自己的孩子上学前班，无非是指望起到两个作用：

一是让孩子早一点儿收收心，提前熟悉一下小学的生活，早一点体验小学生的“角色”。将来到正式进入小学的时候，能缩短过渡期，很快地适应小学的学习生活，不至于因为对新环境和新角色的不适应而延缓从幼儿园到小学的过渡。

二是可以提前接触小学要学的知识，抢先一步，“捷足先登”。到进入小学时“起点”比别的孩子高一些，占有一定的“优势”，学起来比较轻松自如、从容不迫，使孩子从入学一开始就在学习竞争中处于“领先”

地位。

这是家长的设想。那么，学前班能不能起到这种作用呢？我以为比较难。为什么呢？

学前班一般是所谓的重点小学开办的，是为了到招生的时候能招收高水平的、理想的学生做准备的。学前班并不是按照幼儿园的模式开办的，而是按照小学的模式开办的。如果同幼儿园一样的话，就没有开办的必要了，也就没有家长非要退出幼儿园再进入学前班了。

现在，各地开办的学前班，可以说是一种“准小学”。所谓“准”，即程度上虽然不完全够，但可以作为某类事物看待。孩子进入这种学前班，虽然一般比正常入小学的时间只是提前了一年的时间，但孩子很难适应这种“准小学”的教学方式。学龄前的孩子自我约束和控制能力还很差，注意力很不容易集中，注意力集中的时间也很短。而学前班在学习内容、教学方法、学习方式和作息制度上，一般都与小学基本相同或相似，没有了幼儿园的特点。不要小看提前的这一年，小时候一年的差距要比成年人的一年差距大得多，这对还不到入学年龄的孩子来说，那是一种难以承受的负担，很不适应。提前当小学生是强人所难，很难达到“收心”的目的，弄不好还会引起孩子对小学生活的畏惧和反感。

小学生学习的知识，不仅是系统的文化知识，而且还是具有抽象特点的书本知识。由于学龄前的孩子认识能力差，对事物的认识比较肤浅，不可能理解书本上抽象的知识。他们学习小学的知识，只能囫囵吞枣，死记硬背，一知半解，就像是“猪八戒吃人参果——食而不知其味”。要说他们懂了吧，可又不全懂，只知其一，不知其二；说他们不懂吧，他们又自认为懂了一点点，他们所学的知识就像是一锅“夹生饭”。

进入小学以后，老师势必还要重新教在学前班已经学过的知识，孩子自以为懂了，就没有兴趣再学习了；可他们学的知识是似懂非懂，掌握的知识不完整，残缺不全，若不再认真学习，将会给他们在知识上造成很多的“缺漏”。上过学前班的孩子入学后显得比别的孩子知道得多一些，但这并不是真正的优势，是“虚假的优势”，或叫“泡沫优势”，维持不了多久，就会很快丧失。“夹生饭”难吃，不想吃；可扔了又觉得可惜，左右为难。

过去，一位琴师招收学徒，招生简章上规定：从未学过琴的收学费一元；已学过琴的学生，则收学费两元。有人对此规定不解，以为是琴师把事情弄颠倒了。其实不然。琴师说："你们哪里知道。未曾学过琴的，不过不会踏琴罢了，没有什么病根的。至于已经学过琴的，不但不会踏琴，而且往往学了许多弊病。我现在要教好他，非先把他的病根除去不可。既要除去病根，又要教好他，比较未学过的已经多一层困难了。所以学费也应当贵一倍。"琴师的话很值得深思。

特别应当指出的是，有的小学开办学前班，其目的就是值得商榷的。比如，一些重点小学，为了增加学校的收入，利用学校的知名度和优越的师资条件开办学前班；也有的是，通过开办学前班，对即将进入该校的"预备学生"进行考核、考察和筛选，为了从中挑选所谓"优秀"的学生。小学教育本来是义务教育，就是说所有适龄儿童都要无一例外地入学学习。假如孩子在学前班表现得不够好，"出师不利"，在入学时就被无情地"筛选"出去，淘汰下来，那对心灵还很稚嫩的孩子将是一个很大的打击。

有人说，学前班是从幼儿园到小学的一种过渡办学形式。其实不然。学前班完全是"应试教育"的产物，是迎合某些望子成龙心切的家长的心理，而出现的一种似小学又非小学的"准小学"。学习的内容都是小学生将来要学的知识，可又不按照、也不可能完全按照对小学生的要求进行管理和教学，还是像在幼儿园那样，"能掌握多少，就掌握多少"。而小学是义务教育，是一种有"标准"的教育，必须严格地按照国家制订的教学大纲来要求所有学生。这样，学前班就会给孩子造成对小学学习生活的一种误解，到入学时，会延缓适应的速度。在学前班，虽然接触了一些小学的知识，却没有培养出小学生的"意识"，终究还是得不偿失的。

因此说，"提前退园进学前班"的做法，并不高明，家长最好不要做出这样的选择。

97. 捷足先登，未必有益

每到小学一年级招生时，总有一些家长为了让不到入学年龄的孩子提前入学，四处打听，东奔西忙，找关系、托人情、走后门。有的采取迁移户口的办法，迁移到有“特殊关系”的学校附近，“曲线提前入学”；甚至有的通过关系，更改户口本上孩子的出生日期提前入学。在一些家长看来，孩子入学越早，成功的机会就越多，概率就越大。

据一位小学校长透露，在每年新入学的一年级新生中，年龄不足六周岁的孩子，大约占到5%左右。他们当中有差一两天的，也有差几个月的，最小的只有五岁半。

据一项对100名提前入学学生家长的调查显示：只有18%的孩子对学习感兴趣，56%的孩子学习成绩不理想，16%的孩子上课坐不住，不能适应小学生的学习生活。

据一年级任课老师反映，提前入学的孩子在生活自理能力、注意力集中、独立完成作业、体育活动的能力等方面，明显比其他孩子差一截。特别是独生子女，在家里长时间处于中心地位，家长娇惯溺爱，本来就使孩子生活能力比较差。有的年龄偏小的孩子，甚至连吃饭、上厕所都需要老师照顾，学习方面更是力不从心。

由于孩子年龄小，老师和家长往往降低标准，放松要求，处处给予特殊照顾。长期得到特殊照顾的孩子，不知不觉就会产生依赖性和自卑感，甚至不求上进。另外，家长对孩子期望值又过高，竞争压力也越来越大，教材又偏难偏深，正常年龄入学的学生本来就感到课业负担重，再提前入学负担就会感到更重。

一位长期从事低年级教学的老师分析说：“家长让孩子提前上学，其理由是他的孩子聪明。看到孩子已经认识一些汉字，会做几道算术题，会背几首唐诗，便认为已经具备了上学接受正规教育的条件。实际上并没有具备条件，孩子的那点儿知识和能力，是家长提前训练的结果。那不是真正的优势，上学后过不了多久，就会不存在了。因为孩子的语言理解能力、日常生活常识、生活自理能力、反应速度等，与年龄大小有相当大的关系。成年人在年龄上有几年甚至十年的差异，在能力上也不见得有多大的差别。而对小孩子来说，不用说相差几岁，就是只差几个月，在能力上也会有很大的差别。”

某小学副校长说，每年都有家长求他让不满六岁的孩子提前上学，有的孩子甚至比规定日期晚出生四五个月。有些是因为孩子提前上了幼儿园，孩子本身有强烈的入学愿望，家长才顺着孩子的意思要求提前入学；而大部分家长纯粹出于一种攀比的心理。有个家长曾经说，您看今年各省的高考状元，有好几个才十六七岁，还有14岁的男孩考上北大、15岁的女孩考上某名牌大学的，早上学多好啊，就算复读也耽误得起。我劝她想想，如果孩子因为早上学而跟不上学习进度，留级怎么办？那对孩子的影响有多大？不能为了造个“神童”就拿孩子的未来做赌注。

这位校长还说，有的孩子虽然看起来学会了不少知识，但那是幼儿园和家长用“填鸭”法“灌”出来的成果，实际上孩子的综合能力远不及格。有的孩子五岁半，会写上百个汉字，却不会系鞋带、拉拉链，吃饭只能用勺、不会用筷子，这种“瘸腿”式的发展对孩子十分不利。只是学会一些语数外知识，不等于具备了全部学习能力，小学课程里还包括体育、美术、科学等内容，如果孩子年龄偏小，往往体力不足、动手能力差，很多科目学不好，会打击孩子的信心。

做父母的都希望自己的孩子早日成材，千方百计地把孩子接受正规教育的时间提前，结果是“欲速则不达”。对此，一位提前入学孩子的家长深有体会，后悔地说：“由于孩子提前入学，在班里各方面都一直处于劣势，始终‘跟不上趟’。学习上的被动，使他对自己缺乏自信心，到小学六年级毕业时，竟然没有勇气面对初中学习的激烈竞争。在孩子的一再要求下，我们只好将他转到另外一所小学，重新读了一年六年级。”

我想，这位家长的举措是明智的。假如让提前入学的孩子一直处于被动地位，那会恶性循环，后果不堪设想。

据我所知，世界上的绝大多数国家和地区，不论是发达国家，还是发展中国家，也不论是白种人、黑种人、黄种人、棕种人居住地区，基本上都是六岁以上的儿童才能入学读书。这个入学年龄的规定，不是偶然的巧合，而是有其科学依据的，不容怀疑。

根据儿童身心方面发展的规律，学龄前阶段的儿童是以游戏为主，即便是学习一些书本知识，也是在玩中学，并且没有规定的统一的要求，伸缩性很大。在托儿所和幼儿园，从小班升入中班、大班，不是看知识和能力，只要到了那个年龄，就无一例外地一律升级。

而进入小学就不同了。小学生是以学习为主，开始系统地学习文化知识。小学是义务教育，必须达到一定的标准，也就是说，经过考试及格，才能升入高一年级；不及格，就要重读。小学教学有严格的教学计划和教学大纲，每个孩子必须要达到国家统一规定的要求，这对年龄比较小的孩子来说，压力是很大的。不能像在幼儿园那样，想学就学，不想学就不学；想学多少，就学多少，那是不允许的。任何人都无权为了照顾年龄小的孩子而随意降低要求。

许多家长只是从个人的主观愿望出发，强行让孩子提前入学，使孩子过嫩的肩膀承担起与他们年龄不相符的重担，那不是明智的举动。对年龄比较小的孩子来说，面对过难的知识和过重的负担，很容易产生畏难情绪，丧失学习的兴趣和信心，甚至会产生厌学情绪。刚开始读书学习，就厌烦学习，那可不是好的征兆，对孩子以后的学习，甚至一生都会持久地生产负作用。依我之见，与其让孩子提前入学“扛”着重担，不如晚一点入学轻松就读更有优势。

98. 宁做“兵头”，不做“将尾”

让孩子进入重点小学，是年轻父母们梦寐以求的愿望。少数家长能如愿以偿，多数家长则心愿未遂。因为重点小学毕竟是少数，给孩子们提供的机会总是有限的。

其实，究竟要上哪所学校读书，孩子们并不是特别地较真儿。而对父母来说，这可不是一件无关紧要、无所谓的事，一般都很较劲儿。孩子“就近”进入重点小学，家长自然是心满意足。未能如愿者，则怨天尤人，耿耿于怀。有的抱怨“运气”不济，居住的不是地方，没能“摊”上进入重点小学的“份儿”；有的粗暴地斥责孩子“没出息”，是“笨蛋”；有的当着孩子的面挖苦、奚落孩子将要上的那不怎么样的学校，说这不好，那也不行；还有的认为要上的学校不理想，孩子也不会有多大的出息，就撒手不管，任他去了；等等。也有一些家长，豁出去了，不惜花费重金，“买到”一张进入公立或私立重点小学的“入学通知书”。

现在，我们的小学，尽管教育行政部门正在千方百计地缩小重点与非重点学校的差距，但实际上在设备、师资、管理等方面是存在差异的。面对这种实际情况，家长应当持什么样的态度呢？

唐朝文学家韩愈说过："爱其子，择师而教之。"家长之所以青睐重点学校，是指望能遇上水平高、有经验、责任心强的老师。重点学校的师资力量，一般来说，是比较强，但也并不是个个都那么强，"十个手指头伸出来还不那么一般齐"呢。低年级是基础之基础，应当加强师资力量；中年级正是容易分化的阶段，是关键期，不能削弱师资力量；高年级是"冲刺"阶段，要出"产品"，当然要强手把关。总之，哪个年级都不能忽视。作为学校的领导，绝不会把精兵强将都集中在一个班级或一个年级，总要强弱搭配。孩子到重点学校，要是能遇上理想的老师，那是运气好；要是没有摊上满意的老师，你也得忍着点儿。

重点学校不见得所有老师都是高水平的，普通学校也不见得所有老师都是低水平的，好老师也不乏其人。小学的功课，只要教师和学生共同努力，再加上家长的密切配合，一般都是能够学好的。孩子没有进入重点学校，也并不是多么大的憾事。家长一定不要灰心丧气，以免对孩子产生不良的影响。

孩子的功课学得好不好，当然与老师的教学水平有关系。但和孩子本身的自信心、上进心也有极大的关系。假如孩子的先天条件一般，在普通学校，经过努力，很有可能成为优等生。这样他就会很有自信心和上进心，"自进不能已"，越学越爱学，越学越好。而勉强进入重点学校，孩子再有点儿自卑心理或被别人歧视，在"强手如林"的班级里，弄不好就有可能成为"差等生"。如果刚一入学就处于劣势，就很难"打起精神"，甚至会自暴自弃，破罐破摔。特别是那些本来就基础比较差的学生，家长花费重金"硬挤进"重点学校后，也不可能成为"拔尖生"，要是成为班级的"兜底儿生"，那就等于是"花钱买罪受"，太不划算了。

中国有句俗语："宁当兵头，不做将尾。"依我之见，孩子与其到重点学校当"将尾"，不如在一般学校当"兵头"，将来升入高一级重点学校的机会可能还会多一些。

重点学校所接受的"择校生"，都是"计划外"录取的。也就是学校在完成教育行政部门下达的招生计划后，“额外”多招收的。接受“择校生”的重点中小学，一个班级至少有五六十个学生，有的甚至高达七十人之多。一个班级这么多的学生，教师可能连学生的姓名都记不住，如何因材施教、个别指导和精雕细刻呢？只能是“大拨儿轰”。小学课堂教学的成功和教学效果的提高，在很大程度上取决于教师的课堂管理和教学组织。一个班级这么多的学生，课堂管理和教学组织肯定会有很大的难处。如果班风不好，学生不爱学，纪律差，老师顾此失彼，“按下葫芦浮起瓢”，教师业务水平再高，也无法施展。

特别是那些私立小学，教师一般由两部分人组成：一是退休教师，二是刚毕业的专科或本科学生。退休教师倒是有这方面的经验，但体力、精力有限，力不从心；年轻教师倒是身强力壮、精力充沛，但缺乏课堂管理和组织教学的能力和经验，有劲儿使不上，教学效果不可能太理想。私立学校的学生，家庭经济条件一般都比较优越，“大款”子弟集中，家长都无暇顾及学生。假如学生生活上互相攀比，学习动力不大，学习风气不浓，恐怕有想学好的也难。

我想，进入重点学校或私立学校的孩子的家长，不要以为万事大吉、盲目乐观，放弃管教孩子和与学校配合的责任。孩子没有进入重点小学的家长，不要怨天尤人，自寻烦恼，免得影响孩子的情绪。不要当着孩子的面贬低学校和老师。要切实负起责任来，主动与老师配合，加强家庭辅导；要鼓励孩子热爱自己的学校和老师，反复强调“师傅领进门，修行在自身”的道理，增强自信，力争上游，从一入学就争取主动，占据优势地位。

花重金换取一张重点小学的“通行证”，往往是舍近求远。每天都要早出晚归，披星戴月，上学要倒几次车，跑很远很远的路，小学生还必须由家长天天接送才行。不但耗费家长的时间、精力，影响工作，也把大人和孩子都搞得筋疲力尽、疲惫不堪，既“伤财”，又“劳民”，那就有点儿得不偿失了。还不如就近入学，孩子负担轻，精力旺盛，家长省心、省力、省时间，可以加强管理和随时辅导，不见得学不好功课。

我觉得，就近入学对孩子是有好处的，家长不必因未能进入重点小学而遗憾。

99. 从幼儿园到小学

进入小学，由幼儿园的孩子成为一名堂堂正正的小学生，不论对孩子还是对家长来说，都是一件久已向往和期待的事。

然而，从幼儿园到小学，与普通的提升年级不同，是孩子人生旅程中的一个重大的转折或“飞跃”。要使孩子尽快适应小学阶段的学习生活，不仅在孩子入学之前，需要家长做许多准备工作；入学之后，也需要家长密切关注，并切实进行必要的指导和帮助。家长千万不能产生“松口气”的情绪。

孩子进入小学，是他们这一生中进行系统学习的起始。常言说，万事开头难。当人们已经习惯了的传统的社会生活，被人们不太熟悉的社会生活所取代的时候，开始阶段，总会感到很不适应。从不适应到适应，总会有一个过程。这个过程或长或短，是很艰难的。对个别人来说，甚至是很痛苦的。成年人尚且如此，对于小孩子来说，适应起来就更有一定的难度。

小学阶段属于基础教育，是奠基工程。小学学习生活顺利，不仅有利于保证完成小学阶段的学习任务，对以后的学习以至一生的学习都有很大的好处。开头好，具有重大意义，就等于成功了一半。家长们要从“战略”的高度来认识和对待孩子入学前后的指导和帮助。

现在，家长也重视孩子入学的准备，但有不少的家长很盲目，只是抓紧让孩子多学些知识，多识些字，多学一些算术，不知道还应当做些什么准备。要对孩子进行指导和帮助，家长首先了解孩子从幼儿园到进入小学，究竟发生了哪些变化，指导、帮助的方向才明确，才更有针对性，效果才会更好。

第一，最重要的变化是孩子进入小学后，就开始接受义务教育。

我国的义务教育是从小学一年级开始。在学龄前阶段，幼儿园的学习是有计划的，但是，孩子们不论掌握知识多少，智力发展水平多高，只要到了一定的年龄，就一律能够升班，不会因为知识的掌握和智力发展的水

捷足先登，未必有益

平没有达到一定的程度而留级。而小学就是义务教育，是国家法律规定一定年龄的儿童必须受到的一定程度的教育，有标准，并且带有一定的强制性。必须掌握教学大纲和教学计划所要求的水平，成绩及格，方能升级；如果不及格，就要补考，补考还不及格就要“蹲班”。从幼儿园到小学，对孩子的学习要求严格多了。这是一个非常大的变化。

第二，由以游戏为主转变为以学习为主。

学龄前孩子的活动是以游戏为主，在幼儿园学习的时间每天只有1—1.5小时，孩子的学习也是通过游戏进行的。也就是说，学龄前孩子学习掌握知识，都是要通过实际观察和实际操作，是在游戏中学习，在学习中游戏。游戏是他们的主要或全部生活内容。而在进入小学以后，孩子们就要以学习为主导活动，每天的学习时间有5—6小时；而且，学习过程逐步由直观行动和具体形象思维过渡到抽象思维。所谓抽象思维，就是学会综合分析、抽象概括、判断推理。

第三，由零散知识的学习变为系统知识的学习。

零散知识之间一般是缺乏严密的逻辑性的，知识与知识之间没有什么密切的内在的联系，且要求不太严格。而小学生的学习内容，则是系统的，具有内部联系和逻辑体系。前一部分的知识是学习后一部分知识的基础，是一环紧扣一环的。掌握不好前一部分的知识，是难以学好后一部分知识的。学习这种知识，不仅需要孩子踏踏实实的毫不松懈的学习态度，也需要具有逻辑思维能力。

第四，由学习生活知识变为学习书本知识。

生活知识一般是日常生活中看得见、摸得着，能够直接感受到的直接经验。学习和掌握这种知识，相对来说，是比较容易的。而书本知识则是间接经验，其中大部分是抽象的知识，是对客观事物的高度概括，一般是孩子们没有亲身经历和感受过的。学习这种知识，需要孩子掌握书面语言、提高抽象思维的能力和理解的能力。

第五，学习任务加重，作息制度严格，生活学习集体化。

在幼儿园，孩子的学习一般没有法定的作业，作息制度相对灵活，生活的集体化程度也不高；而进入小学后，学习上的要求非常严格，学习任务大大加重，老师对学生在学习上的要求和家庭作业，人人都要毫不例外地完成；学校的作息制度，人人必须严格遵守；学校的教育工作是面向集体、通过集体进行，有共同的活动内容，有严格的集体活动准则，人人必须切实执行。这对孩子在心理承受能力、自我克制能力、自觉性和主动性等方面，都提出了很高的要求。

第六，孩子在学校的生活由管理型变为自理型。

在幼儿园，老师的分工很细，对孩子的管理照顾无微不至。独生子女在家里差不多都是一家大人围着一个孩子转，基本上过的是饭来张口、衣来伸手的生活，不少的孩子缺乏独立意识和生活自理的能力。进入小学以后，要求孩子们的学习和生活，要逐步做到自己独自料理。比如，要自己去上学、回家，不要家长接送；第二天上课需要带什么东西，要孩子自己按课表做准备；老师提出什么要求和布置什么作业，要孩子自己记下来；作业，要孩子独立完成，自己检查、核对、修正等，这些事必须是要由学生自己完成，不能由家长包办代替。

上述这些重大的变化，孩子们不可能预料到，他们只能深切地感到不大适应。但家长们必须充分了解，给予高度的重视。如果家长对此没有充分的思想准备，仓促“上马”，打“无准备之仗”，手忙脚乱，孩子很可能陷入被动状况。孩子一入学就处在被动状况，一步跟不上，会步步跟不上，造成恶性循环，事情就麻烦了。因此，针对上述变化，家长要采取具体措施，帮助孩子尽快地适应学校的生活，走上小学学习生活的轨道。

100. 尽快适应小学生活

孩子从幼儿园进入小学，归结起来，至少面临三个方面的变化：一是环境变了，二是任务变了，三是活动方式变了。这对孩子来说，可是个不小的变化。

刚刚六岁的孩子，实践锻炼的机会少，自我调节能力、心理承受能力和适应环境变化的能力都比较差，每个孩子都会有一个由不适应到适应的过程。有的很快就适应了，有的可能很长时间也难以适应。久久不能适应，就会延误学习过程，要是总“跟不上趟”，恐怕就会成为落后生。这是家长很担心的事。

为了缩短这个适应过程，尽快适应小学生的学习生活，家长必须在孩子入学之前，就要有意识地对孩子进行一系列有针对性的必要的教育和训练，做好各方面的准备。

第一，要培养孩子的学习兴趣和上学的愿望。

有统计显示：最难教的学生是那些没有学习兴趣和愿望的孩子。“兴趣是最好的老师。”学习是要调动孩子内在积极性的，只有使孩子向往上小学并且产生“我想学”的心理状态时，孩子才能主动地学习，才能学得好。因此，要让孩子了解小学上课、作业、考试等情况，帮助孩子了解小学生活进而产生上小学的愿望。

第二，要培养孩子良好的生活习惯。

幼儿园对孩子的要求还比较宽松，到小学阶段可就严格多了。在孩子入学之前，家长要针对小学生活的需要，对孩子进行多方面的训练，比如，饮食起居要定时，早睡早起，按时吃饭，吃饱吃好，克服吃零食的不良习惯。有意识地培养孩子的时间观念、效率观念，做事要严肃、认真、紧张，不拖拖拉拉、马马虎虎；做事要有计划，有条不紊，不仅要讲数量，更要讲究质量、讲究效率。

第三，培养孩子独立生活的能力。

入学以后对小学生独立生活能力的要求要比幼儿园要求高多了，许多事情都要孩子自己独立完成。家长教他们学习生活自理，逐步提高生活自理能力；自己的事情要尽量自己做，不会的事情要学着做，能不让家长帮助的就不要去帮助。要有意识地给孩子灌输“学习是自己的事，必须独立完成学习任务”的思想。告诫他们要在老师的指导下独立学好功课，独立完成作业，不能指望家长帮助或代劳。

第四，培养孩子具有良好的注意的品质。

小孩子的注意力不太稳定、集中，很容易被其他的事物所吸引，注意力分散的情况是很普遍的。学龄前儿童注意力稳定、集中的时间也就只有一二十分钟。到小学，每堂课是 40 分钟，这对刚入学的孩子来说是个“飞跃”，要求大大提高。家长要提前培养、训练孩子注意的品质。注意的品质包括集中、专心、稳定、持久；听人说话，要眼睛看着讲话的人，不能东张西望，不能心不在焉。这对刚刚入学的孩子来说，可不是一件轻而易举的事，不是一下子就能做到的。然而，上课听讲是孩子学好功课的最重要的一个环节，是进入知识殿堂的大门。许多经验证明，孩子的功课好不好，往往跟能不能集中注意力听讲、会不会听讲，有直接关系。在入学前，家长要在这个环节上多下工夫进行训练。

第五，培养孩子的社会责任感。

教育孩子逐步树立为国家发展、民族振兴而学习的思想。孩子进入小学，就开始了接受义务教育的过程。要告诉孩子，小学生也是公民，也要和成年人一样承担社会义务，学好功课就是小公民的社会义务。功课学得好不好，这不单单是孩子个人的事，也不是一个家庭的私事，关系是不是尽到了自己应该对社会、对国家所要尽的义务。家长要及早给孩子灌输这种思想，以增强他们的社会责任感、自豪感。要教育孩子认真、按时、独立、保质保量地完成作业，不能“打折扣”，不能“偷工减料”。

第六，培养孩子的集体主义的精神。

现在的孩子基本上都是“独二代”，家里没有兄弟姐妹，身份、地位特殊，在家里享有特殊化的待遇，往往形成特殊化的思想和行为习惯。进入小学以后，严格的集体生活对这些独生子女是一个新的考验。孩子们在家里都是“小皇帝”、“小公主”，高高在上；但在集体生活中，都要无一例外地成为“平民”，都要遵守集体纪律，服从集体利益，维护集体的荣誉，任何人都不能成为“特等公民”。要教育孩子团结友爱，互相谦让、帮助，不要欺负弱小，不能称王称霸，要学会和性格各异的同学友好相处。

孩子们在集体当中生活，免不了要发生一些矛盾或冲突，孩子们能自己解决的，要他们自己解决；解决不了，还有老师。家长最好不要直接插手，不要“越俎代庖”。家长一插手，往往就会把简单的问题给复杂化了。其实，孩子们还是很宽容大度的，同学之间发生了矛盾或冲突，一般不会记仇，一会儿就和好如初。不论你的孩子受了多大的委屈，也要通过老师解决，不要直接找家长“算账”，更不要直接找学生出气。

第七，关于孩子上学的物质准备。

大多数学习用品可以在入学时按老师要求准备，有的用品学校要统一购置。家长特别要注意的是，在给孩子购置书包、铅笔盒等物品时，不要追求什么“名牌”、“高档”，不要互相攀比，要以美观、实用、耐用为标准，不要买那些华而不实的用品。要知道，家长的攀比思想会影响孩子，使孩子滋长虚荣心。华而不实的学习用品，在学习中会分散他们的注意力。

孩子进入小学，学校对孩子的思想品德、文化学习要全面负责，但也离不开家长的密切配合和帮助。家长们应准备大力支持、密切配合学校的工作，与老师共同努力把孩子培养好。